范蠡……乃乘扁舟浮于江湖，变名易姓，适齐为鸱夷子皮，之陶为朱公。朱公以陶为天下之中，诸侯四通，货物所交易也。乃治产积居，与时逐而不责于人。故善治生者，能择人而任时。十九年中三致千金，再分散与贫交疏昆弟。此所谓富好行其德者也。后年衰老而听子孙，子孙修业而息之，遂至巨万。故言富者皆称陶朱公。

——司马迁《史记·货殖列传第六十九》

范蠡三徙，……忠以为国，智以保身。商以致富，成名天下。

——司马迁《史记》

鄙谚曰："长袖善舞，多钱善贾，此言多资之易为工也。"

——韩非子《五蠹》

陶朱与五羖（百里奚），名播天壤间。

——李白《南都行》

我觉得范蠡一生可算无憾，有文种这等知心相重的知交；有西施可共渡艰难，共渡辰光的伴侣，最重要的是有智慧守护终生。我相信他是快乐的，因为他清楚知道在不同时候，自己要担当什么角色，而且都这么出色，这么诚恳有节。

——李嘉诚

古人中，我最佩服的就是范蠡。

——金庸

中国的圣人不是不食人间烟火，漫游山林、独善其身。他既入世，又出世，他的品格可以用"内圣外王"四个字来刻画。

——冯友兰

商圣范蠡的商道是一套速效的经济软件，日本、德国因掌握其精髓而一跃成为战后世界经济强国。

——金克木

为了使更多地方的经济富裕起来，他潜心琢磨，把自己成功治理经济的经验上升为通俗易懂、深入浅出的理论，其中有脍炙人口的《陶朱公金口玉言》，文字精练，富有哲理，深受东南亚和日本的推崇。

——（日）酒井甫

商人的鼻祖
陶朱公大传

安之忠
林锋 著

当代世界出版社
THE CONTEMPORARY WORLD PRESS

图书在版编目（CIP）数据

商人的鼻祖：陶朱公大传 / 安之忠，林锋著. —北京：当代世界出版社，2018.4
ISBN 978-7-5090-1373-1

Ⅰ.①商… Ⅱ.①安… ②林… Ⅲ.①范蠡—传记
Ⅳ.①K827=25

中国版本图书馆CIP数据核字（2018）第065370号

书　　名	商人的鼻祖：陶朱公大传
出版发行	当代世界出版社
地　　址	北京市复兴路4号（100860）
网　　址	http：//www.worldpress.org.cn
编务电话	（010）83908456
发行电话	（010）83908409
	（010）83908455
	（010）83908377
	（010）83908423（邮购）
	（010）83908410（传真）
经　　销	全国新华书店
印　　刷	北京盛彩捷印刷有限公司
开　　本	710毫米×1000毫米　1/16
印　　张	17
字　　数	259千字
版　　次	2018年5月第1版
印　　次	2018年5月第1次
书　　号	ISBN 978-7-5090-1373-1
定　　价	46.00元

如发现印装质量问题，请与承印厂联系调换。
版权所有，翻印必究；未经许可，不得转载！

目录

上部　惊世奇才

第一章　文种访贤　002

第二章　吴越争锋　021

第三章　转危为安　037

第四章　入吴为囚　053

第五章　美人之计　066

第六章　少女情怀　091

第七章　子胥之死　103

第八章　反败为胜　121

第九章　急流勇退　132

第十章　缁衣救美　143

下部 商人鼻祖

第十一章	鸱夷子皮	152
第十二章	再见钟情	170
第十三章	辞相挂印	186
第十四章	子贡闻道	193
第十五章	猗顿求富	209
第十六章	兵车止战	223
第十七章	千金救市	233
第十八章	聚宝天下	241
第十九章	天命难违	249
第二十章	浮海升仙	260

【上部】

惊世奇才

第一章
文种访贤

南阳，是中华智慧文化的一方宝地，也是黄河流域——儒家文化与长江流域——道家文化的一个交汇之地。灵气所集，人才荟萃。从姜子牙到范蠡再到诸葛亮，闪闪发光的智慧接力棒在一代代人手上传递。

文种算不上一个有智慧的人，然而他却是一个如同伯乐那样难得的甄别人才"千里马"的高手。他来到南阳，冥冥中仿佛有某种玄机，将他推到了范蠡面前。

范蠡师从计然，而计然据说是老子的高足，著有《万物录》，是一部专门论述"商"即经济之道的著作。其认为：人类社会的竞争，表面上纷乱无序，其实背后都是经济竞争。无论是三皇五帝以来的帝王之学，还是春秋以来的霸王之道，从齐国首霸到秦国崛起，晋国和楚国陆续称霸，都离不开"经济"二字。谁能将这套商业之道彻底参透，就可以"上富其国，下富其家"。

在计然的培养下，范蠡的志向渐渐明确，那就是做姜子牙、管仲那样的一代名臣，辅佐明主，成就霸业。文种的到来，为他的梦想推开了一扇通向现实的窗户……

公元前500年左右一个深秋的早晨，在楚国宛城县衙署中，令尹文种早早就醒来了。

与其说醒得早，倒不如说一夜未睡。因为他心中盘算着，今天要去做一件大事情。

他今天的打扮格外精神：头上高高地挽起发髻，用头巾小心地束好；上身穿一件华丽的短袍，下身穿一条绸缎长裤，脚上一双薄底快靴。因为要走很远的路，不能太过累赘。每天用来练习武艺的青铜长剑悬在腰间，当然是用不着的，不过略作装饰。这么收拾停当，来到院子里，时候已经不早。清新的阳光带着秋日的寒意，晨风吹拂，树上的金黄的落叶打着转儿飘落地面。墙脚几丛花树，饱满的花朵打湿了一夜的寒露，愈发地妖娆。几只小鸟在枝头上跳来跳去，嬉戏追逐，一会儿又站上高处，婉转歌喉。门外传来几声马嘶，似乎连马儿也知道今天要出门办一件重要的事情，按捺不住在蓝天白云下远足的激动，已经在催促主人动身了。

"真是一个难得的好天气！"

文种自言自语了一句，心神清爽，步出门来。几个心腹苍头早已束装待发。

"走吧！"

文种一声令下，一行人跨上马背，在"嘚嘚"的马蹄声中出了城门，沿着田埂上的小路，渐行渐远。

宛城这个地方，四面环山，犹如置身在一个大大的盆底。因为一年四季气候温和湿润，不冷不暖，自古以来，就是个休养生息的好地方。一条条的河流，滋润了大片的土地。一路行来，田间地头，到处都有歌声飘绕。当时楚国和吴国连年交战，却似乎没有给这个地方带来多少影响。

尽管是秋日，太阳升起来后，还是有一些灼热。文种等人赶路甚急，不知不觉，竟然出了一头的汗。幸好，前面一条大河，拦住去路，众人寻来船只，连人带马，一同上了渡船。略微喘息的空当里，放眼望去，满眼尽是芦苇的青翠之色；侧耳倾听，耳朵里全是野鸭的嘎嘎之声；抬头往上看，天蓝得让人心醉。

终于，从芦丛里踏出，一阵清风迎面扑来。众人上岸后，重新骑上马背，一路疾行，这便来到一个地方。只见一条弯曲的小溪，潺潺流过脚下。两边都是高高的柳树，长长的柳条弯下腰来，垂向水面。河面上拱立着一座小桥。行至跟前，可以看到在桥头上刻着龙飞凤舞的两个大字："三户"。时日既久，字迹已经模糊，上面落满灰尘。不过，一看到那两个字，文种还是高兴起来。

"三户，这么说，已经到了……"

三户，就是他此番寻访贤人的目的地。其时，差不多快到中午了，太阳在头顶上明晃晃的，似乎射下来的每一缕光线，都带着灼人的热量。

擦了把汗，文种吆喝一声，让马匹慢下脚步，徐徐行来，后面几人不紧不慢地跟着，保持一小段距离。

过了小桥，首先映入眼中的是一大片茂盛、青翠的橘林。拳头般大小的柑橘，捉迷藏般躲在浓密的枝叶下面。如果刻意去找，多半看不清楚。偶尔磕头碰脑，才发现原来有这么多丰硕的果实。

楚人爱橘，疆域拓展到何方，橘林便延伸到何方。不论边疆或都城，莫不以橘林为天然标志。以郢都而言，作为楚国的都城，最早是在楚文王时，但几百年过去了，却一直没有修筑城墙。外围橘林，就是他们的天然屏障。不炫耀武力，却也不容易轻易攻进去。因为橘林如海，藏得下千军万马。都城如此，普通人家更不用说了，和北方人家用砖、石、土垒成厚厚的围墙，高高地互相防范、隔开来不同，这里的人家，就以几株橘树为界，似隔非隔，若隐非隐，正所谓防君子不防小人，民风淳朴，可见一斑。

"咦？"文种从这片翠绿繁茂的橘林里穿过去，不觉眼前一亮。

一片方方正正的土地，种植着粟、麦和豆等旱地作物；几十个男女农人，穿着短衣，挥舞着耙、耜等耕作器具，稀稀落落分布在田间。远处的沟塘里，几个汉子正以竹木为栅，在滩急水浅的地方捕鱼。一排排的茅草屋，掩蔽在几十株粗大的桑树里。几个老汉斜倚在桑树下面，边悠闲地晒着太阳，边吟唱道：

日出而作，
日入而息。
凿井而饮，
耕田而食。
帝力与我有何哉？

嘶哑的歌声，伴随着猪牛的嗥叫，充满了田园清新的气息。

文种没有想到，刚刚经历了战乱的楚国，还会有这样一派恬静的风光。他连忙下了马，牵着缰绳，迈开脚步，踏着湿软的田埂走上前去。

"请问，有一位范蠡先生，可是住在这里？"他恭恭敬敬地问道。

"我们不知道有什么范蠡先生，只知道有一个叫作'少伯'的。"一个老丈道，"不知道是不是你要找的人？"

"对，就是他，范蠡先生，字少伯，这个错不了的。"

"哦，那个少伯呀，就住在前面那座山坡上的竹林里，只有他一户人家。"

"谢谢老丈。"文种道了谢，继续前行。

行不多远，又是一片橘林。刚走到林子边上，只见一人，约有二十四五年纪，英俊飘逸，头顶高高的紫玉冠，一身艳红的袍衣，骑了一头水牛，正从里面走出来，一边行来，一边仰天而歌：

天下有道，
我黻子佩。
天下无道，
我负子戴。
优哉游哉，
聊以卒岁。

听那曲调，激越高亢；歌声之中，充满着天地灵韵、沛然之气。

"不用问，此人一定就是范蠡先生了。"文种心里暗暗认定，连忙在路边站定，手执马缰，静静地站着。见他如此，后面几个随从，更是大气不敢出，束手而立。

老水牛慢腾腾地，终于来到近前。文种咳嗽一声，等那人停了歌声，这才拦住牛头，恭恭敬敬地问道："请问阁下可是范蠡先生？请留步一叙！"

"你是何人？"那人却没有下牛，仅是垂下眼皮，冷冷地瞥了文种一眼。

"在下宛城令尹。姓文名种，"文种忙施礼说道，"范蠡兄语惊天人，此曲此乐，即便是潇湘洞庭之乐，皓露秋霜之曲，都难与之媲美，实乃奇绝！在下久仰大名，特来拜访，还请不吝赐教，下牛一叙，如何？"

"你弄错了。"那人见文种谈吐不俗，也就下牛来，道："我非范蠡，乃是他的朋友接舆。此曲乃是游戏之作，接舆一介凡夫，不敢与范蠡先生相提并论。"

"原来不是范蠡先生。"文种心下暗暗失望。

"大人是要去寻访范蠡先生吗？"接舆问。

"正是。"文种刚讲出自己要去访范蠡的心意，却听接舆道："大人今日不用去了，我刚从他那里回来，也是访他不着，听小童说，范蠡外出游三山五岳，不知何时归来。"

"是吗？"文种心头掠过一阵懊丧，看着接舆，忽又兴奋道："俗话说得好，人以群分，物以类聚。范蠡是天下奇才，先生既然与他相交，想必也非泛泛之辈。必然胸藏经天纬地之学，何不请前往宛城衙府一叙，共谋天下霸业，如何？"

"哈哈，"没有想到，接舆一听就笑了起来，道，"山野之人，懒散惯了，当不起世间功名。大人只管自去忙碌，休要被我等山野之人耽误了时间。告辞了！"

说完，他上了牛背，骑牛去了。

望着他慢慢走远的身影，听着他的歌声，文种怅怅地站着，无法掩饰自己内心的失望。还是几个随从，实在忍不住，催促道："大人，今天天色已晚，反正范蠡先生也不在，不如我等先行回去，等日后得了确切消息，再来不迟！"

"也只能如此了！"文种闷闷不乐地答应了，一行人策马寻原路而回……

公事烦冗，连文种都不知道，自己怎么这么忙碌。毕竟楚国和吴国的恩怨，积攒太深：从楚国跑到吴国去的伍子胥、伯嚭等人，都是有名的贵族。他们也都是有真本领的，再加上用兵如神的孙武子，雄才大略的阖闾，臣贤君明，同心协力，不要说楚国，天下又有谁能抗衡？偏偏楚国的君王又被一群奸佞小人团团包围，像文种这样自诩为治国之才，本也是贵族出身，却只能流落到偏远的小小宛城，来做一个县令。百里小县，治理起来自然没有什么难度。但是有一点，因为地处两国交界，战乱一起，百姓流离失所，很多人都逃到宛城这片世外桃源来。这么多的人聚集在一起，免不了惹出事端，鸡毛蒜皮打架斗殴各种案件，层出不穷。

冬去春来，又到了万物生发的季节。这天，当几只蝴蝶扑入窗来，打断文种繁芜的思绪，他忽然意识到，自己不能再将生命消耗在无穷无尽的杂务里了。

于是，第二天一早，文种又早早起身，穿戴整齐，吩咐手下提上早已准备好的几只野鸡，担上两坛美酒，前往三户，二访范蠡。

提野鸡相访，是古代士人之间互相尊重的礼节。人们以为，野鸡交接有时，分别后雌雄不再杂交，做朋友就应像野鸡一样重信守义。初次见面的人，都希望对方可以成为自己永远的朋友，借助野鸡来表示自己的一片诚心和热忱。

还是同上次一样的路径，只是刚下了一场雨，路面有些泥泞。经过上次遇到接舆的橘林，穿林而过，前面出现了一个山坡。坡前，文种停了下来，看那又斜又滑的山坡上，有一大片绿油油的菜圃，瓜果菜蔬，生机满园。菜圃上面是一座迎风飘摇的翠绿竹林，隐约可见竹林中露出几间茅庐的模样。一群妇女和孩子们正在山坡上采集竹笋、蕨苔、地菜和野葱等物。

正是暮春时节，微风里，听小孩们唱着一曲清脆的歌谣，道：

水肉花，
拌夏耙，
保佑癞子生头发。

采着春天的野菜，还沐浴在暖熙的春风里，他们却已经在唱着夏天的梦想和生活了。

"多么悠闲、清静的生活，多么无忧无虑的童年……"文种打量着这一切,深有感触地道,"天下本无事,庸人自扰之。果然说得没错。我这些年来,为了功名利禄,到处奔波,真可以说忘却本性,舍本逐末了!"

这么想着,缓缓上得山坡来,踱进竹林。竹林里到处一派生机,粗壮的竹笋刚刚破土而出,带着新生的鲜嫩和翠绿。经历过一冬风雪的老竹,也都换上了新装,吐出了新稍。柔软的枝梢垂下来,伴随着春风轻轻舞动。

在竹林中间,一片空地上面,一排建起了三间茅屋。院子不大,围墙都是用竹子编织而成的篱笆,上面爬满了野藤,开满了各种各样的花儿。

院子门是虚掩的,从门里望进去,院子里一片静寂。地上长满了野草,有的甚至掩盖了用石子铺成的小路,似乎主人对这些野草根本不放在心上。

文种上前敲了敲门,朗声道,"请问,有人在吗?"

话音刚落,就听里面一阵咳嗽声。文种连忙整理了一下衣服,紧张地站在门口。

只听"咿呀"一声,有人推开正中间一间屋子的门,从里面踱步而出。

文种凝神细看,被这个人吓了一跳。只见他身材并不高大,腰背甚至有一些佝偻。一头头发胡乱地披散着,一张脸五官似乎都要挤在一起,相貌丑陋无比。看他的年纪,足有五十上下,和文种想象中的倜傥风流大不相干。

虽然如此,文种也不敢怠慢,连忙上前深施一礼:"范蠡兄在上,不才文种有礼了。"

"不敢,不敢。"那人忙还礼,道,"我非范蠡,乃是他的老师计然。"

"什么?"文种不由又是一阵失望:"原来又不是范蠡先生……"

"足下何人?找我那小徒范蠡所为何事?"那人上下打量了他一番,他虽然相貌丑陋,不过这一双眼睛可是目光如电,简直令人无所遁形。

"在下文种,是新来宛城上任的令尹。"文种恭恭敬敬地道,"在下有一个爱好,每到一处,必要寻访当地贤人,与之交游往来。如果遇到有共同志向的,就一起谋划做一番事业;如果志趣不同,那么从贤人那里听取一些教诲,有益的人生经验,也是好的。我刚来宛城这里,就听说了范蠡的声名,有人说他是这里的狂士,也有人说他是当世的奇才。我听说,'士有贤俊之姿,必有佯狂之讥,内怀独见之明,外有不知之毁',越是大家说这个人是疯子,是山野粗鄙的村夫，我越是要来见一见。"

"哦，大人的识见还真是和普通人不一样啊，在当地人眼中，我和小徒一个丑、一个痴，人人都笑话我们，讥讽我们，大人却以为我们是贤俊之士，真是承蒙错爱啊。既然小徒不在家，就由我来代为招待大人一番吧，请！"

"请！"

文种跟随老者来到屋子里，只见屋子里摆设颇为简单，一床一桌一椅，地上铺设一张草席，倒是密密麻麻地堆满了各种各样的竹简，足见此间主人废寝忘食地诵读，是个博览群书、才华横溢的饱学之士。再看墙壁上，东面的墙上，是一幅《九鼎山河图》，图上除了淡淡的黑白两色，再没有一丝一毫的杂色。黑的是九个大小形状各不相同的鼎，白是凹凸不平的群山，弯弯曲曲的河流，若隐若现。西面墙上是一幅《八音图》，也是极为淡化的黑白两种颜色，勾画着八件简陋的乐器。北面的墙上，挂着一柄长剑，剑鞘黑黝黝的，剑柄磨得发亮，可以想见此间主人每日如何苦练剑术。靠窗下一张矮几，上面摆放着七弦古琴，看着就知道不是凡品。山河、地理，剑、琴、书、乐，茅屋虽小，却一番胸怀天下、吞吐宇宙气象。

"计然先生，您既然是范蠡的老师，一定有经天纬地之才，还请您不吝赐教。"坐定之后，文种迫不及待地请教道。

"赐教谈不上，我倒是有一句话想问大人。"计然问道，"大人刚才说，遇到志同道合的贤士，可以一起谋划，成就一番事业，不知道指的什么事业？"

"这个……"文种迟疑了一下，本来他是来此找范蠡的，如今却遇到范蠡的老师，要他当面吐露心中志向，他本想不说，但又一想，自己来访范蠡，素昧平生，想要打动对方，不过凭的是一个"诚"字。既然对方是范蠡老师，与范蠡本人无疑。自己如果不展现出一片诚意，何以打动对方？如果被范蠡老师视为不诚之人，自己改日又将以何面目来见范蠡？

"不瞒先生，"他决意袒露心迹，说道，"不怕您见笑，我这个人，虽然没有什么大才，最喜欢的却是霸王之道。我最佩服的，就是历史上的齐桓、秦穆、晋文，还有我们楚国的先王楚庄王。他们都依靠一帮杰出的人才，成就了声名显赫的霸业，我觉得大丈夫处世，就是要像管仲、鲍叔牙、百里奚、狐偃、赵衰、孙叔敖那样，辅佐明主，成就一番轰轰烈烈的大事业！我虽然没有他们那样的才华，却也希望寻访到这样的贤人，再一起去寻访明主，风云际会，也不至于在这个纷乱的世道里，辜负一腔热血！"

"哦？大人好大的志向！"计然点了点头，然后又问道，"那么，大人可知道，管仲、鲍叔牙、百里奚、狐偃、赵衰、孙叔敖，所以辅佐齐桓、秦穆、晋文、庄王，成就霸业，他们所根本依靠的是什么？"

"当然是霸王之术，也就是治理家国、经营天下的大经略了，"文种道，"这也正是我一直在研究的学问，只可惜知音者少，找不到人印证罢了。"

"原来如此。"计然了解了他的情况后，叹息一声，摇了摇头，"大人既然是来找我那小徒范蠡印证霸王之术，只怕要让大人失望了。因为我那小徒，根本不懂得什么霸王之术。他跟所我就学，而我所教导他的，无非是经济之学。我这个人，一生什么都不喜好，就喜欢研究经济，游历天下，对于各个地方的山川地理、经济形势、特色产出，了如指掌。说白了，我所研究的，就是一个字'财'字。财者，养命之源，立身之本。人生在世，谁都离不开这一个财字，所谓人为财死鸟为食亡，你也可以说我没有像大人一样的远大志向。但是我和小徒，真的只是计算研究，勉强说起来，可以称得上是一门'利害之学'，和大人的霸王之术，不可同日而语啊！"

见文种似乎不相信他说的话，计然又将草席上的竹简随手拿起来一卷，递给文种："大人请看，这就是我毕生心血所凝聚而成的学问，用来授予小徒的。"

文种半信半疑，接过来一看，只见卷首赫然三个大字：《万物录》。再向下看，所记载的果然是各国气候、地理，各地的特产，如山西多盛产玉石、竹木、煤等；山东多生产鱼、盐、漆、丝等，江南出姜、桂、金、丹砂、珠玑……如此一篇篇，一卷卷，浩荡如大海，无际无涯。

"这个，果然都是经济之道。"文种不懂经济，满脑子都是霸王之术，因此只看了几卷，就头昏脑涨，只好将竹简还给计然。"这么说，我要找的知音，不在这里了？"

"哈哈，大人如果不信，十日之后，请再来此，和我那小徒当面谈过便知。"

"那好，告辞了。"

文种和计然话不投机，也就不想再逗留下去，于是起身告辞，负兴而去。

忙忙碌碌中，十天又过去了。

这天一早，文种又早早起来了。这些天虽然忙碌，他却一直在思考范蠡老师计然的一番话。计然虽然说的是经济之学、利害之道，和自己的霸王之术风马牛不相及。但是仔细一想，管仲、百里奚、狐偃、孙叔敖，不都是精通经济之学、深谙利害的大师吗？如果不是他们从富强经济入手，积蓄了雄厚的国家财力，奠定了王图霸业的基础，如何能最终图霸成功？而自己呢，以前一直只顾关注霸王之术，却忽略了这么一个大根本！

这么一想，范蠡师徒所研究的，非但就是霸王之术，而且比自己不知道高明多少！

虽然人人都说他们是狂士，但自己看得没错，这才是真正的贤俊之士啊！

因此，这一次，文种准备了更加丰厚的礼品：礼盒，野鸡，布匹，绢帛，黄白之物等。整束停当，又一次踏上了前往三户访贤的道路。

一行数人，走到橘林边上的时候，正碰上接舆驾了车，带三五女子出来郊游。一见文种，接舆便喊道："范蠡今日正在家中，足下快快去罢！"

文种忙道："先生为何不一起前往，共叙片刻？"

"不。"接舆的拒绝是意料中的，只听他道："我可不愿去费那份气力，得范蠡一人，天下可定，又哪儿有我的用武之地。不若快活山林，逍遥江湖……"

"快走嘛！"几个女子拉扯着催促，接舆忙告辞文种，自去远了。

"真是人各有志啊！"

文种叹了口气，也不放在心上。过橘林，踏田埂，穿村落。刚来到山坡下，正巧又遇到了范蠡的老师计然。

"先生请留步。"文种上去，深施一礼，说道："上次听先生讲了经济之学，利害之道，只因在下愚鲁，竟然没有领会到，这才是霸王之术的根本。在下以前一直空怀霸王之志,却忽略了经济之学才是图霸称雄的根基。今日得遇先生,还请先生不要嫌弃我资质愚钝,再请给我讲一讲利害之学吧!"

"哈哈,"计然却笑着道,"你来晚了,我正要去继续游历各地,丰富补充我那部《万物录》呢!不过你放心,虽然我不能亲自给你讲经济之学,利害之道,但是我这一套学问,都已经传授给了我那小徒。你和他一起探讨研究也是一样。你不是一直说找不到知音吗?要我看,你和他正是知音,不但是知音,而且可以成为共患难、同富贵的生死至交,快去吧!"

"真的吗?"文种听了大喜,"那我就不多打扰老先生,日后再向您请教了!"

"去吧,去吧。"计然背负双手,长袍大袖,飘然而去。

"山野之地,何奇人如此之多也!"文种轻叹着,不敢耽误,径直上了山坡,进入竹林。

来到茅庐前,刚走到院子门口,就听到一阵清脆的琴声传来。一人且弹且唱道:

陟彼三山兮商岳嵯峨,
天降五老兮迎我来歌。
有黄龙兮自出于河,
负书图兮委蛇罗沙。
案图观谶兮闵天嗟嗟,
击石拊韶兮沦幽洞微,
鸟兽跄跄兮凤凰来仪,
凯风自南兮喟其增叹。

文种静静地立在门口听着。春日的阳光暖暖地洒下来,一草一木,似乎都透出某种气息。风儿轻拂,甲虫歌唱。蝴蝶和燕子在头顶上掠过,蜻蜓不知疲倦地飞来飞去。一切都不可言说,令人愉悦的安静和祥和预示着某种神秘。

一曲既罢,文种趁机咳嗽一声。"请问,可是范蠡先生在内弹琴作歌?文种冒昧，特来拜访！"

屋子里一阵窸窸窣窣，旋即，柴门打开，一人从里面迎接出来，朗声说道："原来是令尹大人来临，怪不得一大早喜鹊聒噪！"

只见一个神态潇洒、面目英俊的男子，年龄在二十五六岁上下，一身干净的衣冠，一双眸子炯炯有神。他迈着有力而稳健的步伐来到文种跟前，深施一礼：

"小民范蠡，见过令尹大人！"

"不，不，这里不是公堂，你我不必拘礼。"文种连忙将他拦住，"看先生的年纪，比我要小上几岁。干脆，我就托大，叫你一声贤弟，你呢，叫我文种即可。"

"文种兄抬爱了。早就听我老师说，文种兄豁达豪迈，待人真诚，而且有独见之明，和寻常的官员大不相同。今日一见，果然是不为俗礼所拘的大丈夫、真英雄。"范蠡笑着道，"早知如此，我就不用借这一身衣冠来穿了。"

"哦，贤弟这一身衣冠是借的？"文种诧异地问。

"是啊，我老师说，十日前，文种兄曾经来此相访。而且认准我佯作疯狂，其实是才俊之士。老师说你今天必然再来，我为了迎接你，才特地借了这一身衣冠来穿。其实，我一个山野之人，又怎么用得着这身装束呢？文种兄，请！"

"请！"

二人一前一后进了茅庐，在内堂坐下。文种早吩咐人将礼盒、野鸡，布帛，都一股脑拿进来。范蠡坚辞不受："无功不受禄，文种兄太客气了。"将黄白之物拒绝，倒是那野鸡留下了。"山中无甚待客，这倒正好用来下酒。"

他提着野鸡出去，请邻居帮忙拿去宰杀烹煮。一会儿进来，一身衣服也换过了，长袍大袖，装束随意，纯然是一派隐逸之士的风采，倒更符合他。

"范蠡贤弟，你还是穿上这身衣服，更符合在我头脑中的想象呢！"文种笑着道。

"哦，不知道文种兄何以在想象中，认定我就是这么一副形象？"范蠡问。

上部 惊世奇才

"我一来到宛城,就听人说,这里有一个叫少伯的疯子,一天到晚喜欢胡言乱语,和一些奇奇怪怪的人结交,还说你这个人特别有一个癖好,就是喜欢戏弄新来的官员。每逢有官员来到,你不是去轿子跟前学狗叫拦路,就是弄一堆干草铺在当街,光着身子在那里睡觉。总之,人人都在说你的大名。我来了之后,一直在等着你来给我难堪,却始终没有等到,所以我就按捺不住来找你了。结果第一次来遇到了接舆,第二次来遇到了你的老师计然。人以群分,物以类聚,从他们身上,我猜测你不但是和他们一类的人物,更从他们口中得知你的才华,所以就第三次上门了。"

"文种兄,难得你一片诚意,我先谢过了。"范蠡先给他施了个礼,然后说道,"不过,我也知道,文种兄其实不是为了我而来,而是为了文种兄自己而来。"

"哦,此话怎讲?"文种一愣。

"文种兄志向,我已通过老师知道了。"范蠡道,"文种兄研究霸王之术,胸怀征战天下、建功立业的梦想。你来这里,是想寻找一个志同道合的知己,对不对?"

"正是。"文种点了点头,"我和计然先生说过,我这个人,没有别的爱好,就是喜欢王霸之学,研究霸王之术。可是直到上次听计然先生提到经济之学、利害之道,我才知道自己一直以来的研究太肤浅了,对霸王之术可以说只理解了皮毛,而没有得到精髓。这也是为什么我一直寻访贤士的原因。老天开眼,教我遇到了贤弟。计然先生说,你已经尽得他经济之学的真传。我想请问贤弟,这经济之学究竟是讲什么的,又有何妙用?"

"文种兄,你口口声声说霸王之术,你可知道,霸王之术的本质是什么?"

"是什么?请贤弟赐教。"

"霸王之术,说起来是征战天下,成就王图霸业,其本质无非四个字:济世安民。"范蠡说道,"而要安民,第一需要的是什么?就是经济,就是财。非有财不足以养民,不养民何来天下?不懂得生财养民,而妄谈什么称雄图霸,岂非空中楼阁,自己失败不说,还连累天下百姓!这才是真正的愚痴啊！"

他这一番话，听得文种头上汗水涔涔而下。

"文种兄所推崇的是秦穆、齐桓、晋文、庄王，而他们所以图霸，文种兄以为是得到了管仲、百里奚、狐偃、孙叔敖这样的人才，这是没有错的，君明臣贤，的确是成就霸业的基础。可是，真正成就霸业的依靠是什么？还是隐藏在背后的'经济'二字。秦国所仗，乃是地利。有了肥沃的土地，有了稳定而丰厚的产出，有了足够的粮食积蓄，才能西征诸戎，开疆拓土。齐国称霸，靠的是什么？靠的是地近海滨的天然优势，海边产出以盐和渔最为丰饶，经营盐业、渔业，可以短时期内而获暴利，因此才能迅速提升了国力，九合诸侯，雄视天下。至于晋国、楚国，不也是充分利用了自己国家的资源，首先发展了财力，才有了足够的支撑吗？就拿本国的庄王来说，庄王何以三年不飞，然后一飞冲天？这三年中，大家都以为他在荒唐度日，胸无志向，其实是暗中休养生息，聚财生利啊！如果没有这三年的时间，哪里会有以后问鼎中原的雄厚本钱？"

"原来如此！"文种听了，直如醍醐灌顶，一拍脑袋道："哎呀，我真是太笨了，怎么从来没有想到过这一层！"多年来都没有想明白的道理，如今被范蠡一解释，真如同捅破了一层窗户纸一样。其中的道理，竟然是再简单、再平易不过。"请贤弟再说得详细一些。"他虚心地请教道。

"财者，利也。所谓经济，无非就是利害二字。天下人皆知利之为利，却不知利从何来。"范蠡继续说道，"何者为利？利，起于众所争也。所争者何？财也。害，人之所恶也。趋利避害，人之共性也。正所谓'天下熙熙，皆为利来；天下攘攘，皆为利去'，天下人都知道财的好处，都忙着去争夺财，可是，为什么有的人成功了，有的人失败了？有的国家很快富强起来，成就了霸业；有的国家却无论如何也不能成功，反而因为轻举妄动，耗尽了国家财力，动摇了国家的根本。一切的一切，就在于一个'道'字。'道'是什么？简单地说，道分为天道、地道、人道，要旨无非在一个'顺'字。顺应天时，顺应地力，顺应人心，将这个'顺'字应用到极致，而自己却做一个创造而不据有，成就而不贪功的人，这样的人，就是真正的智者，只不过这样的人，在这个世界上太少了。"

"唉,我本来以为,自己也算个聪明人,可是到了贤弟这里,才知道自己不过是一块木头,不,只怕连一块普通的木头都算不上,只能算一块朽木!"文种木也是个自负的,可是今天听了范蠡之言,眼前顿时展开了一个闻所未闻、想所未想的奇异世界,才知道自己从前所学,实在不值一提。

"文种兄不必过谦,你这份识人本领、知人之明,就远非寻常人可比。"

范蠡说到这里,正好邻居已经将野鸡烹好,连同酒一起送来。两人就一边吃肉、喝酒,一边继续交谈。

"贤弟,你之大才,我已经略知一二。"文种诚恳地望着范蠡,道:"我说过,来这里是想印证霸王之学,寻求一个知音。霸王之学,我以后是不敢谈论的了。不过,我倒觉得和贤弟一见如故,贤弟说我能识人,以我看来,贤弟也正是管仲、百里奚、孙叔敖一类的人才。只是不知道当今天下,谁是齐桓、秦穆、晋文一样能够成就大业的霸主?不知贤弟可有留意?"

"文种兄以为呢?"范蠡悠闲地喝了一口酒,看了他一眼,问道。

"当今天下,战祸连绵,征战不休;天子名存实亡,鲁、卫、燕、赵,有心无力;吴国有孙武、伍子胥扶助,成为新霸。然而,吴王阖闾,年迈老病,只怕已经撑不了多久。放眼列国,实在没有像样人才,可以匡扶周室。"文种摇了摇头,叹道,"愚兄自知才疏学浅,不足以成就一番大业,可是贤弟你却正可以如同管仲、百里奚那样,成就一代名相,千秋霸业呀!如果你愿意,我宁愿弃了这个官不做,和你一起去寻找天下明主,如何?"

"天下名主,哪里是那么好寻找的?"范蠡却不以为然地道,"再说,文种兄真的以为,找到了明主,君臣相济,就可以成就一番霸业?却不知道,人力固然难得,更难得的是,是天时。我说过,要顺道而为,第一要顺的就是天道。天如果不许你成功,人力又有何用?还不如我这等闲居山野,逍遥自在,寄情山水,与草木同朽,来于自然,复归自然,不问冬夏春秋,不管人间短长。什么英雄之志,什么霸王之道,那不过都是你我内心的狂妄。其实我们这个生命,从来不要求我们去做这个,做那个,它唯一所要求我们的,就是要快乐,快快乐乐地度过每一天,也就够了。生不能由我们做主,死也由不得我们留恋。随生随死，便如这天上浮动的白云，白云苍狗，变化万千，缥缈而过，不留不一点痕迹。这就是人生。"

"可是这样的人生，岂非太过寂寞，太过冷清，也太过冷酷无情吗？如果人人都这么想，都和贤弟你一样冷眼旁观，那么置天下苍生又于何地？"

"文种兄所说天下，可知道不是你我二人的天下，而是天下人的天下。天下人有千千万万，人心难测。经营天下，说到底不外是经营人心，可是这千千万万的人心，仅凭你我二人，如何能够去悉数揣摩？可见所谓天下，都是虚幻；真正要探索、了解、洞幽烛微的，不过你我二人之心而已。唯有先深入自己的内心，了解自己，然后才能了解别人。文种兄以为如何？"

"我就是从自己的内心出发呀，我研习霸王之学，想要一夕得成，扬名四海，辅一代名主，成百年相业，难道只是为了我自己吗？如果真的能够实现梦想，成就霸业，到时候，不就可以止刀兵，息杀伐，天下百姓，也都过上了安稳和乐的生活吗？如果能够像齐桓、秦穆、晋文、庄王那样，让自己强大起来，然后匡扶周室，号令诸侯，为天下换来短暂的安定，不正是很多人都希望的事情吗？难道我之一心，还不是天下人心吗？再如贤弟，怀有高才而不露，自甘隐没于世，独善其身，你以为这样就可以弃天下苍生于不顾吗？战乱频频，百姓流离失所，贤弟即使装作不知道，这样的事情不是每一天每一刻都在发生吗？与其欺骗自己，不如奋力投身这滚滚的浊流，去施展大才，辅一代明主，而成就百年霸业！以战止战，匡扶周室，安定天下，让百姓真正过上安居乐业的生活。难道贤弟不认为这才是生命对我们的要求，这样的人生才是真正有意义的吗？"

"这个……"范蠡沉吟一下，摇了摇头，"文种兄一片赤诚，我知道了。不过，人各有志，我还是更习惯做山野闲人，寄情山水，了此残生而已。"

"怎么，贤弟直到现在都不肯相信我吗？"文种简直急得不行，"我的才华或许比贤弟的确不如，但是我这一双眼睛，我看人是再不会错的。我知道，贤弟也好，你的老师计然先生也好，还有接舆，你们表面上故作清高，做出一副与这个滚滚横流的浊世不相融合的姿态，故意以弃世之举示人。其实，你们的内心和我一样，有着一团炽热的火焰，对这个世界不但有着高人一等的智慧看法，更有着和天地自然一样的悲悯。你们所以研究经济之学，利害之道，绝不只是为了消遣，而是真正有着拯救天下的志向，有着去亲自投身俗世浊流，去实践这套学问坚贞不渝的意志。如果要说抱心之热，贤弟和我根本就是同一路人。如果我这番话说得有一个字不对，那就是我看错了人，我这双眼睛，留着也没有用了——"

说到这里，他忽然一下子站起身，冲到墙边，将上面的长剑摘了下来，"当啷"一声，长剑出鞘，锋利的剑尖对准了自己的眼睛。"我这就自刺双眼，永不看人！"

"不，使不得！"范蠡大惊，也连忙起身，上去夺下他手中宝剑。"文种兄这是何苦？"

"我就问贤弟你一句话，我说得对不对？"

"对！"范蠡一声长叹，"其实文种兄所说每一句话，每一个字，都是正确的。的确，我所以佯狂处世，不过是借此告诉自己，这个世界是不值得去拯救的，天下人心，充满着利害计算，人的生命与草木一样，任其自行凋零，归于泥土就好。可是我的内心却总有一个声音在告诉我，不是那样的。生命何其珍贵，每一个人都是天地创生的，值得好好珍惜。每一个生命也都是值得拯救的。要使得每个生命都从容、安稳，自由自在地生活，去自我发掘和充实，实现自己的圆满和快乐，也帮助别人去完成。这才是人生的价值和意义，也才是以人道而顺从天道，所能达到最高境界。"

"我就说嘛，贤弟绝对是和我一样的人，绝不会看天下苍生任其沦落而不管！"

"因此之故，我才一边佯装狂人，以离奇的举动来吸引当政者的注意；一边潜心跟随我老师学习经济之道，利害之学。对了，文种兄还不知道我老师的真实身份吧？别看他其貌不扬，他可是晋国王室的公子，因为厌倦权力的斗争而出走，立志研究经济之学。后来拜在老聃的门下学习，在老聃祖师最后的岁月里一直服侍身边。老聃祖师去世，他游历天下。正好三年前从这里经过，看上了我，就将这一套经济之学传授给了我。"

"原来如此，怪不得我一看令师就觉得他不是一般人，也正应了那句话'名师出高徒'啊,只有令师那样的世外高人,才能培养出贤弟这样的奇才啊!"

"奇才谈不上,其实我也是一直跟随老师学习,并没有当真实践过这一套学问。我老师曾经说过,这套经济学问,是'上富其国、下富其家'的大学问。只要运用得当,匡扶一个国家,成就一番霸业,并非难事。我也正在等待一个这样的机会呢,没有想到,文种兄就来到面前了,看来,这就是天意啊!"

"对啊,贤弟说过,要顺从天道,天意让你出山,施展这一身经天纬地的才华,天意不可违,愚兄虽然不敢说是鲍叔牙,却认定贤弟一定是管仲那样的大贤。依我看来,既然贤弟早有此意,何不这就和愚兄一起下山?"

"这……"范蠡似乎还在犹豫,文种已经情难自禁,匍匐在他脚下,泪水汹涌,放声哭道:"贤弟,愚兄非但是为了自己,为了你我兄弟二人,更是在为天下苍生请命啊!贤弟不出,这滔滔的乱世,百姓如何能够有一个安稳的生活?如果没有人效仿从前的贤士俊杰,辅佐明主,成就霸业,匡扶将要衰微的周室,那么这天下可真是没有希望了!举世滔滔,浊流滚滚,贤弟就是想隐居世外,独善其身,难道能够做到吗?就是老天也不答应呀!所以请贤弟莫再迟疑,上顺天意,下应民心,这就下山吧!如果贤弟不答应,愚兄就长跪于此,再不起来了……"

"唉……好吧。"见文种如此苦苦相邀,范蠡叹了口气。也罢,自己本来就有心下山,携一身才学入世而做一番事情。正好有这个机会,上天将文种送到自己跟前,虽然只是一介小小的令尹,然而贵在襟怀豪迈,一片赤诚,和自己正好可以成为鲍叔牙与管仲那样的管鲍之交,将来必然可以成就一番大业。自己就顺天应人吧!

他这么想着,连忙也恭恭敬敬地跪在文种对面,还礼道:"既然文种兄如此看得起小弟,小弟也不敢不从命。只不过,谋事在人,成事在天。能不能如兄所愿,为天下百姓真正做一点事情,小弟也不敢保证!还有就是,文种兄是大王亲封的令尹,官职在身,只怕不方便和我一道……"

"贤弟尽管放心,这一点我早想到了。"文种听他终于答应了自己下山之邀，激动得拉住他的手，大声说道："难得贤弟能领会愚兄一片苦心，也肯信任愚兄，和愚兄一起去做一番轰轰烈烈的大事情！既然贤弟肯抛弃逍遥山林的神仙日子，我一个小小的令尹，又有什么舍不得的？实不相瞒，我来的时候，已经挂印封金，留了信札，这个芝麻大小的官儿，不做也罢！事不宜迟，咱们这就一起离开，去开始咱们的王霸之业吧！"

"哈哈。"两人一齐大笑起来。笑声中，一段惊天动地的传奇就此拉开大幕……

第二章

吴越争锋

吴越争霸的故事以其诡谲和瑰丽成为春秋战国历史上最动人的篇章之一。吴、越当时都是天下经济发展的中心,尤其以吴国为代表,冶铁水平冠于天下,便利的水陆交通,带来了商业上的繁荣。依靠实用主义的商业文化,吴国很快聚集起一批人才,取代了楚国,迅速崛起,最终成为一代新的霸主。

从一开始,范蠡就清楚地认识到,越国和吴国的战争,不是军事之战,而是经济之战。越国在自己经济不够强大的情况下,与吴国争夺是必然要失败的。想要在这场战争中取得胜利,就必须通过休养生息和制定促进经济发展的各项政策,来提升越国的实力。同时,还要对吴国的经济实力进行消耗。此长彼消,终于有一天,越国将会全面超过吴国,战而胜之,也就是顺理成章的了。从这个角度上来看,范蠡在当时所具备的眼光和智慧,的确是无人可以匹敌的。如果没有他的出现,很难想象越国在那么弱势的情形下能够反败为胜。而我们也就有了今天的幸运,能够读到这么精彩绝伦的故事,看到春秋历史上最扣人心弦的演出之一。

吴国境内,到处都是湖泊纵横、河流相连,密密麻麻的桑田稻畦,望不到尽头。一片片盛开的杏花,仿佛落了满地的雪。范蠡与文种二人自进入这里以来,行则乘船,食则鱼米,给他们印象最深的,还是到处可见安居乐业的农人们,耳边回响着飘绕不散的歌声。田地里,江船上,一群群赤脚裸臂,挎着篮子的姑娘;一队队光背袒胸,肌肉块块凸起的青年小伙,不管男女,都放开亮丽的嗓子唱个不停。听那清脆圆润的吴语,如一线云在天上飘,令人听得入了迷。

不知不觉，姑苏城到了。

姑苏城，是当年吴王阖闾刚即位时，决心富国强兵，听从伍子胥"先立城郭，设守备"的建议，精心修建而成的。姑苏城分大小两城，外面有长长的城郭相围，城池又宽又深，有水门和陆门各八座。城池外面的护城河与郊外的河湖港汊相通，运粮经商的船只，都由此出入城里城外。

文种和范蠡上了岸，进得城来，只觉满眼的繁华景象，一双眼睛根本不够用。街道上，楚国编制的藤器，秦国贩来的马匹，晋国的漆具，宋国产的各式各样的竹器，还有吴国人自制的手工艺品……百货杂陈，琳琅满目。客店、酒馆，比肩而立；卖茶、卖盐、贩丝、贩粮的，应有尽有。似乎永无间歇的喧哗和如江水奔腾汹涌的欲望，洋溢在街巷的每个角落。

"怪不得，"文种在心里暗暗道，"范蠡贤弟说天下王气，尽在吴地。这里的气象，果然和楚地不同。"

原来，当日范蠡下山后，首先和文种商量的第一个问题，就是二人要到什么地方去。

"兄可知道天下王气，现在何处？"范蠡道，"三王，是三皇的余泽；五霸，是五帝的延续。天运这东西，以一千年为一个循环往复的周期。王气不是虚幻的东西，所从地出，是为地户。黄帝发现了王气，并且发现以辰土可以攻破巳火，由此建立了王业。现在，地户出现在吴地，霸王之气，也出现在那里。这就是伍子胥、孙武子，为什么纷纷要投奔吴国的原因。我们要想成就大事，一定要先去吴国看一看。"

听他这么一说，文种只有佩服的份儿，自然没有什么异议。于是，两人一道离开楚国，跋山涉水，来到了吴国。

人既不熟，地亦生疏，不过没有关系，二人反正有的是时间，首先找了一个地方，住了下来。

这是远离街道的一处客舍，比较清静，也还便宜。文种和范蠡听人说，吴王阖闾过几天要出宫巡游，便抱定主意，看看那个吴王阖闾什么模样。有了一个初步的印象和判断后，再去投奔不迟。

这天，一大早，就听外面喧哗不绝，似乎一队队的人马在不断地经过，又有人在嘱咐什么，告诉人们注意什么事情。到了辰时，却突然一下安静了下来，不但没有了人声，连马嘶、狗叫，也没有了一声。

"看来，吴王就要出来了。"文种和范蠡早早在客店二楼临街一面的窗口，订下来一个位子。现在，感觉到气氛非同寻常，两人也连忙起身站在窗子后面，向下面张望。

"咚咚——"

"嗒嗒——"

一阵鼓乐过后，街道那边，走过来一大队人马。前导的卫兵、仪仗车队等一连过去了数队，后面在一排甲兵的拥护下，吴王阖闾和王妃的步辇，终于出现了。那步辇当时盛行于贵族诸侯间，并非新鲜，但阖闾的这步辇却不一样。气派是不用说了，又方又宽的红漆底座，外表镶着银色的叶子，龙凤图案，四面绘着飘绕的云雾；四个角上嵌着四个龙头，龙口里面含着香囊。车顶的中央，是银莲花坐龙，以红绫铺成里子。车内的中间铺着红褥，红褥的上面是御座，扶几，香炉，车内还摆设圆镜，银丝的香囊，银饰的勾栏，在阳光下闪闪发光。最引人注目的，是在车上的四个角上，分别站立着四个身材高大，铜衣铜甲，脸上戴着青铜面具，手持明晃晃青铜长剑的武士。这剑可不是装饰，而是真正削铁如泥的神器。要知道，阖闾的王位，本来就是靠一把鱼肠剑刺杀王僚得来的。他的手下，不但有专诸、要离一大批视死如归的剑士，更有干将、镆铘等这样的铸剑名匠。也正是倚仗了兵器的锋利，所向披靡，吴军才能在战场上战无不胜，攻无不克。

不过，那是在战场上；而现在是在自己的国内，一次寻常的出行而已，却如此戒备森严，又炫耀、警示一般将剑亮在外面，这似乎暗示着阖闾对百姓的极大不信任，也说明国内蕴含着深不可测的巨大危机。

"看来，咱们是来错地方了。"虽然无法看清阖闾的面目相貌，但仅仅从这个排场上，范蠡已经从心里生出反感。

"何以见得？"文种一时还没有领会他在说什么，疑惑地问道。

"兄长难道没有听说过？圣人治国，示之以德，诱之以善，因此国家才能长治久安，百姓安居乐业；相反，只有暴虐、昏庸的国君，像宋襄公那样，才会盲目地夸耀武力，最终也只能导致国家的衰败和灭亡。现在，你看这个情势，吴王对自己的子民，尚且如此提防，则其人之多疑，可以想象矣！用人不疑，疑人不用，和这样的君主在一起，我们又如何能够尽情舒展，实现济世之志？"

范蠡说着，一边看着吴王的车子渐渐远去，摇了摇头。

"那怎么办？"文种一听，不免有些着急。"既然来了，总要试一试。说不定见了面，贤弟就会发现，吴王并不是那样的人。还有，贤弟不是说，王气就在这里么？不在这里求仕，我们去什么地方？"

"嘘——"范蠡连忙止住了他，看了看左右，又小声对文种说道："人多耳杂，这里不是说话的地方。"

话音刚落，只听一阵喧哗，楼下涌上来八九个人，一个个都是文人模样。其中尤其有一人，紫袍蓝巾，气度不凡。几个人都围着他，大声寒暄。

"抱柳兄，好久未见，近日又听闻在鲁侯前授了上卿，真谓英雄得志了。却不知道如何忙里偷闲，又回到这里来？莫非思乡心切？"

"哪里。"叫作抱柳的那位一边落了座，一边淡淡地道："鲁侯识才亦能用才，却难任才。我呀，是卸官挂印，回来求功名来了。"

"卸官挂印？"众皆惊愕，似乎不敢相信，继而又啧啧称赞："也只有抱柳兄，才有如此魄力！"

又有人道："抱柳兄有济世之志，治世之才，何不去投太宰伯嚭公？他广纳贤士，最能容人，必重用兄。"

"尔等差矣！"抱柳闻言，却忽然变色恼道："伯嚭为人，我早有耳闻，容人识才，却如何能与鲁侯相比？伯嚭之流，不过爱才识才，人皆能之；鲁侯燕公，识才用才，自是高了一筹；用才任才，是为贤主，吴有阖闾，秦有穆公，这又高了一筹；任才尽才，又高一筹，齐桓、晋文、庄王，深谙霸王之道。尽才能善始终，则只有尧、舜、禹三代圣主能为了……"

一众人如痴如醉，听他谈论半晌。这边，范蠡和文种听了片刻，也就离开，回了房间。

"兄长刚才也听那位先生说了吧,伯嚭广招贤才,却不过是个无能之辈,能容人而不能用,遑论其他了。"回房间后,范蠡正色对文种说道:"眼下之势,伯嚭家资殷盛,与伍子胥势成水火。那伍子胥疾恶如仇,又挟功自傲,处处与伯嚭一争短长。两虎相斗,必有一伤。吴王又年纪已高,不可节制。我估计,吴国不可能再有什么大的发展了。虽然有霸王之兆,但是肯定不会应在阖闾身上。当今之计,莫如咱们作速离开,另投他国。"

"贤弟所言甚是有理,可是,到什么地方去呢?"文种茫然道。

"我已经想好了,吴、越两地,同气共俗,王气相连。或许霸王之兆,就在越国的君主允常身上。我等兄弟不妨向越一行,去见见那越王允常,如何?"范蠡道。

"好。"文种高兴地答应了。

离开吴国,进入越国,两个人这才又发现了越国和吴国的不同。吴国到处都是湖河溪流,以舟代步;越国境内,却多为山地丘陵,人们住在山中,开辟出一片一片的梯田,耕种过活。茶林连绵不断,弯曲迂回,一条条从山里流淌下来的飞瀑,汇成溪流,水质是那么清纯,掬一捧喝在口里,那么甘甜可口,入嗓生津。越国人喜欢山猎,常追逐飞禽走兽,作为家中肉食。因此民风也就颇为强悍。这种风俗,倒是与楚国境内,多有相似的地方。所以,文种和范蠡一到这里,便不由自主地喜欢上了这个地方。

但就在他们贪恋这山光水色的时候,一个不幸的消息却突然传来——越王允常得了一场重病,刚刚去世了。新继位的是允常的儿子,叫勾践。

还不止如此,允常去世的消息传到吴国。吴王阖闾因为曾经遭受越国的偷袭,怀恨在心,一听说越国新丧,欺负新君年轻,立即决定:出兵伐越,以报前仇!

此决定刚一做出,伍子胥就站出来反对:"越虽然有袭吴之罪,然新有丧,此非常之期,伐之不祥!"

然而,阖闾对伍子胥的话却根本不听,亲自率领吴国的军队,引伯嚭、王孙骆、专毅等人,浩浩荡荡,踏进越国境内。勾践也不敢大意,亲自督战,起倾国之兵,前来迎战。双方屯兵相向,战事一触即发。

偏这时，文种和范蠡二人，却向着两军交战的地方槜李而来。一路之上，不断遇到举家逃避的百姓，文种忧心忡忡地对范蠡道："刀兵无眼，一旦开始战争，玉石俱焚，你我兄弟，可不要不明不白，在这里送了性命。"

"不然。"范蠡却道，"我正要观察两军的交战情形，也好借此了解，双方国家的兵力与战斗力量，这可是一个千载难逢的机会啊！"

"好吧！"文种拿他没有办法，只好答应下来，两人躲在暗中，偷偷摸摸，观看双方交战。

这日，两国的军队按照约定日期，对面列阵，展开厮杀。勾践见吴军队伍十分齐整，戈戟林立，便对大将诸稽郢说："吴军的锐气太盛，不可轻敌。你且上前，不可强攻，只需扰乱他们的阵脚即可。"

"是！"诸稽郢领命，派出大夫畴无余、胥犴，左边五百人，各持长枪，右边五百人，各持长戟，一齐喊叫着，杀奔吴军的阵营。

"哼，勾践小儿，胆敢如此蔑视寡人！"吴王阖闾一生差不多都在战阵里度过，根本不理会越军，只是命令弓箭手一齐放箭，稳住阵脚。越军无可奈何。

"怎么办？"

一连三日，双方互相攻守，各有胜负。眼见吴军后援，源源不断地到来。而越国这边，国中已经没有可征之兵。照此拖延下去，越军必败无疑。

情势危急，勾践只能传令下去道："不管什么人，只要能出奇计破吴者，一律授以高官，赐以千金之赏！"

很快，大夫诸稽郢带来一人，道："大王，这位先生，自称姓文名种，现有妙计，可以破吴！"

"哦？"勾践大喜，亲自将文种请到自己的帐篷里，恭恭敬敬地请教道："先生有何妙计？"

"大王，破吴不难，只需如此如此……"文种不慌不忙，在勾践耳边道出来一条计策。

原来，几日来，经过连续在山头观战，范蠡对双方情况观察，早已洞察胜负之玄机。他唤过文种，附耳授计，文种立即飞马下山，直奔越军大营，来见勾践。

"大王军中，可有罪人？"文种问道，"只需要如此这般，一定可以破吴！"

"果然好计！"勾践立刻下令，把随军所有犯了死罪的犯人带过来，一共有三百人，答应厚金抚恤他们的家人，免除被他们牵连的亲属罪过。这三百人，饱餐一顿后，人人都怀着感恩的心情，光着膀子，提着刀剑一齐来到吴军阵前。

"大王，真是怪事。"吴军中，早有人报告阖闾，"越军不知道在耍什么花样？"

"休要理会！"阖闾出来，远远见了，也很不理解，便命令一众弓箭手："只等接近，便即放箭！休要乱了阵脚！"

"是！"众人答应，又紧急调了弓箭手来增援。然而，却见对方阵上，那三百人在阵前站好了，并不逼近。

"请吴国大王听真——"为首的一个囚徒，声若洪钟，大声喊道："臣主越王，不自量力，冒犯上国，以至于有今日兵祸。我等受越王之恩，无以为报。不敢自惜生命，愿以死代越王之罪！请吴国大王看好了！"

"嚓——"话音刚落，只见他将剑在脖子上一抹，顿时鲜血喷溅，洒满一地。

"我等亦甘愿就死！"其余的人也纷纷挥起剑来，一个个毫不犹豫，刎颈而亡。鲜血如同河流，血腥的味道，随风飘过来，吴兵都看愣了，人人胆裂。

"怎么回事？"

"不知道啊……"

要知道，这可是两军阵前从未见过的，越人莫非都发了疯？

正在这时候，忽听一阵鼓响，惊天动地："杀啊——"

尘土四起，旌旗铺天盖地般招展着，越军畴无余、灵姑浮、胥犴，各自率领精锐部队，如狼似虎杀奔过来。后面，越王勾践驱动大军，汇合诸稽郢，随后杀至。

吴军阵前，弓箭手都手脚发软，来不及发箭，瞬间被踩在马蹄下，碾成肉饼。吴王阖闾见势不好,只好匆忙下令:"快撤!"

然而已经晚了,越军大将灵姑浮马快,来到吴王跟前,一声大喝:"哪里走?"一刀砍来,吴王慌忙躲过,却来不及缩右足,连鞋带一只脚趾,被削掉在地,鲜血如注。

"大王莫慌!"多亏这时专毅兵到,一阵砍杀,保护阖闾杀开血路逃去。

越军大获全胜,追杀半个时辰,收兵回营。

"疼……疼死我了!"吴王阖闾毕竟年纪大了,又流了半天的血,跑了一会儿,不觉昏昏沉沉。正跑间,忽然一支队伍从山谷里杀出,大吼:"文种在此!"

"冲过去!"阖闾无心恋战,命大将专毅和伯嚭双战文种,他则乘机夺路,只顾逃命。

又逃不过一箭之地,猛然又有一支队伍斜冲而出,为首大将吼道:"范蠡在此!"

"天亡我也!"阖闾肝胆皆碎。多亏王孙骆死拼范蠡,杀出路来,护了阖闾过去。

又走了三五里,阖闾再也支持不住,大叫数声:"天乎?人乎?命乎?"

叫声未绝,"扑通"一声响,竟然跌在马下,挣扎了几下,等众人救起来,早已一命呜呼,没有气息了。

于是,伯嚭、专毅和王孙骆,只好收拾了残兵败将,扶吴王尸体返回姑苏。阖闾的太孙夫差借了这个机会,与伍子胥同谋,几天后便冠袍顶冕,自立为吴国的新君。这一年,正是周敬王二十四年。

越国的都城会稽,本来是在会稽山的腹地内,勾践这次打完仗回来,文种立刻又献上了范蠡的计议,在城北的开阔地带,利用八个弧丘,建成一座周二三里的城邑,设陆门四处,水门一处。附近又筑一个大城,与会稽山内的故都相连,又设陆门三处,水门一处。一个多月,越国已呈现一派生机蓬勃的气象,文武百官大会朝廷,文种和范蠡才第一次被邀上殿堂。

因为早传说这二人如何如何,所以众文武都不无嫉妒地打量他们。范蠡也借机仔细端详上朝的文武官员。只见越国的这一众官员,或老,或少,或者意气骄横，或者神态猥琐，简直没有一个可用之才。仅一扫视，范蠡的内心已是大失所望："这样一群无用之辈，聚在一处，能成什么样的气候？"

看罢众人，等勾践出来，大礼参拜过后，范蠡再仔细一看勾践的相貌，不由在心里"啊"了一声。

只见这个勾践，相貌大异常人：又粗又浓的眉毛，一双三角眼，半环形的双耳，高高钩状的鼻子，戴着用红羽毛织成的王冠。神态之间，看起来似乎愚蠢无能，然而目光里，偶尔闪过一抹精芒，显见此人大智若愚，不是等闲之辈。

"果然！"范蠡心里暗暗道，"王气所在，越吴均占。吴王已死，霸业便只落在这个人手上。我和文种兄果然没有投错人。不过，人虽然是选对了，然而观这个人，心浮气躁，眉目间有骄傲和暴戾之色，不经磨难，终究难成大器。看来，欲成王霸之业，尚未到其时，还需要如晋文流浪、庄王潜隐，等经历过一番挫折磨难，他才真正会成为一个有为之君啊！"

就在他心中暗思的时候，勾践已经在问他了："范先生，寡人听文种先生说，你有一套成就霸业、纵横天下的大学问，正需要找一个施展的舞台。目下，我军大胜吴国，阖闾的孙子夫差，刚即位不久，年幼无知。孙武子已经归隐，伍子胥又老昏无用，我欲趁此良机，以倾国之兵，一鼓作气，将吴国给消灭了，收其作为越的附庸，不知道先生以为如何？"

"大王真有此想法？"范蠡又何尝不知道他在试探自己，因此，狂态复萌，"哈哈"大笑起来："请大王原谅，我不过山野狂夫，一介闲人，胸无大志，不学无术，又哪儿懂什么王霸之术？便如河中之鱼，终日以漂游水中为乐，大王要向它请教入海之道，能有何得？又如井中之蛙，终日以闲坐观天为乐，大王要问去天边之路怎么个走法，它又如何知道？"

"贤弟，你这是……？"文种一愣，正要说什么，却见范蠡向他递了个眼色，于是，到嘴边的话，又咽了回去。

那勾践呢，原是个刚愎自用之人，又加之年轻气盛，等闲之辈根本人不了他的眼。不过听文种言范蠡为有用之才，又正在用人之际，因此才将范蠡宣上朝来，一并询问。范蠡不肯出谋献策，他也就不再理会此人。

"哼！原来是个无用之人。"他冷笑了一声，不再去理会范蠡，转过头去问文种道："文种先生，你在檇李之战中，献上奇计，大败吴军。寡人曾许以高官厚禄，千金之赏，绝不食言。这就封你为大夫，赏赐府邸、千金，如何？"

"谢大王！"文种连忙磕头谢恩。

"文大夫，既然你不吝胸中所学，愿意尽心竭力辅佐寡人，那么，刚才寡人所言伐吴之事，你怎么看？"勾践问道。

"这个……大王要对吴用兵，万万不可！"文种沉吟了一下，侃侃而谈，道："吴虽遭败，吴王新丧，然而带甲之兵，尚有十万。孙子兵法，世所闻名，孙子虽去，兵威犹在。子胥虽老，不可轻视。况且吴军之败，非败在军力不如，而败在人心之乱。我军不过侥幸行险，乱中取胜而已。倘若远涉吴境，与吴军正面交战，则吴军战虽不足，守则有余。而我军以疲劳之师，深入险地，战固然不足，就是想要自守自保，只怕也不可能。如果被迫与之持久相抗，只怕不等胜利，整个国家的财力就耗空了。"

"那么依照大夫之见，该当如何？"

"我以为，当今之计，大王首先要做的事情，是内抚百姓，休养生息，富国安民，治国生财；外与楚、齐修好，引为强援，这样内外兼顾，方为正道。"

"有道理。"勾践点了点头，又迫不及待地道："大夫不要吝惜，还请再讲一下，如何治国生财吧！"

"这却非臣所长，"文种道，"我这位范蠡贤弟，他的老师是老聃的学生，平生专门研究经济之学，利害之道，范蠡贤弟已经尽得老师传授，说到治国生财，他是一等一的大行家。我曾经有幸，听他论述过'上富其国，下富其家'的大道理，实在高明！请大王不要责怪他刚才的无礼，问问他吧。"

"哦？"勾践又转向范蠡，满怀希望地道，"范蠡先生，想必是刚才寡人诚意不足，让先生误会了。现在，寡人真心向先生请教，如何治国理财？请不吝指教。"

"大王，小民一介百姓，又哪里懂得什么治国之道？要论起来，管仲、狐偃，皆是人中之龙，一时俊杰，也只有这样的人，才敢谈论治国平天下的大道理。"范蠡推辞不过，只好说道："管仲佐齐，首霸天下，有两句话，不能不听。第一句是'定民之居，成民之业'，这是国家的根本。第二句是'戎狄豺狼不可厌，诸夏亲昵不可弃'，这是国家对外的手段。有这两句话，齐国的霸业可以说就奠定了基础。至于狐偃，在帮助晋文公成就霸业过程中，有两件事情不能不提：一是晋文公被侮辱，向农夫乞讨却只得到土块，狐偃劝说：'土地即是天下，这是您要得到天下的征兆啊！'坚定了晋文公的信心。后来晋文公在齐国，受到厚待，不思进取，狐偃就用酒灌醉了他，在他睡梦中用车子载着他离开齐国，返回晋国。狐偃深知治国理财为第一，因此选人才，孝父母，厚民性，减赋税，奖农耕，治国三年而'政平民阜，财用不匮'，从而在城濮之战中一举胜出，奠定了霸业的根基。这样的人才，才是治国理财的高手啊！"

"先生说的是，的确如此。"勾践这一次，倒是听得入了神。半晌，不由得感叹道："可是，当今世上，哪里再去找管仲、狐偃这样的人才？"

"大王错了。"范蠡的声音依旧平和，"这样的人才，虽然才华旷世，可是，单有这些人，也并不足以成就千秋大业！人才难觅，而像齐桓、晋文那样的明君，更是难找啊！"

"啊？"越王勾践的双眼瞪大，如鸟颈般细长的脖子也挺起来，急问道："先生以为，寡人比之齐桓、晋文如何？我能不能承继他们的霸业？"

"不可比，不可比！"范蠡很干脆地摇了摇头，说道："齐桓公是卫姬的儿子，受到僖公的宠爱；左右有鲍叔牙、宾须无、隰朋帮助，还有莒国、卫国做外援，有高氏、国氏做内应。他本人则善于听从别人的意见，不贪图货财，不放纵私欲，这才成就了齐国的霸业。晋文公是狐李姬的儿子，得到献公的宠爱，有大夫子余、子犯为心腹，有魏犨、贾佗作为臂膀，有齐国、宋国、楚国、秦国作为外援，有栾氏、郤氏、狐氏、光氏作为内应，惜民如子，所以也成了霸业。而如今大王纵有齐桓、晋文二公之心，又哪有管仲、狐偃？此非人力，全在天意。如果要说天意的话，我倒以为，越国的确有机会成就霸业，但霸业成真，或许也要在二十四年之后了。"

"二十四年？为什么要那么长的时间？"勾践不解地道。

"天道流转，每十二年为一个小的周期，每六十年为一个大的周期，循环往复，周而复始。十二年一个小周期，是一个小的盛衰。这十二年中，主要指的是气候上的变化。如果能够抓住气候变化的规律，安排好生产，就可以有所积蓄。这叫作顺应天道。在第二个小的周期，有了生产物资上的积蓄，就可以多多生育，添丁增口。这叫作顺应地道。到了第三个周期，财力和人力都丰富了，就会产生向外扩张的冲动。因此接下来就要训练士兵，冶炼作战需要的兵甲，从气候的变化转变成为人事上的变化。这就是顺应人道。到了第四个周期，经过扩张之后，必然会取得更大的成就，但是也产生更多的消耗。这样在功业达到顶点的时候，盛极而衰也就是必然的了。这就又回到天道。这样到第五个小的周期，如果懂得顺应地道，生而不养，急流勇退，就会保全。如果一味地将人事强加于天命，就会有覆败的危险。不管是主动放弃还是被迫遭遇覆败，都必须要从头开始，这就是六十年一个大的周期的道理了。天道不可违，不管什么样的人才，付出怎样的辛劳和智慧，都逃不脱上天的安排。所以纵然如齐桓、晋文这样的霸主，最后也逃不过四个字'盛极而衰'，既然命中注定是这样的结局，一场空忙，则我等为什么又要碌碌奔波，何不寄情山水，逍遥自在，做一个山野闲人，又何必去和天争什么短长呢？"

勾践听了，呆愣了一会儿，叹道："先生果然是个奇才，只不过这番议论，大而无当，没有半点实际用处……这样吧，寡人就赏赐给你布帛五十匹，美酒十坛，且请自去吧！"

"谢大王！"范蠡居然高兴地答应了，谢恩完毕，头也不回，下朝而去。

这天，文种被勾践留下来商量国事，一直到很晚才回来。范蠡一个人正在灯下，悠然地喝着勾践赐的美酒。

文种进门来，顾不得换衣服，喘息都还没有均匀，就埋怨范蠡道："贤弟，你的葫芦里卖的究竟是什么药？愚兄可实在被你搞糊涂了。咱们到吴国去，你说吴君不可信任，王气在越不在吴；如今咱们千辛万苦，好容易来到这里，并且得到大王赏识，正好施展抱负，建功立业，贤弟却不肯对大王吐露心中真实想法，说那么一番大而无用的话，究竟是何用意？"

"文种兄切莫着急，来，先喝杯酒。"范蠡不慌不忙，倒上一杯酒，递给文种，一边笑道："我给文种兄讲过无用之用，文种兄难道忘记了？现在兄以为越国情势如何？可是你我施展才能之时？不说大王年轻，又值侥幸获胜，志得意满，并不一定能够将你我的建议听在耳中，更不要说什么亲身躬行，付诸实施了。即便他完全听信我们，按照我们所设计的去做，兄长想过没有，吴国所败，不过一时大意，自取其辱。而以吴国兵马战车，军容之盛，实在胜过越国十倍不止。倘若吴国以伍子胥为大将，起倾国之兵杀来复仇，兄长以为两国交兵，胜败之势如何？越国还能再侥幸获胜吗？"

"啊？！"文种一听，不觉出了一头一脸的冷汗，白天的种种意气，一下子全飞到了九霄云外。

"越国已经大难临头，而君臣尚在骄傲自大，自以为能。这样的情势，就好像一个人坐在一堆烈焰之上，随时都有被焚烧成灰烬的危险。而大王还在做着齐桓、晋文的美梦，岂非惹人耻笑？我不及早撤身退步，更待何时？"

"啊呀，贤弟怎么不早告诉我这一层？"文种杯中酒洒了一桌，脸色大变："既然贤弟如此预见，我也不做什么大夫了，这就收拾东西，和贤弟一道逃命去就是！"

"兄长此言差矣。"不料，范蠡却依旧神定气闲，不慌不忙地说道："形势虽然危急，却也不至于就到了非弃官逃命不可的地步。我有个建议，兄长只管留下来，安心做你的大夫。吴国虽然复仇心切，然而毕竟新败，加上阖闾之死，元气大伤。一两年中，大概还不会起兵来攻。小弟呢，借这个机会，正好在国中走一走，考察山川地理。一来寻找地户所在；二来也好暗地里做准备，所谓狡兔三窟，早作经营，方可保将来无忧。即使真的越国被吴国打败，将来也好保留一丝复国的希望。文种兄，你以为，我这一番话，可能说给大王听么？以你我之位卑言轻，大王又焉能轻信？"

"原来如此。"文种听罢，一颗悬着的心终于落下了。重新将酒杯端起，说道："这么说，竟然是愚兄错怪了贤弟，来，我敬你一杯！"

"请！"

一饮而尽后，范蠡又继续道："经营之道，首先一点，在于什么？在于未虑成，先虑败。能够自谋，而后他谋，才是一个合格的智者。这一点，兄长一定要牢记，千万不可抱心太热，而自招其祸，切记，切记！"

"嗯。"文种似懂非懂，不过还是点了点头，答应道："贤弟放心，愚兄都记下了。来，再喝一杯！"

"请！"

这一夜，范蠡与文种大醉一场。第二天一早，范蠡就飘然离开了会稽。

三年过去了。

在这三年中，范蠡的踪迹，几乎踏遍了越国的每一寸土地。其所游之广，所遇之奇，令人难以置信：

在一个叫南林的地方，他遇上了一个叫处女的奇怪女子。这女子，不知姓氏，也不知来历，只知生于深林之中，长在无人之野，没有师传，却自幼习成神妙的击刺之术。

当时，范蠡正好经过此地，见剑气纵横，甚是惊讶。循着剑气追踪而来，却发现不过是一个年龄十几岁的女子，正在林中舞剑。剑招精奇，剑气逼人。

"这样的贤才，如果能够教习军士，将来一定可以为国家立下大功。"范蠡正要上前问询，忽然，只见从树林中闪出来一个白影，扑向女子，却原来是一头白猿，通体雪白，比常人要高出一头。

眼见白猿向少女扑来，少女却挥洒自如，轻松应对，范蠡悬着的心顿时放了下来，知道这猿一定是人养的。

等这一人一猿停止玩耍，范蠡上前施礼，询问少女道："请问，这等神妙的击刺之道，是如何练成的？"

少女回答道："实不相瞒，这位猿公公，乃是当日铸剑大师欧冶子所养。欧冶子本来与干将、镆铘同门，后来因为小师妹镆铘与干将结合，欧冶子伤心之下，自断手指，发誓不再铸剑，从此遁世隐迹。此猿正是他所豢养，我也是偶然遇上此猿，得以在欧冶子归天处捡到一本剑谱，才领悟了剑道。"

"姑娘有如此奇缘，委实可喜可贺！"范蠡听了，颇为称奇，说道："世人只知欧冶子是铸剑大师，不知他在剑道上还有如此造诣，只是不知道那剑谱上都写了什么？"

"是这样的，"少女想了想，道，"内实精神，外示安逸，见之如美妇，夺之似猛虎；布形候气，与神俱往，捷若腾兔，追形还影，纵横往来，目不及瞬。凡能得我道者，一人当百，百人当万。"

"妙哉！妙哉！"范蠡将这短短的五十二个字思索良久，越想越觉得博大无边，不由叹服道："果然是高人高语！姑娘好生修习剑道，将来总有一天，会建立不世奇功；也不负欧冶子旷世之才，寂寞一生！"

离开南林，有一天，来到另外一个地方，范蠡又碰到一个奇人，叫陈音。

这个陈音，本是楚国人，因为杀了人，避祸隐居在越国乡下。听当地人说，他有一项祖传的本领，擅长弓弩，而这正是战阵之上所必备的武器，将来可以帮助越国复国。于是范蠡前去请教，问道："请问先生，弓弩从何而始？"

陈音道："我听说，弩生于弓，弓生于弹，弹生于古之孝子。古时人民朴实，饥食鸟兽，渴饮霜露，凡死则用白茅相裹，投于山中。有孝子不忍心见父母为禽兽所食，故作弹守望。后又有弓，有歌道：'断竹、续竹、飞土、逐肉。'至神农皇帝生，弦木为弧，剡木为矢，立威四方。中有一人，名叫弧父，生在楚国的荆山，生不见父母，习用弓卡，所射必中。以其道传于羿，羿又传于逢蒙，逢蒙传于琴氏。琴氏以为诸侯互伐，弓矢不能制服，就横弓着臂，施设机枢，加之以力，名叫弩。琴氏传于楚三侯，楚从此世世以桃弓棘矢，防御疆土。我之先祖，受道于楚。已历五世。"

"原来如此。"范蠡听罢，深深鞠了一躬，道："将来家国有难，还请先生不要吝惜所学，能够将如此精妙绝伦的射术用于兴国安邦，则先生也可以青史留名！"

又一日，范蠡沿江漂流，来到姑蔑一处叫作凤凰山的地方。经过询问，知道这里又叫"徐山"。这里的人，本来不是当地土著，而是从遥远的一个叫作徐国的地方迁移而来。徐国和姑蔑一样，都是夏、商的封国，国君称为"子"，国家不大，然而毕竟是王室的一支。后来，朝代更迭，西周以来，天子暗弱，诸侯并起。一些大的国家，如晋、楚，不断吞并周围的小附庸国。徐国一度在徐偃王的手里声势显赫，曾经令三十六个附庸小国一起来朝。连周天子都听说了徐偃王的声名,于是命令楚庄王前去讨伐。楚国和吴国联合出兵,徐偃王为了避免百姓受战争的波及,不得不弃国而逃。跟随他一起逃出来的,有几千人。他们一起来到越国和姑蔑交界的凤凰山,用重金贿赂越王和姑蔑国的君主,从此在这里长久地定居下来。因为地方小,人数多,他们就在山上开凿石室,作储存粮食、居住等用途。从那之后一代代传下来,这儿也就被叫作"徐山"了。

范蠡经过此地,亲自上山,去看了他们在山里掏出来的石室。只见大大小小,纵横分布,大的可以容纳千人,小的也可以容纳百数十人。石室相连,声音相通,然而绝不互相串接。石室分工也不同:有的用来储存粮食,有的用来召开会议,有的用来祭祀。如果不是亲眼所见,真想不到,深山洞腹之中,会有这么一个别有洞天的世界。也难以想象,这里的人们是如何以惊人的毅力和高超的技巧,开凿出这么一个个石室。

"真是了不起啊!也正是一个绝妙的藏兵的好地方!"范蠡暗暗想,"如果将来越国危急,在这里隐藏一支精兵,那么,就不愁将来没有反败为胜的机会。看来,这真是上天赐给越国这么一个地方,一个称霸的机会啊!"

第三章

转危为安

天下熙熙，皆为利来；天下攘攘，皆为利去。一个"利"字道出了商的本质。一部商业文化史，说到底就是一部研究如何趋利避害的历史。从利害的角度去切入一切的人和事，就有一种恍然大悟的感觉。

范蠡正是从"利害"入手，说动吴王。因为"利害"直指人心，有击穿一切的力量。

吴王夫差这个人，从他联合伍子胥获取王位，以及兴兵打败越国的一系列动作上看，不能不说是一个敢于行狠的角色。他的智谋和行动魄力甚至可以说还在越王勾践之上。而所以被范蠡所算计，就因为他和勾践一干人，都是在"利害"的这个局中，不能自拔。而范蠡却恰恰是一个局外人，他可以作局，也可以在功成后抽身而去。这份洒脱和超然，成就了范蠡在历史上的独一无二，也成为后世的大商人所追求的至高境界。

太湖。

三年以来，这里波澜不兴，然而平静的水面下，潜藏的复仇火焰却在熊熊燃烧。

那吴王夫差，本来只不过是阖闾的孙辈。他的父亲太子波，因为爱妃早殁，未有继室，于是吴王阖闾听了伍子胥的话，派大夫王孙骆前往齐国求婚。齐景公年已老迈，不敢说什么，只好把唯一留在身边的幼女少姜许给吴国。齐景公也是大国之君，何以如此惧怕？只因朝无良臣，边无良将，万一拒绝吴国，对方兴师来伐，齐国还不是要如同楚国一样大受祸害？但说吴国把少姜迎进姑苏，这少姜却终日思念双亲，日夜号泣，抑郁成疾。吴王阖闾怜惜她，命人改造北门的城楼，极尽奢华，连名字也改作"望齐门"，令少姜每日里上去游玩。谁想少姜凭栏北望，不见齐国，其病益重，没多久竟夭折了。太子波思念爱妻，没几日忽也染病身亡。身后只留下一个儿子，便是夫差。

太子既没，于是阖闾准备在诸位公子中，选择一人，立为太子。夫差听说了祖父要立嗣的消息，就抢先一步，来到伍子胥的府上，哭泣着哀求说："我是大王的嫡孙，欲立传人，除了我，还有谁更合适呢？这件事情，全在相国一言。只要能够当上太子，我将来一定不敢忘记相国的大恩大德！"

伍子胥呢，本是楚人，在吴国成就了事业，但也知道自己性情耿直，树敌太多，正在担心吴王阖闾一没，自己会不得善终。听了夫差的话，他立即意识到，这对自己来说是个难得的机会，于是就答应了夫差，进宫来见吴王，说道："我听说，'立子以嫡，则乱不生'。如今太子虽然夭寿有限，可是下面尚有一子夫差，是大王的嫡孙，不立他，还能立什么人？"

阖闾与子胥是过命的交情，也不避讳，实言相告道："相国有所不知。不是寡人不知道'立嫡不立庶'的道理。只不过，夫差这个孩子，愚而不仁，恐怕不能够传承大统！我是害怕吴国在他的手里，断送了先人的香火啊！"

"大王也太过虑了吧？"伍子胥劝道，"夫差信以爱人，敦于礼义，本性并不差。虽然愚笨了一点，可是，毕竟还有我们这些老臣，将来可以辅佐、教诲他，大王还有什么好担心的？再说，父死子代，天经地义，如果违背了这个天理，只怕传说出去，中原国家又要笑话我等是野蛮之邦，连基本的礼仪都不懂了！"

"那好吧。"阖闾听了，觉得大有道理，于是点头道，"寡人听相国的便是。还望相国不要忘记今日的承诺，他日不遗余力，对夫差多加扶持！"

第二天，阖闾果然便诏告国中，选太子波的儿子夫差，立为太孙。

阖闾死后，夫差首先在伍子胥的帮助下，大张旗鼓，办了祖父阖闾的丧事。在破楚门外，海涌山上，穿山为穴，又将专诸用来刺杀王僚的鱼肠剑殉葬。另外还有剑甲六千副，无数的金玉珍玩，充斥其中，又将工人都杀了埋在里面。后来有人见到坟墓上面，时时出现一只白虎，便将这里称作"虎丘"。

办完丧事，夫差正式登位，将自己的儿子友立为太子。然后，令使者十数人，每天站在庭院门口。只要一见到夫差进来，使者就大声呵斥道："夫差，你忘记了越王杀害你祖父的仇恨了吗？"

"不敢忘！"每一次，夫差都眼中含泪，恭恭敬敬地回答道。

然后，夫差又命令伍子胥、伯嚭，日夜在太湖上练兵。他又在灵岩山亲自训练射手，只等丧期一满，立即发兵，讨伐越国。

终于，三年过去，吴国上上下下准备好了。这天，夫差祭告天地祖先，然后兴倾国之兵，命伍子胥和伯嚭为将，从太湖取水道，大举来犯越国。

消息一传到越国宫中，越王勾践不敢怠慢，立即召集众人商议："诸位以为，该如何应付来敌？"

"大王，请听我一言。"文种三年前就听范蠡预言过越国会有今日之祸，日夜都在警惕。因此，第一个站出来道："吴国以阖闾丧亡为耻，誓要报仇，三年来一心发奋，众志难当。如今兴倾国之兵来犯，又有伍子胥这样的当世名将，我越国无人可以应对。为今之计，大王应当坚守不出，以逸待劳，千万不可轻率出战迎敌。然后，呈词请罪，虚与议和，耗费对方锐气，或可有一线胜机。"

"什么？呈词请罪？万万不可！"还没有等他讲完，诸稽郢和灵姑浮已经双双挺身出来，大声道："吴国与越国，已成世仇，积怨既深，不可调和。现在的情势，是有吴无越，有越无吴，对方来伐而越不战，这样的奇耻大辱，教人如何能够忍受？我等宁可战死沙场，也不做这等窝囊之事！"

"两位将军所言极是！"勾践当年一战，令阖闾抱恨、吴国蒙羞，也觉得吴国徒有虚名，不堪一击。"好，当年吴国兵强马壮之时，寡人尚不曾胆怯半分！如今夫差不知道天高地厚，胆敢来犯，就让他重蹈他老子的覆辙，让他知道寡人的厉害。"

"对，再趁此机会，一举杀过去，灭了吴国，从此教天下只知有越，不知有吴！"众人兴奋地跟着一起喊道。

"大王，不可——"文种还想说什么，勾践已经一挥手："早早退朝，明天三更点兵，五更出发，寡人要亲自统领大军，去给吴国一个厉害！"

众人喧嚣而去。朝廷上转眼只剩下文种一个人,身影孤单而凄凉……

"唉,果然被范蠡贤弟说中了。"文种摇着头,一边下朝,一边叹息。"主愚将骄,此战断无胜算。越国这一次只怕真的在劫难逃。以我等之力,谁也没有回天妙术。也许只能等我那贤弟来挽回局面了。可是他现在在什么地方呢?"

……

椒山。

越国三万兵甲,以勾践为首,诸稽郢和灵姑浮为大将,在这里与吴开战。

双方在辽阔的水面之上,摆开阵势。战船千艘,旌旗招展。风起浪涌。

"杀——"

勾践率兵先败吴军前锋,行数里,迎面被吴王夫差截住。只见那夫差,正当青壮之年,也不惧天气寒冷,光了膀子,站在船头,亲自击鼓呐喊,激励兵士。三军也都赤膊上阵,奋勇向前,连保护的盔甲都不穿。

"哼!"勾践轻蔑地道:"夫差小儿,莫非也要效仿寡人当年用死士冲锋陷阵之举?只不过这一招唬唬你那愚笨的老爹可以,来吓唬我可不好使!"

"哈哈,"众人都大笑起来,只有文种见对方船头上旗帜猎猎飘舞,忽然想起来一事,大叫一声:"哎呀,不好!"

"怎么?"勾践不满地看了他一眼,"大夫何以忽出此言?"

"大王请看,现在是什么天气。"文种焦急地道,"对方借助北风之利,而我军逆风,船不能进,箭不能远,只怕不妙。"

"杀——"

话音刚落,波浪翻涌,惊涛顿起。只见对方左右两军,伍子胥和伯嚭,各自率领一支船队,已经顺风而下,强弓硬弩,如雨一样射来。风大箭急,越兵处在下风头,中箭落水者无数。而勾践拼命指挥射箭还击,箭支却被风吹得歪歪斜斜,不到中途就纷纷掉落水面。如此一来,只能大败逃屯。

"不好,快撤!"勾践也从不敢再逞能了,连忙下令撤退,声音都颤抖了。

杀声震天,混乱中,夫差、伍子胥和伯嚭,三路齐发,越国大将灵姑浮翻船溺水而死。其余众人，中箭的中箭，溺水的溺水，也不知道死了多少人。

只有文种，拼死督战，率领众人，保护勾践，且战且退，一直奔进固城。

"将他们包围起来，断其水道！"

夫差紧随不舍来到城外，命众吴兵，里三层外三层围住了城池。又命人断了勾践的饮水之道，这样一来，不过十数日，越兵没有水喝，都要渴死，那时城池不攻自破，再不用费一分气力。

且说越王勾践，进了城中，整点人马，只有五千残兵剩将。登上城头，只见城下旗帜招展，铺天盖地，夫差，伍子胥、伯嚭，三处连营，纵横无边，不知道有几万之众。那阵法又端正严肃，一看就知道经过精心训练。勾践见此情状，不由心灰意冷，仰天长叹："自从先王崛起以来，三十年间，越国未尝有如此败绩！此役之败，实在是寡人之责，恨不听文种大夫之言，罢了罢了，不如这就献城投降，也免了百姓涂炭，将士送命！"

"大王且慢！"文种却劝道，"事已如此，只怕再想求和，也不能了。吴军新胜，而我军大败，就是想要求和，也已经没有可以和对方谈判的本钱了。唉，其实大王有所不知，今日这一幕，当日我那范蠡贤弟早预见到了。"

"什么？"勾践大吃一惊，"你说的是范蠡先生……"

"不错。"于是文种将当日范蠡离开前讲的一番话，原原本本告诉了勾践。

"哎呀！我真是有眼无珠，不识大贤呀！"勾践听了，也不由追悔莫及："倘若上天再给寡人一个机会，一定不敢轻慢人才。"

"大王，"正说到这里，忽然门外来报："有一人自称范蠡，已到门外，不知道见与不见？"

"是我那贤弟来了吗？"文种不敢相信，还以为自己听错了，"他怎么会在这里？"

"快请——不，寡人亲自去迎接！"勾践正在追悔，忽然听说范蠡来到，哪里还顾得上什么一国之君的威严，慌忙小跑着来到外面，迎接范蠡。

门外，只见站立一人，白袍如雪，一柄长剑挎在腰间，神态潇洒，一见到越王，立即上前长长一揖："范蠡来迟一步，大王受惊了！"

"哎呀，范先生，寡人刚听文大夫讲，你三年前已预见到寡人会有今日之败。那时候，寡人实在太过自负，有眼无珠，不识贤才啊！范先生，寡人在这里给你赔罪了！"说着，勾践竟然当真给范蠡鞠了一躬，范蠡连忙还礼：

"大王，使不得！我当日所以不肯告诉大王会有今日之败，一来当时大王新胜，绝不会听我一介布衣的胡言乱语；二来上天要大王经受一番磨难，不如此，何以成就齐桓、晋文那样的霸业？所以我就暂时离开了。"

"哎呀，还说什么霸业不霸业的，我现在是求自保而不得，先生救我呀！"

正在这时，文种也从里面快步出来，一见到范蠡，立即上来拉住他的手："贤弟，你让愚兄想得好苦！"

"兄长，此处不是说话之所！"范蠡匆忙见礼后，便和勾践、文种来到里面，秘密叙话。

进帐之后坐定，勾践真诚地向范蠡请教道："先生此时前来，一定有所教我。"

范蠡道："我听说吴军来犯，大王亲自出征，就知道必然有今日之败。而越军败，则一定来奔固城。因此，我就先一步动身赶往这里，单等大王与兄长到来，以作接应！只是没想到败得这么快！我反而来迟了一步。"

"事已至此，寡人悔恨得肠子都青了。只是现在多说无益，越国上下，生死存亡，全在先生一人！"

"大王莫急，我早知道，大王若奔吴城，夫差必犹豫不敢攻城，而是会在城外截断水道，单等我军自行灭亡。因此，我早有准备，请跟我来！"

当下，范蠡不慌不忙，引勾践和文种一同来到城中最高处。只见这里，小山顶上，居然有一个天然形成的水池。虽然不大，然而池水清澈见底。奇怪的是，水里面居然还游动着上百条鱼，扁扁的头，小小的尾巴，穿梭来去，无忧无虑。

"这是何意？"勾践忧心如焚，根本无心欣赏鱼儿的游姿，只是皱着眉头道，"这点水，如何够几千人马饮用？只怕连三天也坚持不下去，如之奈何？"

"贤弟此举，必有深意。"文种虽然也猜不出来，不过见范蠡神定气闲，心里也踏实了不少。

"不错。"范蠡点了点头，微笑着道："吴军所以围而不攻，是那夫差认定了断我水道，我等除了干渴而死，别无他法。不过十日，必然出降。此早在我意料中。因此我预先在这里，放养百多条鱼，都是从江中取来，为的便是今日之用。"

"可是这……究竟有何用处？"勾践茫然不解。

"大王不须多问，只要先差一人，取鱼数十，以馈夫差，令其尝鲜。他见有鱼，知道有鱼必然有水，定然心惊。"说完，他又从怀中掏出来一幅卷帛："这是我近年来凿池养鱼，闲来无事，写就的一部《养鱼经》，正好可以一并送给夫差。夫差见我等不但有水，而且有食。虽然围困一年半载，也是徒劳。这样一来，虽然没有两军交战，也等于先挫伤了他一半锐气。"

"好，就依先生！"勾践接过来，吩咐一人："如此如此，速去速回！"

"是！"

信使走后，勾践还不放心，又问道："范先生虽然有如此巧妙之举，可以暂且令吴军不安，乱其阵脚，然而终究是权宜之计。如果吴军不耐烦，大举攻城，则我等到头来不免玉石俱焚，断无生理。还请先生赐教一条万全之策。"

"就是！"文种也不安地道，"有水有食，终是骗人。倘若敌人不肯退去，我等也实在挨不了多少时日。"

"大王和兄长，尽管放心。"范蠡却胸有成竹地道，"我早有一计在此，可以救越。"

"哦？"勾践一听，急忙催促道，"先生何不早说？"

"是呀，"文种也催促道，"贤弟放心，大王已经深悔先前轻率，如今有诺在先，只要是贤弟之言，一定言无不听，计无不从！"

"其实，我的这个计策很简单，可以说人人都想得到。"范蠡淡淡地道，"欲想救越，必须先灭了越国。为今之计，只有与吴讲和，条件是越国称臣，不设刀甲之兵，年年入贡，大王也当亲为人质，服事于吴王，不可推辞。"

"只要能够保住祖宗香火，寡人做什么都可以。"勾践咬了咬牙，点头答应,"只是,不知道夫差可肯答应吗?"

"求和之事,我早想过。"文种也不太相信,问范蠡道,"先前使用此计,可能还有机会。现在情势如此,吴若不答应讲和,又怎么办?"

"文种兄莫非忘了吴太宰伯嚭吗?"范蠡道,"此人贪财好色,忌功嫉能,与伍子胥同在一朝,却志趣不合。吴王忌惮伍子胥,私宠伯嚭,如果能暗暗到伯嚭那里,讨其欢心,让他助成请和之事,则事情必成无疑。即使伍子胥知道了,到时候生米煮成熟饭,他想要阻止也来不及了。"

"哦?"勾践连忙问道:"先生以为,谁人可去见伯嚭?又将以何物相许,方能令其动心?"

"这个容易,"范蠡道,"军中所缺的,乃是女色。选美女送给伯嚭,天若佑越,则伯嚭必能保成请和之事。至于此去之人,我以为非文种兄莫属。"

"那就请大夫辛苦一趟。"勾践转向文种,哀求道:"生死一线,全仗大夫!还请不要推辞!"

"好,那我就去一趟!"文种除了答应,也别无选择。

当即,勾践就将自己身边的绝色宫女八人仔细装饰了,又加上白璧二十双,黄金千镒,几乎所有值钱的东西,都拿了出来,交给文种。文种趁着夜色,连夜架了一车出城,来敌营见太宰伯嚭。

"大人,"一个心腹秘密通报伯嚭,"越国大夫文种,深夜冒死,特来求见!"

"哦?"

伯嚭一听,正在两军交战,越国有使者来,不见吴王,而来见他,似乎会落得通敌之嫌。"不见!"

"大人,"那心腹早得了文种的好处,上来在伯嚭耳边,小声说道,"文种随行美女数名,珠宝若干,口称要孝敬大人。如果不见,只怕他另投伍子胥处,到时候,好处为别人所得,大人岂非白白错失了机会,还是见一见吧。"

"哦?"伯嚭这个人,最是贪财好色,听报有重礼、美女,立即改变了主意。"传话下去,召进营中。"

"拜见太宰大人。"文种一进来,立即跪拜在地道,"小人文种,久仰太宰大人之名，今日得见一面，三生有幸！我君勾践，年幼无知，骄傲自大，致有今日之难。现在我君悔恨无及，愿请举国为吴之臣，又害怕吴王怪罪不允，知道太宰功德巍巍，外为吴之干城，内为王之心腹，因此派了我来，先叩首太宰膝下。希望借重太宰一言，在吴王面前促成此事。"

说完，文种立即吩咐左右，将礼单呈上。伯嚭还要故作姿态，"哼"了一声，将礼单丢在案上，正色道："你们把我当作什么人？越国之灭，不过在旦暮之间，到时候，城池一破，凡越所有，所有之物，难道不是尽归吴国所有吗？"

"太宰大人差矣！"文种振振有词地道，"越兵虽败，然仍有精兵五千，堪当一战。即使战败，亦必焚毁国库，逃窜别国，太宰又何言全部财产，都为吴所有呢？即便真的被吴国占据了全境，所有东西，也是归于王宫，太宰不过赏分一二，去取所得，何足挂齿？而如果现在情势未明之际，太宰答应助越成就议和一事，不过动一动嘴唇，则可以换来我君年年来贡，诸般珍稀之物，未入王宫，先入宰府！大人难道一点不动心吗？"

"这个嘛，也不是没有道理……"伯嚭连连点头，换上一副笑脸，说道："好吧，瞧着你也是个聪明人，不去右营伍子胥处，而来我左营，可见知我是不肯乘人之危的君子！既然来了，我就决不能令你失望而归。好吧，明日一早，我就带你见吴王，以决议和之事。到时候全凭我眼色行事。"

"是！"文种答应道。

过了一夜，次日一早，文种就整肃仪容，跟随伯嚭一同来到中军。

"大王，"伯嚭先进来见了夫差，告诉道："勾践派了一个叫文种的使者，想要来跟咱们讲和……"

"呸！"只听到"讲和"两个字，夫差已经勃然大怒，呵斥道："越与吴，那是不共戴天的世仇，如今寡人马上就要取得胜利，灭越在即，怎么会答应其请和之约？勾践这匹夫，走投无路，竟然想出这样的办法来，也太小看寡人了吧！"

"大王请息怒。"伯嚭最会揣摩人的心思，察言观色，小心翼翼地说道："大王说的固然不差。可是，大王难道忘记了孙武子的话：'兵，凶器，可暂用而不可久也！'如今，越国虽然得罪了我们吴国，然而他们派来的使者已经到了。第一批使者送来的是上百尾鲜活的鱼，名为犒劳我军将士，实则告诉我军，他们另有水道，水源充足，且食物绝不匮乏。这样一来，我等断其水道，逼迫其自行投降的计划就落空了。此其一。其二，他们派来的第二批使者，为首的是文种，带来了勾践的亲笔书信，上面说勾践已经知道悔过，愿意请为吴臣，其妻请为吴妾，越国宝器珍玩，尽贡于吴，所求之于大王的，不过是存其一条生路，保存越国的香火祭祀，不至于因此断绝而已。请大王想一想，倘若受越之降，则有厚利可图；赦越之罪，则必将显名天下，此名利双收之举，必可得天下人心！如果一味紧逼，须知'困兽犹斗'，非要逼迫勾践焚毁国库，杀妻灭子，沉金玉于江河，率五千死士而血战。到时候大王虽然得胜，只怕也要死伤无算。何况我等远来，长途劳师，也不能全无忧虑。即使真的灭亡了越国，得到一个千疮百孔、破败不堪的残国，又有什么用呢？其中利害，大王三思！"

"嗯，你说得倒也有理。"果然，夫差被他一番话打动，点头问道："越使何在？"

"快，请越使进见！"伯嚭忙命人唤文种进来。

"叩见大王！"文种袒露上身，膝行到夫差面前，递上勾践的亲笔书信，将请和的话又说了一遍。

"你说的，都是真的吗？"夫差看过勾践的书信，还是不肯相信，问道："你君勾践，请为吴臣，其妻请为吴妾，他们夫妇，真的能随我回吴国去吗？"

"那是当然。"文种将头都磕出了血迹，道："既为吴臣，死生在大王手里，又怎敢不服侍左右？"

"那就什么都不用说了。"伯嚭在旁见机插话道："勾践夫妇愿来吴国，则吴虽名义上赦了越国，实际已得了好处。大王既报了祖父之仇，又羞辱了越国，得其名而享其实，实在没有比这更好的选择了！大王以为如何？"

"好吧。"夫差觉得有道理，就答应了下来，对文种说道："就按照你所说的，回去告诉你家大王吧！这是你们自己提出来的，希望不要违背誓言。否则，不但寡人发怒，就是老天也会降下惩罚，到时候越国就不灭自亡了！"

"是，不敢，不敢。"文种一迭连声答应道。

正在这时，早有人去右军营报告了伍子胥。伍子胥匆匆忙忙来到中军帐内，见伯嚭和文种一同，站在吴王身畔，不由顿时怒气冲天，问夫差道："听说大王已经许了越国的请和之约，是这样吗？"

"嗯……"夫差最畏惧的，就是这位相国，因为自己的王位，就是他扶持的。因此，心里不免有一点怯懦，含糊地道："已经许了。也不是什么议和，就是勾践自愿投降于寡人，寡人也不想军士们再有什么伤亡，所以就答应了！"

"不可，不可！"伍子胥一听，急得双手乱摆，大声阻止道："大王如果真的答应他们，那就是中了越人的缓兵之计！越与吴，国土相邻，山水相连，正所谓'一山不容二虎'，'卧榻之畔岂容他人酣睡'。若吴不灭越，则越必灭吴。如果是秦、晋，我攻而胜之，得其地而不能居，得其车而不能乘，议和接受其降，尽得其利，不失为上策。如今攻越而胜之，其地可居，其舟可乘，这是社稷之利，为什么要接受议和呢？况且，我吴与越，乃是世仇，难道大王忘记了在祖父的灵位前，发过的誓言吗？"

"这——"夫差一时语塞，答不上话来，便用眼睛的余光去看伯嚭。伯嚭最是善于察言观色，如何不知道夫差的意思，连忙站出来，大声对伍子胥说道：

"相国之言，大谬特谬！先王建国，水陆并封，吴、越两国宜水，秦、晋两国宜陆。若以其地可居，其舟可乘为由，说什么吴、越两国无法共存，则秦、晋、齐、鲁皆陆国，其地皆可居，其车皆可乘，这四国岂不是要并成一处吗？若说因先王之仇，必不赦越，那么相国和楚国的仇恨，岂非也是一样？为什么当日相国兴兵，一路得胜，到了楚国的城下了，却不肯攻城，而是答应了楚国的请和之约呢？现在，勾践夫妇都愿入吴服役，比楚国仅仅纳献贡礼，已经是天壤之别，又为什么不能答应？莫非相国自己行忠厚之事，却想让大王居刻薄之名吗？这恐怕不是忠臣所为！"

"你……"伍子胥与伯嚭本来都是楚国的贵族，因为受到佞臣的迫害，被迫投奔吴国而来。伍子胥先本吴，受到阖闾的重用。后来伯嚭也投奔吴国，还得到伍子胥的推荐，才在吴国立稳了脚跟。但这个伯嚭善于钻营，溜须拍马，很快得到了阖闾重用，而伍子胥则过于耿直，加之是个粗暴脾气，因此反而日渐被疏远了。二人从夫差立为君主后，更是从暗斗变成了明争：伍子胥以为自己有拥立之功，功高而傲；伯嚭要讨新主喜欢，使尽全部手段，引诱夫差声色犬马，每日里阿谀奉承，将夫差侍奉得舒舒服服。因此之故，夫差重伯嚭而轻伍子胥，二人的矛盾更深了。

如今，伍子胥又被伯嚭这一席话，胡搅蛮缠，气得差点背过气去，一张老脸涨得通红。

"太宰所言，甚是有理。这样吧，"夫差总算得嚭解了围，接上话道："相国且不必动气，只管退下。等越国的贡礼到时，多分你一些就是了。"

"什么？多分我一些贡礼？"伍子胥差点没有气得吐血，大声喝道："你们在这里安心等着贡礼好了，我分文不取，只回去专心等待。越国十年生丁育口，十年教战训练，不用二十年，一定会来覆灭吴国，你们等着看好了！哼！"

他心中气闷，却无可奈何，只好气咻咻地拂袖而去。

这边，夫差巴不得伍子胥赶紧离开。伍子胥刚一出中军帐，他立即对文种道："你安心回去，回复你家大王，就说他的请和之议，寡人答应了。不知道他何时可以入吴？早订日期，寡人也好退兵！"

"多谢大王！"文种一再磕头叩谢，额头上血流如注。

离开吴营，回到城中，他见到勾践，如此如此，将事情经过全部讲了一遍。讲了伯嚭之贪婪，也讲了伍子胥极力阻挡的一番话，勾践和范蠡听了伍子胥之言，无不大惊失色！尤其范蠡，惊出一身冷汗："有此人在，我等计谋，险些落空！幸而上天保佑越国，有伯嚭这等贪财爱色之辈，否则，我等都没有生路了！这个伍子胥，将来一定是我等大敌，须要小心提防！"

"一切如先生所料，吴王已经答应议和，那么，下一步该如何做呢？"践本来只在想，如何能够得到吴国答应许和，苟且偷生。现在，生路是有了，可是想到自己即将入吴为臣，不由一阵伤心，潸然泪下。

"可以先回复吴王,许以五月为期。"范蠡何尝不知道勾践心里所想,略一思索,道:"如果吴王询问原因,就说越王蒙赦而不诛,心怀感激。将归国中,悉数收拾珠宝美色,以贡吴王。"

"也只好这样了!"

于是文种不辞辛苦,又回去报告吴王,并且说:"如果我君负诺失约,也必不能逃过吴王之诛。这次已经见识了吴王军威,必不敢再与大王作对!"

"既然如此,寡人就先退兵回吴。"夫差想了想,终究还是有些不放心,又道,"让王孙雄跟随你家大王,一道返回国内,催促起程,无论如何,不可超过五月中旬。另外,寡人再命太宰伯嚭,屯兵一万在吴山相候,如勾践夫妇过期不至,到时候,刀兵无情,休怪寡人翻脸不认人!"

"是!"

文种回来,告诉勾践道:"吴王已经退兵了。大夫王孙雄随我到此,催促起程。太宰屯兵吴山,专候我王按照约定日期,过江入吴!"

"唉,事已至此,寡人除了遵命而行,还能怎样呢?"勾践听了,又忍不住悲从中来,双泪长流。

旁边,范蠡劝道:"五月之期,迫在眉睫。大王去后,国中无首,应该仔细计较,早作打算,从速料理国事。越国能够侥幸逃过此劫,已经是不幸中的万幸。大王又何必在这里作无益之悲,浪费时间?"

"好吧,一切全听先生和大夫做主!"勾践可怜兮兮地望着二人:"寡人……不……我勾践此番前去,还能不能从吴国生还,越国还有没有复仇吴国的机会,就全仗二位尽心竭力了!事不宜迟,咱们这就回去准备吧!"

话说勾践九死一生,引伤残之兵,郁郁而回。只见市井萧萧,满城只剩老幼残疾之辈,不禁又垂下泪来:"此皆寡人之过也!"

一边留王孙雄在驿馆等待,一边收拾库藏宝物,装载马车之上,又选了国中女子三百三十人。三百送吴王,三十送太宰。

转眼之间,进入五月。动身之日已经不早,王孙雄不断催促,勾践叹道:"我自承先人之业,兢兢业业,不敢荒疏。一心效仿齐桓、晋文、秦穆、楚庄,欲成霸业。不想空梦一场,如今国亡家破,千里为囚,行有去日,再无归期矣！"

听了他的话，群臣都垂泪无语，只有文种上前劝说道："大王何必如此自暴自弃？难道大王没有听说过么？以前汤因于夏台，文王系于羑里，一举而成王；齐桓公奔莒，晋文公逃翟，一举而称霸。困顿磨难，其实正是上天给予胸怀大志的人的特殊赏赐啊！大王只要秉承天意，奋发而为，自有兴旺发达之期，又何必如此作小儿女姿态？还是拿出大丈夫的气概来，勇敢面对吧！"

"大夫说得是！"勾践于是重新振作，即日便祭宗庙，让王孙雄先行，自己与夫人随后启程。

群臣送到江边，范蠡早已准备好了木船。一切准备就绪，按照风俗，要举行一个仪式。文种举觞上前，道：

"皇天佑助

前沉后扬

祸为德根

忧为福堂

威人者灭

服从者昌

王虽淹滞

其后无殃

君臣生离

感动上皇

众夫哀悲

其不感伤

臣请荐脯

行酒二觞。"

"唉……"勾践仰天叹息，接过酒杯，却只是垂泪，并无一言。以堂堂大越之君，如今落到要去他乡异域，为别人做牛做马，这种滋味，的确不是他人所能体会到的。勾践只觉无限凄凉，似乎天地合拢，满天愁云惨雾，笼罩而来。

"大王，"范蠡这时也上前劝说道："我听说，'居不幽者志不广，形不愁者思不远'，自古圣贤，没有人不遭厄困难，又岂止大王一人？"

"先生虽然这么说，可是，唉。"勾践摇了摇头，道："当年尧用舜、禹而天下大治，即使遭遇到大洪水，也不能够酿成大害。我现在要离越入吴，越国以后，就要仰仗诸位大夫治理扶持，不知道诸位大夫，何以慰我之望？我也不敢指望你们能做出舜、禹那样的功业，可是你们总要我放心得下才行啊？"

"大王责备得是。"范蠡转过身对众人道："我听说，'主忧臣辱，主辱臣死'，如今大王有离国之忧，又有入吴为臣之耻，难道诸位中没有一二豪杰英雄吗？难道没有一个人能替大王分担忧辱吗？请诸位大夫各自说一说自己的想法，也好叫大王放心。"

"我先说吧。"文种抢先道，"四境之内，百姓之事，范蠡比不上我文种；与吴王周旋，临机应变，我比不上范蠡。因此，大王可以把国事托付给我，耕战守备，安抚百姓。如果做得不好，就问我的罪。至于辅佐危主，忍受屈辱，保证大王安全回返，异日为大王复仇，就是范蠡的事情了。虽万死不辞。如果做得不好，就请杀范蠡的头。范蠡贤弟以为如何？"

"正是。"范蠡点头答应道，"我与文种兄，自当尽心竭力，死而后已。"

又有太宰苦成道："发君之令，明君之德，使民知分，这是我的事情。"

行人曳庸道："通使诸侯，出不辱命，入不为尤，这是我分内的事。"

司马诸稽郢道："望敌设阵，飞矢扬兵，流血滂滂，这是我的事。"

太史计倪道："候天察地，纪历阴阳，福现知吉，妖出知凶，这是我的事。"

……

众人纷纷表明了自己的志愿，勾践听完，心下总算稍微好受了一点，道："我虽然入吴为臣，然而有诸大夫怀德抱术，各显所长，社稷无忧，我总算可以放心了。死，是人人都害怕的；可是现在，我听到死，却心中一点畏惧都没有了。"

于是，就命令范蠡跟随自己同行入吴，留下文种掌管国内一切大小事务。吩咐完了众人，勾践便携了范蠡之手同行。文武官员一齐拜倒，江边上哭声一片，大江中浪涛滚滚。

王妃虞妲氏倚舱泣泪，又见许多的鸥鸟啄吃水中的游虾，飞来飞去，闲适自得，哭而作歌道：

> "仰飞鸟兮乌鸢
> 凌玄虚兮翩翩
> 集洲渚兮优悠
> 奋健翮兮云间
> 啄素虾兮饮水
> 任厥性兮往还
> 妾无罪兮负地
> 有何辜兮谴天
> 风飘飘兮西往
> 知再返兮何年
> 心惙惙兮若割
> 泪泫泫兮双悬……"

船渐渐远了。江山已逝，家国渐远，唯有江水滔滔，孤舟一叶……

第四章

入吴为囚

商，人人可为，但却不是人人都可以获得成功。究其原因，就是因为这里面有一个熔铸的过程。复杂和残酷的程度，往往超出普通人的想象。

经营商业，其实就是经营人性。因为正是为了满足人性无穷无尽的欲望而产生。人性如水之就下。经商想要成功，就必须在一个"低"字上下功夫。你一低，就形成了一个低洼地带，别人的财富就会被一种看不见的力量推动着，向你这里集中。你一高，财富又会很快流向别的更低的地方。

低，才能产生凝聚的力量。地低成海，人低成王。范蠡能够帮助勾践从吴国全身而还，所有的秘诀就是一个"低"字。不但心甘情愿做牛做马，甚至主动去尝粪问病。这大概在世界历史上，也是空前绝后的了。既然低到不能再低，那么效果很快就产生了：吴王夫差一念之仁，成全了这对君臣，也成全了越国的复仇神话。而这一切正是拜范蠡的智慧所赐。

进入吴国境内以后，勾践先派了范蠡去吴山见太宰伯嚭，并献上大批的金帛和绝色女子给伯嚭。伯嚭不见文种，奇怪地问道："文大夫怎么没一起来？"范蠡道："为我君守国，不能偕行。"伯嚭在范蠡的力邀下来见勾践，勾践感激涕零，谢过伯嚭的庇护之恩。伯嚭一力担承，许诺让勾践有回国之日。

当下，伯嚭亲自引军，押送勾践夫妇到了姑苏，入王宫来见吴王夫差。

这日，勾践让夫人虞姬氏低垂了头，自己则光了上身，袒露臂背，一起伏在阶下。范蠡将所贡献的东西列成厚厚的一册竹简，请左右递呈夫差。

夫差此时，可谓志得意满。对于越国呈上来的这一份礼单，他看也不看，径直望着下面的勾践夫妇。

"下面所跪何人？"他故意问道。

"回大王，是罪臣勾践夫妇。"勾践恭恭敬敬地回答道："东海罪臣勾践，不自量力，得罪大王。大王不以为忤，反而宽宏大量，赦臣之罪，臣感激不尽，愿执箕帚，朝夕躬奉大王身畔，以谢隆恩！"

"勾践呀勾践，还算你聪明，是个识时务的！"夫差听了，颇为受用，哈哈大笑道，"如果寡人念先君之仇，今天与寡人相见的，就是你的项上人头了。"

"多谢大王开恩见怜！"勾践又叩首道："我实在是罪该万死，既蒙大王饶我贱命，敢不前来效犬马之劳？从今以后，必死心塌地，侍奉大王，绝不懈怠！"

正在这时，旁边的伍子胥已挺身出来，大声对夫差说道："我听说，飞鸟在青云之上，大王尚欲弯弓而射之，又何况群集于庭呢？勾践这个人，我看他的相貌就知道，是个阴险之徒，不是个忠诚君子。现已是釜中之鱼，命制人手，所以谄词令色，不过是害怕被诛，但求免于一死而已。别看他现在卑躬屈膝，一旦将来回国，放虎归山，纵鲸入海，那时候必为大患。不如现在就杀了他，一劳永逸，以后吴国就再也没有心腹之忧了。"

"不见得吧？"夫差强压对伍子胥的不满，说道："寡人也听说，'诛降杀服，祸及三世'。寡人不是爱越而不灭，实是怕见责于天啊！"

一听夫差之言，伯嚭忙出来赞成道："大王真是仁者之言！相国只明一时之计，不懂安国之道，又如何能与大王相比？"

"嗯，言之有理。"夫差听了这话，连连点头。

"哼！"伍子胥见吴王不听自己忠谏，却专听信伯嚭的佞言，心下不爽，找个借口便退了出去。

再说夫差，受了越国的大批贡礼、美女，于是命令王孙雄在阖闾的墓旁，筑了石室，将勾践夫妇和范蠡贬入其中，蓬首垢衣，专司养马之事。

因为暗中受了不少好处，所以伯嚭命人偷偷来送食物、衣服，使这三人在这个荒寒之地，不致受饿挨冻。

夫差呢，也不忘利用每个机会羞辱勾践。每逢驾车外出，便让勾践牵了马缰在车前步行，吴人见了，无不指指点点，耻笑道："此越王也！"而勾践也只有垂首低眉，不敢说一句话。

白天里，勾践饲养放牧马匹，夫人虞妲氏汲水、除粪、洒扫，范蠡拾薪、炊饭。晚间，范蠡便与勾践抵足而卧，谋商脱身之计。

这一日，疲惫不堪的虞妲氏吃过晚饭，早早睡了。范蠡踏出石室，仰观天象。勾践也悄悄跟出来，与范蠡计议道："范卿，夫差乃何等样人，你当深知吧？"

范蠡点点头，说道："夫差这个人，我观察他很久了。他城府很深，为人阴狠狡诈，又年轻好色，性格多变。"

"正是。你的看法和我一样。"勾践微一拊掌，满心期许地问道，"范卿足智多谋，想来已经有脱身之计了吧？"

"这个嘛，"范蠡犹豫了一下，为难道，"脱身之计说不上，不过目前的确有一个便利条件，可以打动夫差之心。只是小人不方便说。"

"有什么不方便说的？快说！"勾践道。

范蠡看左右无人，便给勾践跪下："请大王赦小人无罪！"

"好，寡人赦你无罪！"

"是这样，"范蠡这才将自己的想法说出来，道："虞王妃初逢大难，容色尚娇，如能取悦夫差，声色相诱，说不定夫差会一时心软，放咱们回国。这么做，希望虽小，却也聊胜于无，不妨一试。"

"果然是好计！"勾践现在只要能脱身，什么办法都肯用，也顾不得自己和夫人的一番恩爱之情了。

一夜无话。

第二日一早，虞妲氏醒来，梳妆完毕，范蠡便一脸郑重的神色叩门而入，"扑通"一声，跪在了虞妲氏和勾践的脚下，道："大王，王妃，我有一计在此，倘能侥幸成功，或许可望脱身回国，免受这为人囚虏之辱！"

"真的？"勾践故作惊讶，却并不问话，倒是虞妲氏按捺不住，问道：

"范卿，有何妙计，快快道来。"

"夫差年轻好色，性格多变，倘能投其所好，攻其所虚，则或许能有一线生机。"范蠡斟酌词语，小心地说道，"王妃貌美绝世，倘能——"

他没有再说下去，虞姐氏已经完全明白了他的意思。以自己为诱饵，以声色取悦夫差，虞姐氏倒吸了一口凉气，脸颊之上，顿呈一片桃红。

但又一想，此计当真有可行之处，何况自己本入吴为妾，服侍夫差，分内之事，也不算如何羞耻。

"大王，您以为呢？"虞姐氏把目光投向勾践，看他如何表示。

"不可，万万不可！"勾践却装得一脸不高兴，恼怒道："范卿怎么会想出来如此毒计？我的夫人，也是一国之妃，何等尊贵，怎能令其如此蒙受耻辱？况且我等回国，不过是时间上迟与早的差别，三年、五年，最多十年、二十年，总能回去，又何必急在这一时？罢了，这件事情，不许再提。"

"是！"范蠡一脸惶恐答应道。

"大王，请听臣妾一言。"虞姐氏心下不忍，叹了口气，对勾践道："大王不要责怪范卿，他也是出于一片忠心。其实，他不说，我也有此想法，请大王恩准。"

"姐妃，"勾践上前，轻轻拉住了虞姐氏的手，道："你我夫妻多年，今日竟……唉，这个……"

他哽咽着再讲不下去，泪水从脸上滚滚淌下。拉着妻子的手，不忍放开。

"大王，"虞姐氏的感动难以言表，只觉即使是为勾践死了，也是无怨无悔。"大王一片恩情，妾身虽死不能报答，何况舍弃这个身子？请大王不要再为臣妾的事情考虑了，一切由范卿去安排吧！"

当即，虞姐氏便命范蠡去见了伯嚭，言及自己欲进宫之意。伯嚭便去见了吴王夫差。夫差是个好色之徒，那日已经见了虞姐氏的貌美，正在惦念，如今一听有这样的事情，自然一口答应，于是立即命虞姐氏入宫相会。

第二天，虞姐氏精心梳洗了，先来到伯嚭这里。再由伯嚭派出一辆车子，悄悄带了进宫。

夫差早在内室里等候了，一见虞姐氏进来，他的一双眼睛立时瞪得滚圆。

虞姐氏故意放出声态，腰肢款款，上前施礼，柔声道："贱妾虞姐，叩见大王！"

"快起来。"夫差听了她圆润宛转、恰似黄莺轻啼的嘤咛，几乎酥倒在地，连忙道："美人不必多礼，勾践惹下的祸，与你没有一丝一毫的牵连！不要怕，我不会让你吃苦的，从今天起，你就不必再回石室去了。"

"大王，贱妾有一句话，不知道当讲不当讲。"虞姐氏从夫差的话语和目光里，知道他已为自己所迷，便趁机道。

"尽管讲来。"

"勾践那家伙，狂妄自大，总是惹大王生气，留在吴国又有什么用处？关了这两三个月，他也吃了不少的苦，大王的闷气也该消得差不多了吧？不如放他回去算了。"

"甚好。"夫差一边含糊地答应着，一边伸手把虞姐氏搂进怀里，上下其手，口中说道："这勾践嘛，放与不放，都没有什么要紧。今天是你我良宵，不要讲这些煞风景的事情。"

不料，他正要进一步替她宽衣解带，却被虞姐氏挡住了，一脸坚决的神色道："大王不答应放勾践回国，我就不让你碰我的身子。"

"哼！"夫差一皱眉头，也勃然变了脸色，冷冷地道："这儿可是我的王宫，别忘了你和勾践是入吴为臣的。不让我动你的身子，我便立即传令杀了勾践，踏平越国。"

"大王可是在吓唬我？"虞姐氏也横下了心，义正词严道："反正不过是一死，有什么怕的？好，我这就死给你看。"她一转身，竟然将身子向身后的柱子上撞去。

她这一撞，速度极快，力量又大。夫差一把没有拉住，她已经撞上了柱子，前额鲜血淋漓，人也昏死过去。

"呸，真扫兴！"夫差本来以为今晚可以春风无度，与美人共赴欢台，不料却落得这么一个结局，又是懊恼，又是羞怒。不过，他也不能不从心里敬佩："好一个刚烈女子！"

于是，只好吩咐："来人呀，将她扶下去，敷上伤药，好生照料。"

第二天，虞妲氏重新被送回到阖闾墓旁的石室。勾践和范蠡二人也是一夜未睡，忐忑不安。如今，一见虞妲氏被扶下车子，额头上缠的帛布血迹斑斑，二人便都明白了是怎么一回事。

所以，一进石室，关上石门，范蠡便"扑通"一声在夫人跟前跪下了。"王妃为大越百姓，遭此大辱，险些丢弃性命，令人钦敬。我代越国百姓，给王妃叩首了。"

"王妃，你受苦了！"勾践也过来好言安慰，"从今以后，我绝不准你再为回国之事受一点委屈。"

又过了一个月。

这天，夫差心情很好，便召了勾践君臣入朝来见。勾践跪伏阶前，夫差问了他一些问题。勾践仔细斟酌，一一作答。而范蠡就恭恭敬敬地站在勾践的背后，神态严肃，一丝不苟。忽然，夫差的目光落在范蠡的身上：

"对了，你……叫什么名字来着？"

"罪臣范蠡。"

"是何官职？"

"官居大夫一职，侍奉大王。"

"哦，范大夫，你且上前来，寡人有一番话要对你说。"夫差将范蠡叫到跟前，说道："寡人听说，'哲妇不嫁破亡之家，名贤不仕灭绝之国'。如今，勾践无道，越国将亡，你们君臣同居一室，皆为奴仆，不也太简陋了吗？寡人想赦免你的罪过，只要你悔过自新，弃越归吴，必有重用，如何？"

"这个……"尽管范蠡足智多谋，一时却也猜不出夫差葫芦里卖的是什么药。

正在踌躇之际，忽然，跪在地上的勾践伤心难抑，"呜呜"地哭了起来。

范蠡如何不明白勾践心中所想，如此患难之际，仅有的一个随臣，如果也抛弃而去，那么，这个做君主的，可真是失败到极点，也可怜到了极点！

因此，他立即跪下，说道："多谢大王美意！我也听说，'亡国之臣，不敢语政；败军之将，不敢言勇'。我在越为臣，不能辅越王善为朝政，以致使落难为囚，是为不忠。如今答应跟随我君同来，又中途抛弃，另投他主，是为不信。如此不忠不信，我自己都觉得没有面目立于天地之间。能够得以追随我主，苟延性命，入备扫除，出供趋走，我已经很满足了。又怎敢再去想功名富贵的事情。大王的一番美意，我恐怕只能心领了。"

勾践听了十分高兴，夫差却叹息连声，说道："可惜，可惜……"

勾践和范蠡又回石室，依旧是养马放牧，除粪洒扫。如此无所事事，很快过去了两年。

两年中，夫差表面上大大咧咧，暗地里何曾放下过一点心思？屡次派了人来窥探，结果得到的回报都是一样的：这君臣三个人白日里一起外出，辛苦劳作，夜里共居石室，没有一丝的怨恨之色，也不闻叹息之声。

"这么说，勾践当真是死心塌地，效忠于寡人了？"夫差以为勾践当真是无志返乡，便放了心，不去理会。

这日，夫差登上姑苏台，远远望见在阖闾墓侧，越王和夫人端坐在马粪堆旁，范蠡垂手站在左边，君臣之礼肃然，夫妇之仪依旧。夫差心里称叹，对太宰伯嚭道："勾践不过是一个小国的国君，范蠡也不过是一个大夫，在这种穷厄的境地，竟然还能够不失君臣之礼，寡人倒很有些佩服他们了。"

"这样的君臣，的确世间少有。"伯嚭回答道，"不但可敬，而且可怜！"

夫差又远远地望了他们一会儿，忽然道："我有些不忍心了，倘使他们能改过自新，可以赦免他们吗？"

"怎么不可以？他们的生死，本来就在大王一念之间。"伯嚭察言观色，说道，"我听说'无德不复'，大王以圣人之心，怜悯孤苦之士，加恩于越，越国又怎会没有厚报？天下又怎会不称颂大王？请大王早作决断。"

"那好，"夫差点了头，道，"寡人决心已定，命太史择一吉日，放越王回国。"

从姑苏台下来，伯嚭立即暗中命人去石室，告诉勾践这个喜信。来人走后，勾践激动得坐卧难安。

"范卿，我们终于等到这一天了！"

"大王少安毋躁，请允许我占卜一卦，以定吉凶如何。"范蠡冷静地道：

"今日戊寅，以卯时闻信，戊为囚日，而卯复克戊，正所谓'天网四张，万物尽伤，祥反为殃'，虽然有信，只恐不足为喜，反而会有祸害呢！"

果然，那边伍子胥听说了吴王要放勾践回国的消息，急急入见，劝道："以前桀囚汤而不诛，纣囚文王而不杀，天道还反，祸转成福，所以桀为成汤所灭，商为周所灭。如今大王既然囚了越王，而不加以诛杀，怕是夏、商之祸不远了。"

"多亏相国提醒得及时。"夫差听了伍子胥的话，立刻改变主意，"传令下去，让勾践来见我，我立即杀了他。"

伯嚭抢前一步，又把这消息告诉了勾践。勾践吓出一头一身的冷汗，担心自己活不过今天晚上了。又是范蠡，在旁边安慰道："大王何必害怕？夫差囚禁大王已快三年了，不曾有加害之意，又怎会在一日内，忍心杀你呢？夫差见召，大王只管前去。我保证大王此去有惊无险，必可得全身而回。"

听了他的这一番话，勾践心下稍安，执范蠡之手道："我所以隐忍不死，全是仗了大夫的计策啊！"

于是，勾践辞了范蠡，惴惴不安地入城来见吴王，等了三日，却并不见吴王上朝。正猜疑间，伯嚭出来传吴王的命令，让勾践先回石室去。

勾践很是奇怪，询问其中缘故。伯嚭道："大王被伍子胥的话所迷惑，要行诛戮之事，才把你召来。谁知昨日忽然染了寒疾，一病不起。我进宫问病，进言吴王：'禳灾宜作福事，如今越王匍匐待诛于阙下，怨苦之气，直冲云霄。大王应该保重身体，先放越王回石室，等病愈之后，再徐图之'。大王听了我的话，觉得有理，所以令你先出城回石室去。"

勾践听了大喜，再三向伯嚭道过谢，匆匆出姑苏城，自回石室去告诉范蠡。不提。

一转眼，又过了一个月。

勾践待在石室里，坐卧不得安宁，闻知吴王夫差的病还没有痊愈，这一日，实在忍不住了，便请范蠡占卜吉凶。

"范卿，你看看，夫差的病情到底如何？严重不严重？"

"是！"

范蠡按照日期，布成一卦，详细推算了以后，说道："夫差的病，不过是因为时气缘故，并无大碍。依据卦象来看，他的病到己巳日会减轻，壬申日会痊愈。"

"这么说，我的死期，也就不远了？"勾践听了，叹了口气，低头不语。

"大王不必担心，"范蠡劝道："我这些天来，日夜思谋，已有一计，或许能够侥幸成功，脱身返国，只是……"

"只是什么？"勾践听了，急得扯住范蠡的胳膊道，"范卿快讲！都什么时候了，还不直言直语！"

"大王没有听说过吗？欲成非常之事，必作非常之人。"范蠡道，"大王请求入宫问病，倘使夫差肯召见，大王便借机求取其粪而尝之，观察颜色，再拜称贺，言病愈之期。到时夫差的病真好了，必念大王忠孝之心，这就有望回国了。"

"尝粪？"勾践一听，不由双泪横流道，"我虽不肖，也是一国之君，又怎能含污忍辱，尝人粪便呢？"

"所以说，此计非同寻常，若无非常之人，断不能行。人皆以为羞耻，然而正因为如此，才能扭转众人对大王的看法，夫差才能放大王回国！"

"此计真有奇效？"勾践还不相信。

"大王难道忘记了？"范蠡耐心地解释道："以前纣囚西伯于羑里，杀了西伯的儿子伯邑考，烹而饷之，西伯忍痛食吞子肉。这就叫'欲成大事，不问细行'。我观吴王夫差这个人，有妇人之仁，而没有丈夫之决，本来已经准备放咱们回国了，却又中途变卦，其实就是因为听信了伍子胥的话。那伍子胥何人？当世之人杰也！如果我等不用这等石破天惊的非常之计，又如何能够堵塞其口？不如此，又怎能再取得夫差的怜悯？"

"好吧，让我再想一想……"勾践沉默半晌，点头称是。

第二日，勾践决心已定，便来太宰府中见伯嚭，道："为人臣子之道，主疾则臣忧。如今我听说大王抱病不愈，真是寝食难安。请与太宰一同入宫问病，申表心意。"

"好。"伯嚭道，"你有此心意，实是大王之福，我定代为转达。"

伯嚭先入宫见了夫差，道明勾践的相念之情。夫差正昏昏沉沉，听勾践有此忠孝之心，就答应了。

一会儿，伯嚭领勾践进入内室，夫差挣扎着起身，看了看跪在下面的勾践，问道："勾践，你不过是一个罪人，地位卑鄙，又是亡国之君。寡人得病，将不久于人世，你正该高兴，又为什么来探病问安呢？"

勾践磕头如同捣蒜，奏道："我之亡国，乃是因为得罪上国，罪有应得。如果不是大王开恩，此时早已作了刀下之鬼。如果受此大恩，而不自知，岂非禽兽不如？因此，闻听大王玉体失康，如摧肝肺。愿上天保佑大王，早日康复。"

二人方说这几句，夫差便觉腹中胀痛，忙令侍者捧了便盆进来。勾践等的就是这个机会，于是又趁机奏道："大王，我在东海之时，曾从师名医，观人泄便，能知病情消减加剧之变化。"说完起身，到户外等候。

一会儿，侍者提着便桶出来，以手掩口，勾践却不以为意，上前揭开桶盖，手取其粪，跪而尝之。

片刻，勾践又复入内，叩首道："我有好消息，大王的病快好了！到己巳日会减轻，到了壬申日必定痊愈。"

"真的吗？"夫差很奇怪，问道，"你怎么知道的？"

"是这样的，"勾践不慌不忙，沉着应答道："我听医师道，'夫粪者，谷味也。顺时气则生，逆时气则死。'如今我尝大王之粪，味苦且酸，正应了春天的生发之气，这才知道的。"

"原来如此！"夫差听了，感动不已，流下了眼泪，说道，"臣子事君父，又有谁肯尝粪断病？"

这时，正好太宰伯嚭在一旁，夫差便问道："太宰能这样做吗？"

"请大王恕罪，"伯嚭摇头道，"我虽敬爱大王，却也不能做到这样。"

"岂止是你，"夫差叹道，"不但诸位大臣，这件事情，连我的太子也做不到啊！"

当下，夫差便命令勾践回去就迁出石室，先就近僦居民舍，许诺道："待我病愈，即当遣你回国。"

勾践再三拜谢，退出来。伯嚭回府歇了。勾践自回去告诉王妃虞姬氏和范蠡，三人俱欢喜不尽，就近找了民舍居住，每日里仍是执牧马之事，不提。

而夫差的病果然渐渐好转，己巳日开始减轻，到了壬申日，果然就痊愈了。正如勾践所言。

夫差心里牵念勾践的忠孝。这日上朝，便命使者设酒宴文台之上，请勾践来赴宴。勾践欲换过衣服，被范蠡劝住了。

"衣服越加破旧，声色越加凄苦，就越有回国的机会。"范蠡提醒道。于是，二人只是穿着平日里的破烂囚服，来赴宴席。

夫差听人报知，忙宣进来。一见二人破衣烂衫，臭气熏人，连忙赐了二人鲜亮的衣冠，命他们沐浴换过了，重新入席。

勾践和范蠡沐浴更衣完毕，再次入内拜道："大王玉体安康，久病新愈，大喜，大喜！"

"快快请起来！"

夫差慌忙下殿来扶起勾践道："使君乃是仁德之人，又怎可久辱！"又传令道："我决意赦越王囚役，放还回国。今日为越王设北面之坐，你等众人都要以宾客之礼相奉。"

众人皆应，夫差揖让勾践入客座，诸大夫列坐于旁侧。伍子胥见夫差如此善待死敌，心中愤愤，不肯入座，夫差怒道："相国以为勾践何人？他肯为寡人亲尝粪便，以断疾病，令寡人心安。相国能做到吗？"

"哼！"伍子胥气得全身抖动，却说不出一句话来，拂袖出了大殿，再不回头。

于是，伯嚭见机上前对夫差道："大王以仁者之心，赦仁者之过。我听说：'同声相和，同气相求'。今日酒宴，仁者宜留，不仁者去。相国虽然以刚勇闻名于世，但难称仁者。他不入座，不正是自觉羞愧吗？"

"哈哈，"夫差大病初愈，心情舒畅之极，笑着称道："太宰所言极是。"

酒行三樽过后，范蠡与勾践一起进觞，为夫差祝词，道：

"皇王在上

恩播阳春

其仁莫比

其德日新

于乎休哉

传德无极

延寿万岁

长保吴国

四海咸承

诸侯宾服

觞酒既升

永寿万福……"

夫差大为高兴，尽醉方休。命王孙雄送了勾践和范蠡二人去馆驿歇了，答应三日之内，送他们回返越国。

第二天一早，伍子胥来见吴王道："昨日大王以宾客之礼对待仇人，这是为何？勾践外有温恭之貌，实则内怀虎狼之心。大王只是喜欢这须臾的谄媚，而不顾后日之患，弃忠直而听谗言，溺小仁而养大仇，就好比是纵毛于火炉之上，却侥幸希望不烤焦；又投卵于千钧之下，却希望能保万全，这可能吗？"

"唉，"夫差叹道："我卧病的这三个月，相国并无一句好言相慰，这是相国的不忠；且无一好物相送，这是相国的不仁。为人臣子不忠不仁，有什么用？勾践离开他的国家，远涉千里来侍奉我，献其财物，自为奴役，是大忠啊！我有了病，他亲自尝粪而没一丝的怨恨之心，是大仁啊！我又怎能按相国的意思，诛此大忠大仁之人呢？"

伍子胥道："大王话说反了。老虎伏下身子，是要准备出击；狸猫弯缩身子，是要捕获猎物。勾践入吴为臣，心有怨恨，大王难道不知？他做此贱微之态，亲尝大王之粪，不过是要打动大王的善心。大王若不加以提防，可就中了奸人的阴谋了。"

"相国不必再说下去了。"听他又老调重弹，夫差不高兴地打断了他，"寡人主意已决，不必多说。"

伍子胥知道已经无法再劝夫差，郁郁而退。

到了第三日，夫差便命人在蛇门外设了酒席，亲自礼送越王回国。群臣都捧觞钱行，只有伍子胥不到。

夫差亲自对勾践叮嘱道："寡人赦使君返国，使君当记吴国之恩，勿要记吴之怨。"

"臣当谨记，"勾践躬身作礼道，"大王可怜我孤单穷困，使我生还故国，自当生生世世，竭力报效！"

他立誓道：

"苍天在上，
终鉴我心。
如若负吴，
皇天不佑。"

"但愿使君记住今日的话！"夫差道，"使君请回吧！勉之，勉之！"

"谢大王！"勾践再拜跪地，哭泣无语，大有眷恋之意。夫差亲自扶了勾践登上马车。

当下，范蠡驾缰，王妃虞妲氏和勾践，再拜别过夫差，痛哭流涕，一步一回头，终于上了车，不敢就座，再跪叩首，这才进了车厢。范蠡将马鞭一扬，"驾——"一声，马蹄得得，车轮滚滚，离开了吴国。

第五章

美人之计

商人重利。为了利，父母、妻子，都可以抛在脑后。然而商人也是人，也有正常人的情感。人的理性，是头脑操纵的；人的感性，是心在操纵的。

范蠡想出来用"美人计"的办法去削弱吴国的经济实力，这是在用"头脑"做事情：一个美女，本身除了以美色分散吴王的精力之外；还必然牵扯到豪华宫殿，锦衣玉食。仿佛美丽女人天生为挥霍和奢侈浪费而生。

而在与西施相处的过程中，范蠡却又分明听到了自己真实的"心"的声音：不应该用善良无辜的生命去换取血腥累累的成功。面对纯真无邪的西施，他一度想到过放弃，这也是他有生以来，第一次对自己的决定产生动摇……

浦阳江畔的苎萝村，一户人家的男人病了，正从会稽城请了巫师来"驱傩"。

这种"傩戏"几百年来一直在吴、越地区流行，经久不绝，名目多得难以计数，相传是由大禹治水时的"巫傩之舞"流传而来。捉妖治病，这出傩戏又叫"打魃"。会稽来的巫师，扮成"闾山法师"，五个弟子跟在后面，两个打铜锣，两个打扁鼓，一个打小钹。苎萝村的男女老少都涌了来观看。

驱傩分为"文堂"和"武堂"。"文堂"是为人死后清扫，动作慢慢腾腾。"武堂"则是请天帝，闾山祖师调遣天兵天将捉妖、抢魂，十分热闹。今日请的就是"武堂"。巫师化妆成闾山祖师的模样，头扎红色头巾，身穿兽皮围成的上衣，腰扎红短裙，腕上缠了几尺长的大红布。一到病人家门口，他先命手下拾起五粒石子用力砸向门窗房顶，叫作"撒五雷子"，他自己则左手拿了龙角，右手握了灵刀，大喊"天兵天将到"！冲进屋子里，紧张地招呼天兵天将守住东南西北四角，准备捉妖。几百男女众人里外密密地围住了病人的草房，无论看到还是看不到，谁都不敢出嘈杂之声。撒完了"五雷子"，接下来是"炼魍皮"，即调兵扎寨，进行练兵。屋子里的大木案上设了"五方灯"，又摆了香炉、酒和干肉，挂了惟妙惟肖的神像：画上正是天帝、闾山祖师和天兵天将等一大群人。巫师坐在木案前，手里拿了龙角、灵刀和扁鼓，练完兵，合完师，立即开始分兵捉妖，又是"开门罡"，又是"打地罡"、"紧拢"，"飞鹤"……一套又一套，最后化身一处"鬼店"，把妖引入店中捉住了。接着七手八脚把被妖抢走的病人的"魂魄"夺回来，附在病人的衣服上，给他送到跟前。

看到这里，外面围观的苎萝村的男女都松了口气，说的说笑的笑，小孩开始乱跑。巫师最后用松明子点了火，在每个房间烧了，算是烧尽邪气。"傩戏"收场，已是黄昏。众人意犹未尽，纷纷议论着，各自散去了。

勾践和范蠡进了越境，一路缓缓行来。还在路上，早有信使骑了快马日夜奔进会稽，告诉了文种和诸稽郢等一众大夫。文种闻讯，立即率了众人，浩浩荡荡，前来迎接。

"恭迎大王回国！"

在浦阳江和香溪的汇合处，双方相遇了。文武群臣拥在勾践的身畔，欢喜无限，笑容中又含着泪水，君臣一会儿哭，一会儿笑。文种也是执了范蠡的手，哽咽不已："贤弟，你受苦了！"

"哪里，倒是我智谋不足，让大王多受了这许多的苦，是我的罪过啊！"

稍作休息，勾践和虞妲氏、范蠡，弃小船登上大板船，顺江直下，向会稽城而去。

天色渐晚，这支队伍行到苎萝村口，文种便提议休息一夜，明早继续赶路。勾践答应了，文种便上岸去找来了苎萝村的老族长。

这老族长已经八十多的高龄，白须飘飘，精神矍铄。一听越王从吴国归来，要在这苎萝村歇息，激动不已，立即给苎萝村的众人传达了这一讯息。

一时间，苎萝村沸腾了。众人纷纷点起火把，串成了一条长龙，不停地向江边运送美酒佳肴。一堆堆的篝火升腾起来,烈焰滚滚,映亮了夜空。在众人的翘首期待里,勾践等人的大船缓缓靠岸。等勾践一下船来,众人顿时跪倒。

"苎萝百姓,恭迎大王回国!"老族长带头跪下叩首。

在众人的欢呼声里,勾践伫立岸边,想起三年前离开的一幕,恍如昨日,不由双泪横流,叹道:"我以为当年远辞万民,必定埋骨异域,又怎敢想有再返之日?唉,又闻乡音,又闻乡音哪!"

岸上,老族长已安排众人,在旷野里摆好了露天的酒宴,文武群臣,连同苎萝众百姓一齐联欢。一队队的姑娘们,手持短粗的木棒,跳起自编的舞蹈,欢声笑语,不绝于耳。

勾践一面不停地接过众人敬来的美酒,一边听文武众人讲述这三年来的国势鼎盛,百姓安居乐业。而众人听他讲到在吴国的种种情形,尽管只是略作叙述,众人已经是摩拳擦掌,恨恨不已。

一片繁华与喧嚣中,文种和范蠡细诉兄弟别离之情,且哭且笑,大碗饮酒。

"贤弟,此番前去吴国为质,真是多亏了有你啊!"文种当年初邀范蠡下山,是何等潇洒的一个青年人。如今,范蠡却仿佛一下子老了十岁,甚至双鬓已经出现了白霜。足见这三年来在吴国所受的罪和精神上所受的摧残。

"文种兄,我吃点苦算不了什么。难得的是,总算帮助大王全身而回,不负文种兄和大伙儿对我一片信任!"

范蠡受尽了三年的羞辱,今日蛟龙入海,猛虎归山,这份兴奋和激动的心情无从抑制,连喝了十多碗的酒,更兼人声嘈杂,不停地有人上来敬酒,渐渐他就头晕目眩起来。

"来,贤弟,再喝一碗!"文种却还在给他倒酒,"愚兄已经给你做了安排,你操累了这么久,今天就好好放松一下。"

"喝!"

范蠡开始头脑不清,连自己个儿的话也听不到了。端起一碗酒,颤抖着洒掉大半,却无论如何送不到嘴边。"怎么……头这么晕……好想好好地睡上一觉……"接着,身子一倾,倒在地上,也不管不顾,竟睡着了。

这一觉，不知睡到了什么时候，范蠡被十分强烈的口渴感觉刺激，终于醒来，只觉脑袋发重，头痛欲裂，想坐起来，身子却又轻飘飘的，没半分气力。

"看来，我真是喝多了！"

一向修炼自我克制的功夫，今日却如此失态，范蠡不由嘲笑起自己来。随着昏暗的灯火，四下里一打量，发现自己正躺在一户人家的竹床上，屋内的摆设简单、朴拙，却不失清静。地上铺着闪亮的油竹席，靠墙一张长长的竹案，上面堆放着各种各样的织物。墙上挂着竹器和兽骨饰品，琳琅满目。从窗子里望出去，外面漆黑一片，也不知是什么时辰了。

范蠡正在打量，忽然鼻子里嗅到一股清香。更令他诧异的，是觉得自己手臂所触之处，绵软温热。天哪，自己身边竟然有人！

范蠡被这个突然的发现吓了一跳。他拼力往外挣扎一下身子，转身来看。只见一个年轻的女子，正微闭双眸，散乱鬓发，躺在自己身旁的床榻上。瞧她的脸蛋白嫩，鼻尖稍翘，小嘴玲珑，长长的睫毛不住眨动，好一个绝色佳人！

"这……这是怎么回事？"

范蠡的酒意还没有完全消退，他怎么也想不明白，这么一个貌美的女子，是如何来到自己身边的。瞧着这女子冰肌如雪，香肤如脂，范蠡真以为自己尚在梦中。

"不，这不是真实的，一定是我还在梦里。"

便在这时候，那女子朦胧醒来，发现范蠡正在打量自己，四目相对，不由羞了个满面绯红，"啊呀"一声，抓过一件衣服掩自己胸前。

"请问姑娘，"范蠡醉眼迷离："你是谁？这又是怎么一回事呢？我……我不是在梦里见到你吧？"

"范大夫，这……是真的……不是梦……"姑娘低下了头，言语期期艾艾，满面娇羞地道："我叫郑旦，是施公公的外孙女。施公公想到大夫几年来代国受累，含辛茹苦，特令郑旦来相陪的……"

"施公公？"范蠡只觉莫名其妙，问道："谁是施公公？"

"施公公陪你喝了不少酒啊！这一转眼就忘了？"郑旦娇嗔道。

"哦！我记起来了。施公公，就是那个不停地拿大碗劝我喝酒的老族长……他还告诉我说，回来了，就多喝几碗吧，只有家乡的酒，才这般香甜哪！"范蠡的脑子里充斥着模糊不清的画面，真不知道哪个是梦，哪个是真。"回来了，我真的回来了吗，还是我还在吴国，是在梦里思念故国呢？"

"回来了……范大夫，您是真的回来了。"郑旦不由将自己的身子贴了上去……

屋外夜色迷蒙，屋内酒意犹浓。范蠡止不住又沉沉睡去。

一缕清新而灿烂的阳光从外面射进来，范蠡醒来后，才发现天光早已大亮。头不痛了，只是身子还有些轻飘飘的。转头看去，枕席间还残存着淡淡的脂香气息，然而昨夜似乎温柔满怀的那个姑娘，却不知道去了什么地方。

"梦，那一定只是一个梦！"

他披衣起身，下得地来，脚下还有一点轻飘。"这酒力这么大！"范蠡也暗暗心惊。"还是我真的喝了太多？"

走到窗户边，想到施公公一番美意，范蠡不由一阵苦笑。清晨的阳光洒落在庭院里，从窗口看出去，说不尽的美丽缤纷。在一排爬满翠藤的葡萄架下，几只雏鸡正在刨泥寻食，意态悠闲之极。毕竟是自己的家园，毕竟是自己的土地！再寻常不过的农家风景，此刻看来也充满了诗情画意。

就在此刻，忽听一阵窸窸窣窣的响动。一个女子走了过来，给那些小鸡撒下谷米，一边喂食，一边细声细语，和小鸡们说着什么。看她的样子，只有十三四岁，脸上还没有完全脱去稚嫩之气，可是那清新脱俗的美丽，那灿烂明澈的笑容，那温柔的口吻和娇媚的神态，一下子吸引了范蠡。

"天下竟有如此绝色的女子。"他正痴痴发呆，郑旦已打好了洗脸水进来，笑问道：

"范大夫，你在看什么，那样出神？"

"好美！"范蠡赞叹了一句，神思恍惚之极。郑旦还以为是说她，立时羞了个双颊红飞，心下却无限欢喜，受用得紧。

忽又听范蠡问道："郑旦，院子里那个貌美清秀的女孩子，与你年龄相仿，应该是你妹妹吧？"

郑旦心下掠过一阵失望："那是施公公的嫡亲孙女，我们苎萝村的第一号美人儿，大家都唤她做'霓儿'的"。

"霓儿？"范蠡简直痴了，呢喃重复着这极富诗意的称呼，心旌动荡。好美的女子，好美的名字，想不到这苎萝村，竟有如此国色，真令人难以置信。

恍惚之间，范蠡并没有注意郑旦目光里嫉妒的神态，匆忙梳洗了。那边勾践已经派了人来催促，范蠡告别施公公、郑旦，与勾践、文种和一众大臣扬鞭催马，直奔会稽城。

归国后，勾践念念不忘会稽山之耻，想要在此建造城郭，重立都城，就把这事情交给了范蠡督办。

范蠡日察地理，夜观天文，规造了一座新城，团团围会稽山入内。西北方在卧龙山上立了飞翼楼，示为天门；又在东南方挖了漏石窦，示为地户。外郭长长绵延十数里，却单独留了西北一个豁口，名义上称道是："越国既已臣服于吴，不敢壅塞贡献之道"，其实是为了异日进取姑苏之便。

费工半年，新城建成。制度完备，勾践择日迁入新都，万象更新。

这日，勾践聚集文武，论功行赏，众人一致认为，范蠡陪伴大王入吴为质，不辞辛苦，更兼随机应变，顺利保护大王返回越国，当推首功。于是勾践道："寡人实为不德，竟然失国亡家，为吴奴役，如果不是范卿相助，又怎会有今日？寡人今日归国，首要之事，就是要重立朝纲，再振国威。范卿，寡人欲封你为相国，如何？"

"大王，如此兴师动众，只怕会招吴王生疑。"范蠡道，"况且，此番能够全身而归，乃大王之福，非我之功。只要大王时时不忘石室之苦，终有一日越国当兴。至于我个人，并不求什么封赏，只要陪伴大王左右就可以了。"

"那怎么行？不表彰有功，寡人岂非成了忘恩负义之辈？"勾践不允，坚持授了范蠡一个大将军职务，专治军旅之事；再封文种为大司马，辅治国政。其他人等一并按照功劳大小得到封赏。又在国内广招贤士，敬老恤贫。越国上下，无不赞扬勾践是个有为之君。

勾践自从尝过夫差的粪便以后，老是觉得口中有臭气，只不过这件事情不便公开，只能偷偷摸摸对范蠡说。于是范蠡便在城北山上找了一种蔬菜，名叫蕺，微微有一种清甘气息，送给勾践，并令文武群臣一起食之。

勾践急切要复仇，苦身劳心，夜不倦卧。他命人采来柴薪，只用很薄的被褥铺在上面，夜夜栖息上面，又命人悬一苦胆于坐卧之所，饮食起居，必取而尝之，以示不敢忘记在吴国受的奴役。这就是后来历史上著名的"卧薪尝胆"。

范蠡告诉勾践，丧败之余，应行温和政令。勾践就传了告示道："壮者勿娶老妻，老者勿娶少妇；女子十七不嫁，男子二十不娶，父母俱有罪；孕妇将产，报告官吏，派医师守之，生男赐一壶酒、一犬，生女赐一壶酒、一豚；生子三人，官养其二，生子二人，官养其一；有死者，地方官吏亲为躬吊。"

这还不算，勾践自己每次出游，必载饭与羹于后车，遇到年幼的小童，取饭羹哺之，问其姓名。遇耕时，躬身秉耒，夫人自织，与民同苦。下令七年之内，不收赋税，食不加肉，衣不重彩，一切从俭。

勾践为了让夫差放心，每月都派问候之使入吴请安。又命令国中男女入山采葛，织作黄丝细帛，治葛布十万匹，再加上甘蜜甘坛，狐皮五双，晋竹十船，献给夫差。

而夫差也对勾践的忠顺颇为满意，派人赏赐他大片封地：东至句甬，西至檇李，南至姑蔑，北至平原，纵横八百余里，都成为越地。

夫差见越王已是臣服无贰，便深信了当日伯嚭的话。这一日，夫差问伯嚭道："今日四境之内并无战事，寡人要扩建宫室，以为娱乐，如何？"

伯嚭奏道："若要选择娱乐之所，没有什么地方能比得上姑苏台的。只是前王所建，不足以做大览之处。大王不如把此台改建，高可望百里，宽可容六千人，聚歌童舞女于上，可以尽人间极乐。"

"善！"夫差听了大为欣喜，于是命人四下里寻访大木，以为梁柱。

文种听了这个消息，来勾践处奏道："我听说，'高飞之鸟，死于美食；深泉之鱼，死于芳饵'。如今大王要复仇报吴，必须投其所好，然后才能得制其命。"

"有这么容易吗？"勾践有些不信，问道，"即便投其所好，又怎能就制其命呢？"

文种道："我所能依靠的是破吴七术：一是捐货币，取悦吴国的君臣；二是提高粟缟等粮物的价格,耗虚他们的积聚;三是送给夫差美女,惑其心志;四是送上大批的良工良材,诱引夫差大建宫室,以罄其财;五是贿赂夫差手下的谀臣,以乱其谋;六是逼迫夫差手下的谏臣自杀,削弱朝政;七是蓄财练兵,趁其弊处攻之。有此七术,灭吴之日可期。"

"太好了!"勾践听罢大喜,道:"不知现在应先行何术?"

文种道:"如今夫差正改筑姑苏台,大王应派人选名山神材,奉而献之。"

于是,勾践便派了千名木工,入山伐木,历年余竟无所得。众人思归,都有怨望之心,日夜歌道:

"朝采木

暮采木

朝朝暮暮入山曲

容岩绝壑徒往复

天不生兮地不育

木客何辜兮

受此劳苦……"

忽一日,众人在深山中发现神木一双,大二十围,长五十寻,荫覆数里。众人慌忙奔去告了勾践,贺道:"大王精诚达天,故天生神木,以慰大王衷心。"

勾践大喜,亲自沐浴了,入山设祭而后伐之。又命巧工琢削磨砻,用丹青在上面描画五彩龙蛇之纹。文种亲自押运神木,浮江献给夫差,称道:"东海勾践赖大王之力,竟得巨材,不敢自用,特来献给大王。"

"啊呀!莫非这是上天赐给吴国的礼物?"夫差见那木材不同寻常,不胜惊喜。

"大王,"伍子胥在旁边道:"大王忘了吗?以前桀起灵台,纣起鹿台,穷极民力,由此亡国。勾践要害大王,所以献此神木,大王万勿接受。"

夫差不听，道："勾践得此良材，不自己用而奉献给我，是他的好意，为什么要拒绝？"便收了神木，命人监造姑苏之台，百姓昼夜劳作，死于疲劳的人难以计数。

勾践又按照文种所献的计谋，召来范蠡，让他负责访求境内美女："可派画工数百，遍游国中，得绝色之女子，记其人地，以备选察。"

范蠡立即着手，派了数百人，前往全国各地，访查美女，逢有绝色，绘其相貌，记其姓名、宗族，并将其图带回。

然而，几个月下来，范蠡却失望了，手头美女的画像堆了一堆，却没有一个中意的。毕竟，这是为了行"美人计"，所选女子，必须超过夫差的王后许姒。而在吴三年，许姒给范蠡留下的印象太深了。许姒不仅姿色和气质超群，为人也深明大义，常劝夫差多行善举，很受夫差的宠幸。再加上夫差年轻英武，精通音律，气质不凡，寻常女子，根本入不了他的眼。

选来选去，最后挑了几个不错的女子，范蠡亲自骑马去看过了。美则美矣，然而范蠡总觉得不能满意。她们到底缺少了什么呢？连范蠡也说不清楚。大概是一种灵气吧，一种从天地自然那里秉承的灵澈之气，宛如清水芙蓉。

不知道怎，范蠡眼前忽然浮现出来那日在苎萝村的早上，看到的那个被称作"霓儿"的少女，对，就是那种感觉，让人一见之下，惊为天人！

只是奇怪，怎么没有画工送来她的画像呢？

这天，范蠡忽然接到命令，勾践要召见他。于是连忙进了会稽城，来到后花园计议大事。

"范将军何来之迟也？"勾践已等他许久了。说是后花园，其实只不过是一座凉亭，几条石凳，一方石桌，如此而已。勾践喝茶用的，也是一个破了嘴的泥茶壶，显示出勾践不肯安享生活，时刻准备向吴寻仇的决心。

勾践邀范蠡坐下，问道："将军选美之事，进行得如何了？"

"回大王，"范蠡摇了摇头，道，"不尽人意，吴国的许姒已是人间绝色，要找更胜她几分的女子，谈何容易？"

"不会吧？"勾践问道，"难道我越国上下，竟然找不出一二非常女子吗？"

"这个,只怕要看天意啊。"范蠡摇了摇头,正要说什么,忽然,勾践似乎想起来什么,道:"寡人差点忘了,来人,将那两幅画像拿来!"

很快,侍者捧来两幅绢画,在范蠡面前展开来。

"是她们?"范蠡只看了一眼,便认出画上所画的两名女子,正是苎萝村的郑旦和西施。他不由心头掠过一丝疑惑,心想:这两幅画像,怎么会在这里?

但听勾践道:"这两幅画,本来是画师送给寡人,要充入后宫的。不过,为了越国复仇大计,寡人也不敢藏私。这两个女子,将军应该都认识吧?"

"似乎有些印象……"范蠡的思绪缥缈,又想起了苎萝村的迷乱之夜,郑旦的风情,还有一面之缘的西施。

"去吧!"勾践用手拍了拍范蠡的肩头,道:"将军,你这就去苎萝村走一遭吧!"

"是!"

范蠡从勾践那儿领了两幅美女的画像,匆匆出宫,回到家里。

这个晚上,范蠡辗转反侧无法成眠。齐国的景公病死,安孺子即位,楚国的昭王也病死,章继位。楚、齐都国力大衰,晋国也是萎靡不振,鲁国又走了孔子,倒是吴国兵强马壮,夫差不断地东征西伐,日渐显出了称霸天下的势头。照这样下去,复仇雪耻何日可待?无论如何,必须尽快将西施和郑旦两个送去夫差身边行使"美人计"!这可以说是越国目前能主动把握的唯一机会了!

第二日一大早,范蠡乘舟顺江直下,到了苎萝村,径直来找老族长。

老族长已知范蠡授了大将军,对他更是厚礼相待。问及有何公干,范蠡并不明确告诉,只是嘱他不可张扬。老族长也不多问,亲自为范蠡安排了一个隐秘的歇息之所。

歇息一夜,一直睡到第二天日上三竿,范蠡方才起身。没有告诉任何人,他踱步出了院子。

来到外面,信步行至河边。正是春天的晌午,阳光透明又带有一种慵懒的气息。远远的,范蠡就看到河边上一大群女子,叽叽喳喳一字排开,一边嬉笑，一边浣洗丝纱。

范蠡没有上前去，自顾沿哗哗的河水去了下游。

走了三四百米，在一个不大的山冈上停住了脚步。这儿的景色真不错，遍地绿草茵茵，夹杂着不知名的野花，大小的彩蝶穿梭来去，引人入胜。范蠡干脆找个干净地方坐下歇了。

片刻过后，忽听上游一阵人声嘈杂，范蠡站起身来，只见从河流的上游漂来一大团东西，白白净净闪着光亮，近了才看清是一大筐丝纱，显然是那些姑娘们当中有人不小心，把这些丝纱让水给冲跑了。眼见再有片刻，那些丝纱就要飘向远处，范蠡忙跑过去，涉水把那些丝纱抓了过来。

他刚拖了那筐纱丝上岸来，已有一个女子娇喘吁吁，沿着河流跑了过来。她看见范蠡正拖了自己的那筐纱上岸来，不由"咦"一声惊呼，愣在了那儿。

范蠡将丝放下，一边拧着衣衫里的水，一边抬头望去。见那女子俊美非凡，天生丽质，不由也在心里"咦"了一声。

"这……不是霓儿姑娘吗？"

"这么巧？是范将军……"被称作霓儿的，正是施公公的孙女西施。她一听到范蠡直呼自己的名字，一下子红了脸。"范将军，还记得我的名字……？"

不等范蠡回答，西施身后又追下来一个人："霓儿，捞住了没有？你在和谁说话？"

这女子同样天生丽质，却更多了一份成熟之美。她一头香汗跑上前来，猛地看见范蠡，不由愣住了。

"啊？范将军！"

"郑旦姑娘，"范蠡微笑着，冲她招呼道，"真没想到，咱们在这里又见面了。"

这女子正是郑旦，她无论如何也没想到，会在这里见到朝思暮想的心上人。

"范将军，你怎么会出现在这里？是来……是来……"她忽然忸忸怩怩起来。

"是来看我郑姐姐的吗?"西施将她没有说出来的话一下给说了出来。"范将军,你大概还不知道吧,两年前,自从范将军走后,我郑姐姐呀,就像丢了魂似的,一天到晚口中念着您的名字,还改了对您的称呼呢……"

"霓儿,我不理你了!"郑旦羞得脖子都红了,丢下二人,远远地跑开了。

原来,自从上次范蠡离开苎萝村以后,郑旦便神思恍惚,日渐消瘦。西施素日最是与郑旦交好,见她这个样子,能不心痛?再三探问,才弄清楚,范大夫的一夜情缘,把郑旦姐折磨成这样,好劝歹说,郑旦才渐渐好些了。从此却多了一个习惯,终日范大夫长范大夫短,不过数日又告诉西施,她已私下里把范大夫的称呼,改作了"范郎"。似乎只有每天在嘴里念叨上几句"范郎",她的相思之情才能稍微减轻一些。但如此苦苦思恋,不过是单相思而已。如今"范郎"就在面前,可惜并不知情。

这边,范蠡看着郑旦远去的背影,听西施把原委一说,也不由又是苦笑,又是愧疚。那一夜自己醉得一塌糊涂,真不知道做了什么,令这位郑旦姑娘如此刻骨相思!

他叹了口气,却听西施甜甜地问道:"范将军,你这次到苎萝村来,是来娶郑旦姐姐的吗?"

"娶她?"范蠡摇了摇头,心想:这个女孩,脑中怎么会有如此想法?不过,他也不能直说自己的来意,只能含糊地道:"我有公事!不过路过这里而已。"

"又要打仗吗?"西施一听他是为公事而来,双目之中闪出极为关切的神色。"莫非咱们和吴国又要开战了?"

范蠡摇摇头,道:"不是。咱们和吴国的世仇,已经了结。那吴王夫差是位仁慈之君,已经答应不再计较。以后大家尽可以过和平安乐的日子了。"

"太好了。"西施松了一口气,"本来嘛,吴国和越国的百姓,都是上天的子民,没有什么不一样。老天给了我们这个生命,是让我们来尽情享受的,快快乐乐,和和气气,大伙儿在一起过日子,多好呀,为什么非要打来打去的?我就经常听爷爷说,和为贵,大家一团和气过日子,不是比什么都好?"

听了她一番天真烂漫的话，范蠡不知道如何回答，只能笑着道："霓儿姑娘，如果这个世界上，人人都像你这么心地善良，想得真美好，那就好了。"

"我说得不对吗？对了，范将军，你陪伴大王去吴国，一定吃了很多苦吧？你能给我讲一讲，都发生了什么吗？人人都在传说，你是如何足智多谋，没有你，大王不会这么快回越国来，真是这样吗？你真的做了很多事情吗？"

"你真的要听吗？"

"嗯。"

"那么，就让我告诉你。"范蠡不忍拂逆她，于是就在一块大石头上坐下来。西施也上前来，在他身边的草地上坐下来，仰着脸，认真地听他讲话。

"事情是这样的……"

范蠡本来不肯对任何人讲在吴国发生的这些事情，包括对文种，他也只是略作介绍，而没有讲自己受到的委屈和勾践夫妇做出的巨大牺牲。但是，在西施面前，不知道怎么，他忽然有一股很想倾诉的冲动，于是将自己跟随勾践到吴国，一桩桩、一件件事情都讲了出来，包括自己如何侍奉勾践夫妇，如何审时度势、出谋划策，勾践夫妇如何受尽屈辱，又如何隐忍偷生，讲到虞姬撞柱、勾践尝粪，他不由地激动起来，声音大了很多。而西施呢，更是一直流着泪听，哭得简直成了一个泪人儿……

"呜呜，范将军，我真的不知道，你们经历了这么多事情，不知道咱们越国和吴国的仇恨，原来是这么深的，根本不可能化解。我想得太天真了！"

"不是你天真，而是战争就是这么残酷，流血伤亡只是一方面，更深的层次，是人心的较量。人心是看不见的，是不可揣测的，所以更凶险百倍！好了，不知不觉，和你讲了这么多。不过，我要嘱咐你一句，这些话，我只对你一个人讲。你要答应我保密，绝对不可以让任何人知道。"

"包括我郑姐姐吗？"

"包括她，一个字都不能让她知晓。"

"那……爷爷呢？"

"你爷爷那里，我自会把该告诉的告诉他，不该告诉的，同样一个字不能说。"

"我明白了。"

"那……咱们来拉钩！"

"拉钩就拉钩！"

西施伸出手指，和范蠡的手指勾在一起。她的手指是那么细长，那么柔软。范蠡不知道为什么，心中一荡。西施却似乎什么都没有察觉，拉钩完毕，就去将那筐丝纱的水拧干了，然后轻快地提了起来："我回去了，范将军，对了，你快去看看我郑姐姐吧。她不知道有多少话要对你说呢！"

然后，她就提了丝纱，去河边和众姐妹浣洗去了。

晌午时分，范蠡回到老族长那儿，老族长已安排好了酒宴，忙邀范蠡入席。好在没什么紧要事情，范蠡也不着急，与老族长边饮边谈些闲话，用饭完毕，自去歇了。也是连日赶路太累，一沾枕席，迷迷糊糊，不知不觉睡着了。

醒来的时候，已是黄昏。因为老族长有吩咐，不让人打扰他，所以屋子和院子里一个人都没有。

范蠡来到外面，一个人在村子里走着。苎萝村的黄昏，自有一种平淡而温馨的乡村之美。范蠡走在青石铺就的石板路上，只见一个个的小伙子们赤着上身，挺着壮实的腰背，吆喝着水牛从田间归来。河边，渔人们摇着独木舟，扛着渔网，抬着沉甸甸的鲜鱼上岸来，到处是飘绕的歌声，空气里有一种柴草的清新气息。霭雾沉沉，一轮夕阳缓缓沉进江水之中。

范蠡觉得自己真正寻到了一方净土。苎萝村，这是一个多么好的隐居之地，远离了尔虞我诈的滚滚红尘，远离了血腥烽火的厮拼战场，剩下的只是苎萝村人的敦厚、淳朴。这片土地与自己当年栖居的楚国三户，何其相似，却更多了一种天地生成的灵韵秀气，是一个修身养性的绝佳去处。

"将来，等我帮助勾践完成复仇大业，功成身退，我一定还要回到这个地方来，在这里终老埋骨……"他在心里暗暗道。

不知不觉，暮色笼罩上来，看天色已晚，范蠡方慢慢踱回去。刚进院子，便见自己屋子里灯火明亮，又隐约传来女子嘤嘤的哭泣。他心中奇怪，心想：自己这屋子里并无别人，又何来灯火？更怎么会有女子哭泣？忽然，他想到包裹里的美人画像，还有一些紧要的物件，心里一紧，匆忙推门进了里面。

屋子里，只见一人坐在桌子前，正在伏桌而泣。听到有人推门进来，才慌忙起身，擦干眼泪。

"郑旦姑娘，是你？"范蠡看清这女子是郑旦，心里已差不多明白了是怎么一回事。他轻声问道："一双眼睛都哭红了，好端端的，谁惹你了？"

"将军还这么和我说话吗？这么问，分明是不想真心对待我。"郑旦又"哇"一声哭了起来。这次哭得更为伤心，泪水断了线的珠子一样滚下来。

"郑旦姑娘，我……"范蠡一时真不知道如何劝她。不过看到桌子上摊开的画卷，也知道她为什么哭了。"哦，我想你是看了这两幅画卷，误会了吧？"

"误会，我能有什么误会？"郑旦咬着嘴唇，似乎要尽力将自己的嫉妒之情压制下去，却反而欲盖弥彰。"难道将军不是为了霓儿而来？否则何以有她的画卷在这里？"

"这……"见范蠡沉默不语，只道自己猜对了范蠡心思，她不由内心一阵苦涩。"为什么在所有的人眼中，我都不如她呢？"

原来，苎萝村靠山临水，得天地山川灵气的孕育，自有一股风流神韵。苎萝村人吸取了青山秀水的精髓，男儿强健俊美，身体强壮，女儿则更显得俏丽，体态婀娜，心灵手巧，当地流行的一首歌谣唱道：

"天下佳丽

全在浦阳

美女肌肤

当数苎萝……"

相传，这苎萝山本是由一只涅槃的凤凰化成。凤凰在用檀香木搭积的柴堆上边起舞，边啄出点点的火星焚烧自己，她的情人跪在她面前化成了浦阳江。凤凰在火中吟唱，预言自己将在千年之后获得新生。苎萝村人都相信凤凰的故事，都记住了凤凰"千年之后重获新生"的预言，坚信这村子里将要出现一位贵人。

西施的母亲陈阳氏，是苎萝村有名的美人。当年越王允常曾派人以千金求聘，陈阳氏用珠宝贿通了画工，把她的模样画得十分丑陋，越王允常才死了心。陈阳氏其实早与村里的施成子有了感情，两人不久成了婚。然而，陈阳氏十月怀胎，却不分娩，请了几个有名的大夫，都说这肚里的孩子很正常。后来，施成子实在沉不住气，就去请来了一位有名的巫医。

那巫医搭过陈阳氏的脉后，道："此脉跳跃不定，忽左忽右，时快时慢。此脉主所生女子大富大贵，大德大贤。舜的妃子娥皇、女英之母产后都是这种脉相。"

讲完这些，巫医吞吞吐吐，似还有话讲，在施成子再三催促下，才又道："但此脉还有一种不祥之处，所生女子，如果不能嫁给有德之君，就会媚主惑君，破家亡国，不得善终，妲己和褒姒的母亲产后，也是这种脉相。"

又过了两个月，这天陈阳氏一个人在屋里，迷迷糊糊，忽然隐约听到外面的空中传来"扑啦""扑啦"的响动，不绝于耳，搅得她心烦意乱。陈阳氏扶着墙走到院子里，只见几百只白鹤，在房顶上盘旋，看见陈阳氏出来，这些白鹤一齐长唳，纷纷落下，集于庭院。陈阳氏微微有些惶惑，忽听众鹤一齐停了鸣叫，伏下颈去。在一片神秘的静霭中，空中飘来一大团祥瑞之云，一只大鸟驾云乘雾，从东面天空徐徐飞至，五彩流光，绚丽多彩。那大鸟飞到陈阳氏的头顶上空，一声长鸣，立时数百只白鹤得了命令一样，齐飞上空中，绕着大鸟翩翩飞舞。天空里四面八方，各种各样的鸟儿一齐飞来，唱和如一，宫商协调，奏出一曲"谐律"。

陈阳氏这才顿悟，道："这只大鸟，不就是凤凰吗？"便在这时，只觉空中一片五彩霞光，大鸟已落了下来，冲陈阳氏的怀中直撞上来。陈阳氏只觉脚下一滑，就晕倒在了地上。再醒来时，已被苎萝村的众人围住了，一个女婴就躺在自己身旁的襁褓里。

这个小姑娘，父母给了她一个妩媚的名字："霓儿。"过了十数年，霓儿渐渐长大，读书识字，出落成了一个大姑娘。

吴越开始交战了。施成子被征兵去了前线，结果在夫椒大战中阵亡。成千上万的人横尸沙场，其中也包括郑旦的父亲。郑旦多病的母亲把郑旦送回到娘家苎萝村，交给族人，自己也撒手去了。从此郑旦与霓儿孤苦相依，成了好朋友，一起浣纱，一起劳作，一起玩耍，知心话儿，无话不谈。

……

这天晚上，老族长又来请范蠡。范蠡推辞不过，只好去陪老族长喝酒。偏偏老族长好客，连着七八大碗，硬是把范蠡给灌了个酩酊大醉。

范蠡天昏地暗、头重脚轻，连自己如何回到住处，又是如何躺在床榻上的，都全然不知。

到了半夜的时候，酒劲稍减，范蠡朦胧醒来了。他发现，在自己的身畔，又是那个貌美多情的郑旦，这情形简直和两年前的那个晚上一模一样。

一见范蠡醒来，郑旦立即唤了一声："范郎，你醒了？"

这温柔缠绵、充满深情的呼喊，令范蠡心头一颤，加上酒力发作，不觉捉住她胳膊，喊了一声道："旦妹……"

郑旦听了这亲昵的称呼简直是心花怒放，依偎进范蠡的怀里，道："范郎，我在这儿，你想说什么？"

"旦妹，我要带你走！"范蠡这时已完全陷进了痴迷状态，全身火一样的灼热，一边用力揽住郑旦的纤细腰身，一边胡乱地说道："我要带你走，这一生一世，你都是我的……"

他用力搂着郑旦，急切地俯下头去，吻上她那火一样炽热的双唇……

范蠡再度醒来的时候，正是清晨，他觉出自己的怀里有个绵软滚烫的躯体。再一见郑旦凌乱的头发和一脸潮红，自己也明白做下了什么。剪不断，理还乱，真是越陷越深了！

"该死！"范蠡在心里叫骂了声，然而事已至此，倒是该想个办法，妥善处理这件事情才是！范蠡望望外面天光微亮，便起身下了床，悄悄推门出去。

天刚放亮，雾气缓缓流动，苎萝村到处都是乳白色的一片。街道上没有一个行人，范蠡缓步踱来，呼吸新鲜清凉的空气，头脑稍加清醒了一些。

不知不觉，来到江边。雾气渐散，范蠡一眼便看见有个女子，正蹲在江边，将一头秀发垂进河水里，缓缓梳洗；甚至连她高挽裤管，露出两条晶莹如雪的长腿，也看得清清楚楚。

"又是她？霓儿？"

那女子正是西施，范蠡也不由得奇怪，为何自己与她如此有缘，总会在不经意间遇上。

他犹豫着，正不知道是上前聒噪，扰了人家清静，还是悄悄离去的好。

"范将军！早！"

西施眼尖，早已看见了他。只见她麻利地将头发挽起，腰不盈握，裤管高高挽起，两条细腿，如雪般白嫩，光着一双小巧玲珑的脚，闪闪的眸子里秋波盈盈，风流妩媚。

"早。"

范蠡讪讪地答应着，一时不知道该说什么。她知道自己昨天夜里和郑旦在一起么？应该不应该借这个机会，把选她和郑旦去行使"美人计"的事情说出来？

"范将军，你知道吗？我正好有话要对你说呢。"

"哦，什么话？"

"是这样，昨天你不是讲了陪大王去吴国，在那边遭受的屈辱和受到的困苦，我回去一晚上都没有睡好。似乎一闭上眼睛，就看到你们在吴国受苦的情形……"

"是呀，这还只是我和大王、王妃，我们三个去吴国受苦，这次只是侥幸脱困回来，真正的危险并没有消除。如果吴国再对我们发动战争，到时候，就不会有这样的幸运了。只怕整个越国的百姓，都要跟着受苦受难了。"

"啊？您是说，还会有战争，为什么？"

"为什么，我不是跟你说过人心的凶险吗？就因为人心永远没有满足的时候。吴国不是只有吴王，还有伍子胥、伯嚭，一个个都盯着我们越国的土地和百姓呢。他们会不断来所要我们的粮食，要求我们进贡精美的布帛，珍贵的玉石，各种各样的物产。如果我们有一次不能满足他们，或者因为灾祸减少了进贡，他们就会兴兵而来，到时候少不了又是一场恶战。而结果也是明摆在那里的：我们根本无法抵挡吴国的虎狼之师，下一次再战败，去受苦的就不是我和大王、王妃，而是更多越国的百姓了。"

"范将军，这样下去总不是办法。既然这一切还没有发生，快想个法子阻止啊。你不是足智多谋吧，我知道，你一定有办法阻止这一切的，对不对？"

"对，办法是有的。而且我这次到苎萝村来，正是为了这个办法而来的。"

"那你快说，是什么办法？"

范蠡犹豫了一下。面对西施那天真无邪，如江水一样清澈的目光，不知道怎么，他忽然有一种奇怪的感觉：这个表面上柔弱的女孩子，似乎身体里潜藏着一种坚强，一种比郑旦不知道强多少倍的承受力！看来应该可以告诉她自己来选美的真相。如果连这都接受不了，如何去行使"美人计"呢？

这么想着，范蠡打定了主意，不再对她隐瞒下去。"霓儿姑娘，我来问你，如果我有一个办法，只需要一两个人，去吴国受苦受难，就像我陪伴大王夫妇去那边为质一样，可以因此而免除越国百姓的苦难，甚至是换来永久的安定，从此结束吴越两国的恩怨纠缠，一了百了，你相信吗？"

"我当然信。"西施毫不犹豫地道，"只要是范将军说的话，我都相信。"

"那么，我就实话实说，告诉你吧。"范蠡一咬牙，说道，"我也知道，你的父亲，郑旦的父亲，还有无数像你们这样青年男女的父亲，兄长，都是在吴国和越国的交战中丢掉了性命的。唉，山河破碎，为人囚虏。一天不摆脱这屈辱的命运，我们越国的百姓就一天没有好日子过啊。所以，大王回来之后，才要卧薪尝胆，一心要实现对吴国的复仇。但是这哪里是容易的事情啊！不但要有天衣无缝的计划，更需要找到能实施计划的人。我这次来苎萝村，正是奉了大王之命，要选两个人去吴国执行一项秘密而重大的使命……"

"啊？什么使命？"

"在我告诉你之前，我希望你可以发誓，这么重大的国家机密，绝不泄露给任何人。你能答应吗？"

"我发誓：绝不将今日从范将军嘴里听到的秘密告诉任何人！"西施庄重地双手合十，对天起誓。"如果我泄露了一个字，教我天打雷劈！"

等她起誓完毕，范蠡便将文种献灭吴九术，自己奉命来苎萝村挑选人去行使"美人计"讲了。

"啊？美人计？"西施听了，惊诧片刻，忽然明白了什么。"我知道了，我还以为你是来迎娶郑旦姐姐的。你所说的'公务'，其实是来让她去行使'美人计'！"

她一直在憧憬着郑旦姐姐和范将军的爱情，期望自己也会有一个心上人。可如今，美好的梦想一下子被击碎了，她不由得愣怔在那里。

"不错，我是来找郑旦去行使'美人计'的。不只是她，还有……你……"

"我？！"

"你也被选上了，"范蠡坚定地道。"郑旦，还有你，你们两人就是行使'美人计'的最佳人选。"

"可是，为什么……？"

"没有为什么。这是命运，郑旦和你的命运，吴国和越国的命运，还有成千上万人的生死，都在郑旦和你身上。要么成功，帮助越国复仇吴国，一战而胜，从此结束吴越两国纠缠不休的恩怨；要么失败，越国将因此遭到吴国更加疯狂的报复，无数越国的百姓都将遭受奴役，过上屈辱的生活。"

"这是……真的吗？"西施几乎不敢相信自己的耳朵，呆呆地看着范蠡。许久，她的泪水再也忍不住，从脸上流了下来。

"对不起，霓儿姑娘……"范蠡也知道，这件事情，不要说这么一个涉世未深的小姑娘，就是换了任何人，也不能一下子接受。

泪水滂沱，情感也在恣意地泛滥。终于，西施一下扑在范蠡的怀里，"哇"一声哭了出来，全身都在颤抖。

范蠡只能轻轻地拥着她，任凭她尽情宣泄。等她身子不再颤抖，哭得稍微轻了些，才安慰道："霓儿姑娘，委屈你和郑旦了……其实，任何一个人，只要是男人，又怎么会让你们这样漂亮、柔弱的女孩子，去做这样的事情。任何一个君王，都不会眼睁睁看着自己的臣民跳入敌国的火坑。可是，不这么做，越国就永远没有恢复自由的那一天，越国的百姓……"

"范将军，你不要说了，你说的道理，我心里都明白。可是……可是我还是想哭……"西施的情绪稍微平静了一些,从范蠡的怀里抽身离开,去江边望着滚滚而去的河水,肩头不停地抽动,哭声渐渐变成了呜咽。

过了半天,她终于完全平静下来,擦干泪水,转过头来。"对了,范将军,这件事情,你告诉郑旦姐姐了吗?"

"没有。"范蠡轻叹一声。"其实我也不知道为什么要告诉你。我总觉得郑旦她……她虽然比你年长一岁,可是她却远远比不上你坚强。她太过感情用事,如果让她知道这件事情,就是要她死,她也不会答应……"

"既然你还没有告诉郑旦姐姐,那么我希望,你永远不告诉他。你还可以按照她所想的那样,娶了她,让她快快乐乐做你的妻子。而由我一个人去吴国。"西施坚决地说道。因为自己这一番话,她的身子又在微微颤抖,但是她的脸上,她的眼中,却闪动出来一种温暖而美丽的光芒。

"不要这么快做决定,霓儿姑娘,你会后悔的。"范蠡冷静地提醒她道。

"不,我已经决定了!"西施却愈发坚决。"我只要你答应我,让我一个人去,留下郑旦姐姐,永远不要告诉她真相。"

"那……好吧……"

范蠡不由得被西施这种决断所感动。这个柔弱的女子身体里的确有某种坚逾铁石的东西,自己没看错人。

"谢谢你,西施姑娘!谢谢你为越国人民所做的这个决定,越国世世代代的子民都会记住你的名字!"

从江边回来,范蠡刚进院子,便听到屋里郑旦"嘤嘤"的哭泣声。

他推门进去,只见郑旦红肿着双眼,披散着秀发,一见他回来,郑旦忽然将桌子上范蠡的宝剑抓起来,"当啷"一声寒剑出鞘,架在了自己脖子上:

"范郎,你骗了我,我不活了!"

"郑旦姑娘,这是为什么?"

"你刚才出去,我跟在后面,看见你和霓儿在江边相会了。你们是不是昨天约好了的?我还看见,你们搂抱在一起。你们一定早就私定终身了。既然如此,你昨天晚上,为什么还要那么做?喊人家叫旦妹,还……还……"

"郑旦姑娘,你误会了。"范蠡连忙道,"不是你看见的那样,其实,我是在和霓儿姑娘说一件很重要的事情。"

"很重要的事情，莫非你要带她离开这里，可是又不知道怎么跟我说？"

"郑旦姑娘，你想过没有，我陪伴大王前往吴国三年，回来后帮助大王复国，有多少的事情要做。我不顾戎马倥偬，却来到这小小的苎萝村。你还真以为我是来谈情说爱的？你以为我那两幅画像，只是因为思念你和霓儿姑娘所画？？"

"那……你是来干什么的？"

"你先把剑放下，不要再无理取闹了，我本来就是要告诉你整件事情来龙去脉的。"

"那……好吧……"郑旦于是将宝剑放下，还入鞘中，倒要听范蠡说说是怎么回事。

反正事已至此，范蠡也不想再隐瞒什么，干脆借这个机会，一五一十，将他这次来苎萝村的缘由，要选她和西施去吴国行"美人计"，详细地讲述了一遍。

"什么？要我和西施去吴国行使'美人计'？！"郑旦听完便惊愕了！这太突然，太令人难以接受了。

自己亲爱的范郎，竟要把自己送到虎狼之穴去送死，这太残酷了！天下竟然有这样无情无义的男人！

想想吧，他昨夜还说要带自己走，一生一世永不分离，原来那都是男人说的鬼话！

"不，我不去！"郑旦越想越觉得可怕，双手死死扯住范蠡的胳膊，撕心裂肺地哭喊道："范郎，不，不要把我送到吴国去，不要……我只要和你在一起。"

"我知道你一下很难接受，霓儿姑娘一听到这个消息，也和你一样不敢相信。不过，她已经答应了，因为她知道，这不是为了自己，而是为了大越国的百姓，为了永远结束吴越两国的恩怨，她认为这么做是值得的！"

"她是她，我是我，她就是太傻，才被你们男人哄得团团转，说什么听什么。不，我什么都不要听，我要找施公公去！"

忽然，她发了疯一样站起来，撇开范蠡，跌跌撞撞地，朝门外奔了出去。

范蠡早想到她或许禁受不住，但没想到她会如此失态。连忙在后面追随，一路来到了老族长家里。

在老族长那里，郑旦哭着诉说了这一切。范蠡进来后，知道说什么也没用了，只能默默地将两幅画像和勾践手书，放在老族长跟前。现在，一切只等老族长一句话了。

而老族长呢，其实从范蠡来这里第一天起，就猜到他此次来不会简单。果然，他是肩负如此重大的秘密使命而来！

阅尽沧桑的老人，将一筒水烟，使劲抽着，烟雾弥漫里，老人的思绪也飘荡不定。

"这件事情，既然是大王的意旨，又关系到国家的命运，显然没有商量和挽回的余地，只是，旦儿和霓儿，要受苦了……"

毕竟两个人都是他的至亲，都是他的心头肉。更何况，二人都是失去了父母的，只有他这么一个相依为命的亲人。他必须要为她二人认真打算。

一时间，屋子里的空气似乎停止了流动。

"爷爷——"

忽然，随着一声清脆的声音，门被推开了，一个人走了进来，长裙曳地，莲步袅娜，长发飘散，面容俊秀，一双眸子清澈如水，正是西施。

她走进来，显然没想到范蠡和郑旦也在。不过，她还是坚定地来到施公公跟前，双膝跪了下去。

"爷爷，范将军应该都告诉您了吧。您老人家保重，从今以后，霓儿不能侍奉您老人家了。"

"孩子，你……"

老族长最了解这个孩子，知道她表面上看起来似乎弱不禁风，其实在她的内心里，有着常人难以想象的坚强。她在这么大的事情面前，居然还能够如此镇静，这么懂得大是大非，真是叫人又是心疼、怜惜，又是敬佩！

饶是老族长一生经历了无数的大风大浪，这时，却也双手不住地轻轻颤抖，去将西施搀扶起来。"霓儿，你可想好了？真的决定了么？要不要再想一想?"

"不用了。"西施立即回答道:"不是大伙儿都说,我从小生下来,就是王妃的命吗?我一直以为大伙都在和我开玩笑,可是,这一次我相信了,也准备好了。我明天就跟范将军走,去吴国作吴王的王妃。爷爷,您也会支持我的这个决定的,对不对?"

"孩子,好孩子……"老族长还能说什么呢,只是喃喃地,口齿不清不知道在唠叨些什么话语。

倒是郑旦,简直不敢相信自己的耳朵。"霓儿,你——你怎么这么傻?你难道不知道去吴国做什么吗?你还真以为自己是做王妃?错了,你不过是越国复仇的一颗棋子,一个任人摆布的木偶,一个牺牲品!这和做高高在上的王妃,根本就是两回事!你是真的不懂吗?"

她嘶喊着,西施却似乎一句都没有听到,只是平静地回答道:"我都知道,什么都知道,但我更知道,国家不是君王一个人的,而是大伙儿的,如今国家处于危难之秋,每个人都应该替君王分忧解难。郑旦姐,你是了解的,范将军,大王,都是响当当的男儿,是大英雄。可是只靠他们几个人,是救不了越国的。只有越国的每个子民,都像他们一样舍生忘死去奔赴国难,才会有希望。"

"这么说,你真的决定了?"郑旦渐渐地也冷静下来,意识到自己刚才的举动太过软弱、太过自私了。

"是的!"

"那好,"终于,郑旦一咬牙,也在瞬间做出了艰难的决定。"如果你非要去,那么,我和你一起去!"

"不,郑旦姐,我一个人去就可以了。"西施连忙道,"我已经和范将军说好了,由我一个人去行使'美人计',你留下来,做范将军的妻子。我祝福你们白首偕老,子孙满堂。如果我再也回不到越国来,想到你们也会高兴。"

"不,霓儿,你说得对。奔赴国难,不是一个人两个人的事情,每个越国的子民,都应该出一份力。我不能只顾儿女私情,而荒废了国家大事。"郑旦的口气也变得坚决起来。"男人们能做的事情,我们为什么不能做?霓儿,我

上 部 惊世奇才

和你一起去，去证明我们女人不比男人差，我们要做得比他们更好！"

一经做出决定，她也效仿西施，去给老族长跪下磕头："外公，原谅我，不能再和霓儿一道给您老人家尽孝了。我们会想您的。我们以后不在身边了，还请您老人家好好照顾好自己，您老多保重，一定要看到我们成功！"

"好孩子，你和霓儿，都永远是我的好孩子……"老族长将两个人拉起来，一左一右拥入怀中，皱纹纵横的脸上，几颗大大的泪珠滚落下来。"去吧！放心地去吧，我和乡亲们，都会支持你们的决定，也都会想念你们的！去做你们该做的事情，记住，你们永远是咱们苎萝的骄傲，是越国子民的骄傲……你们放心，我会照顾好自己的，我一定要看到你们成功，就算我看不到，我的在天之灵，也会看着你们，永远地保佑你们的……"

他再也说不下去了，泪水滂沱而下。西施和郑旦也都忍不住又哭了起来。

范蠡也知道，这是爷孙在一起最后的时光，这一刻无比的珍贵。他鼻子一酸，悄然退了出去……

第六章

少女情怀

女性，不独在古代，即使在今天的商业竞争中，也常常扮演着举足轻重的角色。商业文化，从本质上来说，是阴性的。中国人很早就认识到财富的隐秘属性。女人和财富、水的属性都是一样的。水有着迷人的姿态，但也蕴涵着可怕的力量。水可以滋润苍生万物，也可以肆虐成灾，摧毁一切。历史上一再被运用的"美人计"，本身正是对这种力量的认识。

然而女人也是人，也是有情感的，要让女人心甘情愿去行使"美人计"本身，就是一件非常困难的事情。这里面有一大关键，就是策划计谋者对女性的把握。而最根本的，则还是来自对女性的尊重。范蠡面对郑旦和西施，情感截然不同：对郑旦火一样炽热的少女情怀，他冷如冰霜；而对西施，他小心翼翼地呵护着她那颗晶莹剔透的心灵，让她在最好的芳华里体验到一种被呵护、被尊重的情感，然后带着这份朦胧的爱恋，带着亲情、爱情交织的复杂情感，毅然决然踏上前往吴国的不归之路……

当范蠡在苎萝的事情刚刚有个眉目，那边勾践却已经急得坐不住了，派了文种送来一封亲笔信，内容如下：

范蠡将军：

古人有言：人而无信，不知其可。丈夫立身天地，当以信义播于四海。岂可因儿女私情而废王事？入吴三年，爱卿尽心尽忠，神人共鉴，勾践没齿难忘。今若为将军所弃，勾践唯有再入石室，为吴王臣而已！言不达意，望将军三思。

勾践手书

范蠡看完，又是好笑，又是生气。"怎么，大王会对我起疑心？我怎会陷入儿女私情中去？他也太不了解我范蠡了！"

不过，他还是和文种一道，去见了老族长。老人也没有说什么，照例摆设酒席，招待文种和范蠡二人。

终于，文种和范蠡就要一同动身，带西施和郑旦二人启程了。消息传开，几百名苎萝村的男女乡亲，都早早起身，到河边来送行。

按照当地嫁女的习俗，长发飘飘的老族长，将瓮里的甜酒弹向东、南、西、北四个方向，又唱起祈求平安和吉祥的歌：

"苎萝村的女儿长大成人
离开父母到遥远的人家
去掉幼年的任性
依顺成人的德性
子孙如瓜籽般繁衍
德性如美酒纯净
如瓜藤连着故乡的土地
承受上天的赐予
得到的福佑没有穷尽……"

"爷爷，我们走了——"

西施和郑旦两人，身着女儿出嫁的盛装，来到老族长面前，跪下磕了几个头。老人家含着泪水将她们扶起来，二人一齐依偎在老人的怀里。

一队短裙赤脚的姑娘，手执浣纱用的木棒，"噼啪"拍击着，边舞边唱：

"心爱的伙伴远嫁他乡
请不要忘记一起浣纱的姑娘
美酒已经清冷
里面有亲人的眼泪

干肉和果酱芳香

遇到不合适的郎君你就回故乡

承受上天的吉祥

不忘长久把美名扬……"

泪光盈盈里，西施和郑旦拜别众乡亲，在千言万语的叮嘱声中，二人携手踏上船头。大船渐渐驶远了。

会稽城。

郑旦和西施来到以后，并没有直接被送到勾践的王宫中去，而是在王宫边上的一座小土城里安顿了下来，分为两处，每处都有专门的婢女侍奉，又有专业的老乐师教歌舞、授盈步，另外还有从吴国来的老师教吴语。

日子一天天过去，二人在这里日夜加紧学习，除了范蠡偶尔来视察进展情况，与外界完全隔绝。

这时，列国的情势又在发生着急剧的变化：齐国景公在位五十七年，以七十多岁的高龄去世，身后却留下一个烂摊子。国夏、高张二位大臣，辅佐安孺子为新君，把持朝政。大夫陈乞对二人十分不满，暗里联合诸大夫，群起讨伐，杀了高张，国夏逃奔到了莒国。陈乞从鲁国寻回景公的长子阳生，和鲍牧一道，同诸大夫歃血定盟，奉阳生为新君，是为悼公。不久，陈乞又找了个借口，杀掉了鲍牧，一个人辅佐悼公，一人之下，万人之上。

齐国国内稍定，悼公有妹，嫁给邾子益为夫人。邾子益傲慢无礼，与鲁国很不和睦。鲁引兵伐邾，破其国，擒了邾子益因在负瑕。悼公听闻消息以后，大怒："鲁擒邾君，太欺齐了。"就派了人到吴国，相约一起伐鲁。

但说吴国夫差，自从令越国臣服以后，一直在思谋如何图霸，听齐国派来的使者一通报，大喜道："我早欲试兵山东，只恨没有机会，今日总算师出有名了。"立即答允与齐一起出兵。

鲁哀公听了齐、吴欲联合来问罪的消息，十分害怕，不等二国兴兵，立即释放了邾子益回国，并且亲自到齐国请罪。

于是，齐悼公又派大夫孟绰来辞吴王道："鲁已服罪，齐鲁重归于好，不敢再劳烦吴王仁义之师。"

"哼！"夫差听了十分不悦，道，"吴师进退，全奉齐命，难道我吴国是齐的属国不成？我要亲自去齐国，问这是什么缘故。"

鲁哀公闻知吴王对齐不满，立即派人给吴王送来厚礼，相约与吴王一齐讨伐悼公，夫差欣然同意了。

不久，吴、鲁一起出兵，包围了齐国的南鄙。齐国人人惊惶，无不埋怨悼公，好端端竟然惹此大祸。

当时，陈乞已卒，他的儿子陈桓把持朝政，对鲍息道："你能否做大事，外解吴怨，内报家仇？"

"这个，"鲍息想了想，问，"君有何计？"

"我用什么办法，你就不用管了，"陈桓道，"总之我替你来办就是。"

结果，陈桓就趁悼公阅师之机，进鸩酒一杯，毒杀了悼公，随即讣告三军道："吴王膺受天命，我君妄擅得罪，今得暴病身亡，是上天替吴行诛。"

夫差班师，鲁师亦归。国人都知悼公死于非命，但因畏惧陈桓，都不敢言。陈桓便立悼公之子壬，是为齐简公。

对于外面发生的这一系列事情，郑旦和西施自然一无所知。尤其郑旦，不知道怎么，自入会稽以来，就得了一种"怪病"。

原来，她的这种病，不在身体上，而是在精神上，日益颓废，萎靡不振。

"唉——"

郑旦常对镜喟叹，心里恨那个无情的范郎，为什么一连几个月不肯来见自己一面。莫非他在西施处，被西施给迷昏了头，勾掉了魂？

一想到范郎与西施恩爱缠绵的一幕，不知道怎么，郑旦总忍不住妒火中烧。

她一腔怨火无处宣泄，便终日拿几个婢女发脾气，折磨得她们寝食不安，躲得老远。郑旦又狠狠糟践自己，忧郁哀思，竟然咳嗽不止，以至于到了咯血的程度。她自己不在意，那帮婢女却也幸灾乐祸，并不去通报。

郑旦却没有想到，西施和她过的日子一模一样，也是一人独处，在为到吴国去做着精心的准备。只不过，西施不像他这么受七情六欲的折磨，心静如水。

至于范蠡，这段时间一直在姑蔑的凤凰山，在当日发现的徐人开凿的秘密山洞里，他和处女、陈音一道，日夜训练一支将来用于复仇的军队。

当时，越国全境都在吴国的严密监视下，想要在自己的土地上训练军队，几乎就是不可能的事情。

而姑蔑就不同了，尤其凤凰山秘密石室，可以容纳成千上万的军队，从外面一点都看不出来。吴国上下，不管是骄傲自大的夫差，还是精明老辣的伍子胥，做梦也没有想到，越国正在不知不觉之中，训练出一支精锐之师，虽然人数不多，只有区区的上千人，可是不管是弓弩，还是击刺，都达到了可以驰骋天下的一流水准。这些人一旦用来投入将来越国对吴国的复仇，每个人都可以以一敌十，甚至以一当百，真可以说所向披靡。

这一日，勾践忽然来了诏令，传范蠡速入会稽，范蠡不知道有什么情况，不敢怠慢，立即安排好了军务，星夜驰来。

进了会稽，勾践立即召见入宫，询以治兵之事。范蠡报告了训练的进度，以及所取得的成绩，并详细描述了克制吴军的种种战法。勾践大喜，怕他训练士兵太过辛苦，特地给他一个美差，去土城检查郑旦和西施训练情况。

范蠡这才想起来，这么长的时间，两位姑娘应该已经学习得差不多了吧？

第二天一大早，他就来到土城中。一进到这里来，就见到处鸟语花香，处处传来曼妙的歌声和清脆的琴声，和自己在石室中不见天日，昼夜训练士兵，大不相同。

正是四月春暖，土城内一派绿草茵茵，百花齐绽，上有蓝天白云，下有碧水清波，蝶舞蜂鸣，恍如仙境。范蠡一直以来紧张的神经，也松弛下来。

"先去看看郑旦吧！"毕竟在二人之中，范蠡最担心的还是郑旦。因为他总觉得郑旦过于沉湎儿女私情，拿得起放不下，恐怕不能胜任这样的大事。

来到郑旦所居住的小馆，只见青石盘错为基，竹木相搭为邻，镂雕龙凤，帷帘帛毯，一派富贵气息。屋内光线却甚是幽暗，清冷静寂，似乎隐含着一种无言的凄凉。

"范将军，您来了？"婢女一见到他，慌忙下跪。

"你们都下去吧！这里没有你们的事情了。"范蠡屏退了婢女，轻轻走到厚厚的帷帐前。帷帐内没有什么动静，郑旦似乎是睡熟了。范蠡轻拨开帷帐，只见郑旦脸色苍白，头发散乱，正在慵懒地躺着，看上去一脸病容。

"郑旦姑娘，你这是……生病了吗？"

范蠡吃了一惊，连忙去床边坐下来，伸手去搭郑旦的腕脉。

郑旦睁开了眼睛，一见眼前的男人，竟是她日夜思念、又爱又恨的范郎，连忙挣扎坐起，无限欢悦又无限哀婉地喊了一声："范郎？是你，真的是你？你终于肯来看我了吗？"

"不，请叫我范将军。"范蠡的声音却冷冷的，"郑旦姑娘，你怎么变成了这个样子？"

"我……"郑旦不用照镜子，也知道自己两颊瘦削，双眶深陷，一头长发乱蓬蓬的。但她早已顾不得这些，一下伸手死死攥住范蠡的手腕，呜呜咽咽哭泣道："范郎，我……还不是为了你，才落下这一身的病。你好狠心！这段时间，你都去了哪里？是和西施在一起吗？为什么这么久不来看我？"

"西施？我怎么会和她在一起？我不是跟你说过，复仇吴国是一个庞大的计划，需要做很多的准备工作吗？你和西施都只是这计划的一部分，除此而外，还有很多的事情要做。我一直在忙着国家大事，哪有工夫来看你和西施？不过说实话，你和西施在这里，我最放心不下的还是你，所以第一个来看你了，果然……"

"对不起，范郎……不，范将军……"郑旦终于也冷静了下来，"是我不好……"

"郑旦姑娘，你知道自己现在是什么模样吗？如此憔悴，又如何能够入吴成功，博得吴王欢颜？"范蠡不忍心责备她，却又实在忍不住。"郑旦姑娘，请听我一番话。我知道自从两年前那一夜之后，你就对我情有独钟。但我真的很抱歉，不知道那天晚上大醉之后，对你做了什么。如果真是我酒后无礼，我要对你说一声'对不起'。你需要我做任何的补偿，我都可以答应你。但是，现在我们所讨论的不是儿女私情，而是国家大事。我希望你能以家国为重，为着越国成千上万的父老，为了越国的子民，不再受吴国的欺压、凌辱，为了结束吴越两国无休止的争战，更多的人死于非命。所以，我恳请你，郑旦姑娘，振作起来，忘了儿女私情吧！"

"好，我答应你，范将军。"郑旦点了点头，"从明天起，我会重新振作起来的，相信我，我不会再留恋什么儿女私情，不会再沉湎在胡思乱想中。但是我现在……现在只有一个小小的要求，我可以最后叫你一声范郎吗……"

"不可以，郑旦姑娘，我要你现在就振作起来。"范蠡斩钉截铁地打断了她。"国事为重，以后，为了避嫌，我不会再来看你了。一切靠你自己了，再见，郑旦姑娘！"

范蠡没有停留，说完立即转身出了房门，又在门口叫来几个婢女："你们几个，好生照看郑旦姑娘，如果到了赴吴之期，郑旦姑娘还没有好转，拿你们是问！"

"是！"几个婢女胆战心惊地答应着，范蠡又嘱咐几句，便匆匆离去了。

从郑旦处出来，范蠡的内心深感压抑、不安。郑旦也太让人失望了，太过于缠绵于儿女私情，也都怪自己，当初就不该答应她一起去行使"美人计"。也许她的确不是可以信任的人选，可是又实在拿她没有办法，只能听天由命了！

那么西施呢？一想到西施，他心里又油然而生一股希望。那是个不同寻常的姑娘，也是自己和越国全部希望的寄托！她应该不会让自己失望吧？

不知不觉，他已来到了西施的居处。

春日的阳光洁净而温暖，洒在小小的庭院里。微风轻拂，花儿轻摇，蜂蝶起舞，一派挡不住的勃勃生机。

目睹这一切，范蠡心头的阴霾一扫而光。他穿过院中，刚来到内舍的门外，就听到里面传出瑶琴清脆的奏响。

"叮咚……"

范蠡是音乐方面的大行家，立即驻步凝神，听抚琴之人正在弹奏的这首曲子，叫作《庚仪》。琴音中和，雅淡大气，宫商角徵，交错之间，自有一种雍容恢宏的气度。范蠡很快被带入了音乐的意境中，直听得心旷神怡。那娴熟的指法，流畅的旋律，无拘无束，妙到巅毫之际，他忍不住脱口而出，赞了一句：

"好！"

他的这声赞叹，立即惊动了里面的抚琴之人。只听一个柔媚的声音吩咐道："旋波，去看一下，有客来了。"

那声音真是太熟悉了。清脆悦耳，比瑶琴发出的乐音还要优美。便在这时，一个貌美女子推开门，掀帘出来，上来迎接范蠡道："原来是范将军来了，快请进来歇息，我进去通报姑娘一声。"

"不用了。"范蠡急于见到西施，一刻都等不下去："你和姐妹们都自去玩耍吧！我要和西施姑娘说几句话！"

"是！"旋波恭敬地应了声，便轻移莲步，和姐妹们到外面去了。

范蠡见这儿的规矩如此严明，较之郑旦那边有天壤之别，在心里暗暗称奇。拾级而上，掀开帷帘，推门来到里屋来，不由一愣。

想象中，这屋子里应该是一色的珠玉宝物，充满富贵之气才是，可现在四下一瞥，只见墙上挂了几幅淡墨山水画，几件乐器，除此再无他物。地上铺了普通的竹席，厅正中设了一个席位，一个女子正盘膝竹席之上，虚按瑶琴。那女子的衣着亦是整洁朴素，秀发及腰，脸似银玉，樱口玲珑，肌肤如雪，十指尖尖。整个人的气质超凡脱俗，纤尘不染。

"范将军来了！"那女子正是西施，听到范蠡的脚步声，站起身来，微微冲范蠡躬身施了一礼。

"西施姑娘，你好！"范蠡上前两步，更加仔细地打量她。只见数月不见，她已经在乐师和舞蹈师傅的调教下，训练出来一种高雅、优美的风韵，自然多出来一种令人心动的高贵气质。而她脸上的淡淡微笑，还是那么纯真无邪，一双眸子中，也仍然那么明净如水。

"西施姑娘，近来可还好么？"

范蠡见了她这种状态，一颗悬着的心才终于放下了。这个姑娘，果然是天赐越国，也只有这样的人物，才能够负担起越国复仇的重任。他想。

"多谢将军挂念。"西施见了范蠡，心下也是起了一圈又一圈的涟漪，只是这段时间以来，她一直修身养性，脸上一派的平淡自然，看不出有什么欢悦欣喜。"我这儿没有什么好招待客人的,将军别见怪。"

"不必麻烦……"范蠡在她对面坐下来,却一时无从开口。

沉默片刻,还是西施打破了这种尴尬的局面,问道:"范将军,近来很忙吧?总不见你过来。"

"是的,很忙。"范蠡道,"复仇吴国的大计,不是一个两个人可以完成的,需要做很多的准备工作。"

"那正是辛苦你了,范将军。"西施道,又问:"对了,难得你有空来看我和郑旦姐姐。郑旦姐姐那里,你应该已经去过了吧?她怎么样?可还好吗?"

"我刚从她那边过来,身体没有大碍,倒是精神不怎么好,可能是太过思念家乡的亲人吧!"范蠡不好直说郑旦因为自己而相思成疾,只能随意编造了一个理由,摇了摇头,叹道,"唉,我想你们应该比我更清楚,身上肩负的是怎样的重任,可以说越国复仇吴国的希望,父老乡亲的命运,都系于你二人身上。说实话,郑旦姑娘的情形令人担忧,只怕到时候不足以担当大任……"

说到这里,他将脸色一肃,道:"西施姑娘,我来就是要告诉你,事情已经到了这一步,你和我,郑旦,还有大王,以及整个越国上下,都没有再回头的可能了。我们只能一步一步向前走,不管发生什么,都不能停下来。这个计划是必须要去执行的,而且只能成功,不能失败。你知道吗?我希望从今以后,你和郑旦,都能够完全抛弃个人的情感。能做到吗?"

"嗯。"西施神色郑重地点了点头。在她的脸上,又出现了那种与她的美貌和年龄不相符的坚定和刚强之色。

第二天开始,范蠡便进土城来,专心致志,开始教西施吴语。

吴语和越语,原本相通,却又貌似而神异,吴语圆润,越语仄急,吴语的语调,抑扬顿挫,而越语却高亢而急促。对吴语和越语的这些细微的区别,西施都听得明明白白,可是,却偏偏一句吴语也说不好。

"不要急。"一连几天,西施却仍是结结巴巴地走腔走调。范蠡忍不住皱起了眉头,暗暗奇怪道:"这样一个冰雪聪明的女孩子,怎么就学不会几句吴语?可见上天造人,终究不会十全十美……"

然而，半个月又过去了，情况却一点没有改变。倒是西施自己，居然一点都不着急，只是那么歉意地微微笑着。

范蠡躁气渐消，终于也能心境平和面对西施的笨拙了。两个人都不恼不急，一切顺乎自然。

直到一个月后，勾践派人来召范蠡，询问他西施和郑旦二人，什么时候可以动身赴吴，他才知道自己耽搁得太久了。

从王宫回来，范蠡又来西施处，正要说起赴吴的事情，却见西施已设了一个小小的酒宴，邀请范蠡共饮。范蠡也就没有推辞，入席喝起了酒。

半酣时分，西施举起杯道："范将军，这些日子来你教我吴语，偏我学不会，害你受了不少的累。"

"我倒不累。"范蠡苦笑着，仰首干了，叹了一口气。"不过，总不能一直这么拖延下去，时间不多了……"

"大王又在催促入吴了么？"西施却放下酒杯，神态颇为紧张地看着他。"范将军，我所以这些日子里不肯用心学，其实只是为了……只是为了……"

"为了什么？"范蠡一愣，呆呆地看着她。

"其实……"西施的脸，已经红得如同天边的晚霞，她咬着嘴唇，拼命在控制自己。"我说出来，将军可不要笑话我……"

"这可奇怪了。"范蠡似乎第一次发现，自己面对的，毕竟还是个妙龄少女，是个涉世未深、情窦初开的女孩子。"你尽管说，我不会笑你的！"

"那我可要说了！"西施也终于下了决心，低下头去，小声说道，"我所以学不会，其实只是为了要与你……与你有时间多待在一起，我是故意拖延的……"

她后面这句话，如蚊蚋嘤咛，细缕如丝，难以分辨。

"啊？！"范蠡却无论如何都没有想到，她会说出这样的话来。事先没有半点征兆，如同晴天霹雳。自己最担心的事情还是发生了。她也步上了郑旦的后尘，陷入了自己所编织的看不见的情网。

他看着她，瞧她如同做错了事情的孩子一样，畏缩、胆小、怯懦、害羞，整个人从脸一直到脖子，红晕流转，她的身体，也如同寒冷不胜，在轻轻地颤抖着。

"你——"

范蠡一时真不知道自己该不该说她。可是，见她如受惊的小兔般颤抖着，可知她亲口说出这样的话来，是下了怎样的决心。他忽然从心中涌起来一股柔情，伸过手去，将她的手捉住，她的整个人都颤抖了一下。小小的手心里，已经全是冰凉的汗水。

"你……这是何苦？"范蠡一瞬间，也似乎下了决心，紧紧捉住她的手，不让她挣扎出去。"我也不过一个凡夫俗子，为了我这么做，值得吗？"

"当然值得！"这一句话，西施却是大声地脱口而出，显然埋藏在心里已经很久了。

话已挑明，她也从容多了。"其实，你陪伴大王，入吴为质，关于你的种种传奇，我早就听说了……虽然那时候我还小，可是，我当时就钦佩得不得了，心里暗暗许下誓言：将来，等我长大了，一定要嫁给像你这样顶天立地的大丈夫、奇男子……你知道，当我后来得知，你已经和郑旦姐姐在一起，我……我心里有多么难过吗？"

圆润晶莹的泪珠，从她光滑的脸上轻轻滑落。范蠡没有想到，在她内心深处，竟然一直压抑着这样的痛苦，大大出乎他的意料。他伸出手去，轻轻替她拭去泪水。"西施姑娘，我其实只不过做了一个男人该做的事情。我是个有家室的人，配不上你和郑旦……更不值得你们如此用情之苦、之深……"

"我不管！"西施却坚定地打断了他，"我就是喜欢你，就是要和你在一起，只要和你在一起，天天看到你，听到你的声音，我就满足了……我从来也没有奢望过太多。可是，从你奉大王之命来教我吴语，我就知道去吴国的日子不远了。我之所以拖延，装作学不会吴语，就是希望，可以多增加一些和你在一起的日子。请你不要笑话我，我这么做是出于私心，可是也是为了复仇吴国的大计。我害怕，将来到了吴国，会有无边无际的寂寞岁月，我怕自己挨不下去，所以我希望，尽量给自己多留一分记忆，可以帮自己从这些回忆中，多汲取一些力量……我也知道，在将军你眼中，我始终只是一个没有长大的孩子，我这么做，将军是不是觉得很傻？"

"不,你早已不是一个孩子了,而且一点都不傻——"范蠡也毕竟是性情中人,面对如此情真意切的告白,不能不心旌摇动。

眼见西施那秀丽妩媚的脸蛋上,泪痕斑斑,犹似杏花沾雨,再接触到她那若火焰般灼人的目光,他不由心里一荡,再也顾不得什么王霸雄图,什么复仇大业。他一下将她揽入怀中,对准她的唇,暴风骤雨一样吻了下去……

第七章

子胥之死

伍子胥的死在春秋历史上是一个象征：他继承了"春秋无义战"的定律，因为自己一个人的仇恨，借助吴国，策划了那么激烈的复仇行动；他又开启了"个人英雄"的新时代。一个彻底实用主义的功利时代，从他这里开始，道德的最后遮羞布被无情地撕下，个人的野心和欲望在迅速膨胀。

但伍子胥也遭到了报复：范蠡和文种正利用了他的"自我"，即"私欲"过于强烈的特点，借助另外一个同样私语膨胀的伯嚭，成功在他和夫差之间实行了"离间计"，最终伍子胥被他一手扶持起来的夫差残忍地赐死。伍子胥之死，是吴国由盛转衰的开始，也是局面开始向着对越国有利的转化的开端……

郑旦和西施动身赴吴的日子终于定下来了。勾践传下诏书：三天后，由范蠡负责送二人到吴国去。

王宫外的土城里，刚入夜，天空中悬挂着一轮很好的月亮。月华如水，汩汩地从天上流到地上来。

院子里一片安静，只有西施一人在月下独坐，将一柄绿竹管箫放在唇边，轻轻地吹着。箫声呜咽，淡月溶溶。如此良辰，如此佳人，在这静静的春夜里，朦朦胧胧，就有了不真实的感觉，如梦如幻，如诗如画。

"姑娘又在伤心了……"

"她一定是离开家乡太久，动了思乡之情，要不，就又在自伤身世……"

旋波和几个婢女听了心酸，却都不敢上前来惊动西施。

便在此时，范蠡来到。他的脚步虽轻，还是打断了西施的箫声。一见到他,西施连忙起身迎接。

"你是个女孩子家,怎么可以吹奏这样哀伤的曲子?"范蠡伸手轻轻取过竹箫,道:"这样,我来试奏一曲,你用瑶琴相和,怎样?"

"嗯。"西施答应一声,早有旋波从屋子里取了瑶琴,送到跟前。西施抚摸了几下琴弦,问:"弹什么?"

范蠡仰首望月,道:"有首曲子,叫作《云破月影》,你知道吧?咱们就来这个,如何?"

"好的。"西施应了声,定好弦。范蠡的箫声一起,她立即抚琴相和,丝丝入扣应和着。

曲调初起,琴声清脆,宛如万股山泉,从高高的山上流下来,欢乐地吟唱着。而似乎每一汪清澈的泉水中,都有一个天上的月亮。

继而,箫声响起,低沉呜咽。一片乌云,悄悄遮住了天上的月亮。天地间只有冷冷清清,凄凄恻恻。

又片刻,月亮复出,瑶琴声才又欢快起来。但未几,箫声却又扶摇直上,连绵不绝,撕云裂帛,隐隐充满了征战杀伐的意味。倒是那瑶琴,宽舒平和,倍加悠闲。天上的乌云缓缓移走,月色渐露,清光复现。

终于,箫音和琴声,都转为平缓,再转低下,渐细如缕……

"范郎——"

一曲奏罢,西施芳心全被泪水浸透,去望范蠡,只见他抬头注视星空,月色映亮他那俊俏而硬朗的面孔,分明有两滴晶莹的泪珠,正在慢慢地滑下。

片刻之后,范蠡才从那缥缈的幻境里醒来,觉出颊上泪痕未干,第一次在西施面前如此仓皇失态,颇为尴尬。

却听西施道:"你看,云破月影,乌云散去,依旧清辉一片。只是不知道人会不会像这月亮一样,残而复圆?"

"霓儿,会的,一定会的,相信我!"范蠡小声喊着她的乳名,又轻轻地将她揽进怀里,轻轻吻她那长长的睫毛、玲珑的鼻尖,又吻上她那冰凉的双唇……

月色朦胧,风儿轻拂,静寂的天地之间,只有这一对真心相爱的人儿交颈相拥，湮没在难言的欢愉里……

"范郎，大王的诏令已经下来了吗？"西施的声音颤抖艰涩，充满恐惧和难以言喻的紧张。"什么时候动身？"

"三日之后，就让我送你和郑旦去吴国。派出的使者，已经在今天早上出发，去通报吴国了。"范蠡的声音也似乎疲惫不堪。

"这一天，终于还是来了！"西施幽幽地叹了一口气，随即又自我安慰道，"不过，能在这之前，将这片心迹剖明于你，我已经很满足。真的，命运对我已经不薄，我还能更多地去奢求什么呢？"

"霓儿……"范蠡无言以对，唯有将她瘦弱的身子在自己的怀抱里搂得更紧，仿佛要将这如水流般飞驶的时光也紧紧搂住，令其凝固在这一个瞬间……

三天后。

入吴之期已至，勾践命范蠡，用船载了郑旦和西施两名绝代佳人，又带上旋波等八九个次一等的美女，充作送给伯嚭的礼物，一行人等，离开越国境内，浩浩荡荡，来到吴国姑苏台。

"有请越国使者！"

夫差在新建成的宫殿里，迎接越国纳献贡礼。听说有天下的绝色佳人送来，夫差早已按捺不住。

"参见大王！"

范蠡一上殿来，立即跪拜在地，膝行上前，连连磕头，谦卑地道："东海贱臣勾践，感念大王恩德，只是不能亲率妻妾服侍左右，心中不安，故而遍搜境内，寻得天下佳丽二人，不敢藏私，特地选来，供大王享用。"

"哼！"伍子胥在旁听了，先就轻蔑地一笑，心想：越国的勾践和范蠡也算是人物，偏就想不出别的招数，竟然要用"美人计"来对付我王了！可笑，真是可笑。真是欺负我吴国无人，无论如何，今日不能让其得逞！

"快请美人进来。"夫差眼巴巴地，只是要看美人儿，连声催促道："寡人倒要看看，勾践选的是什么样的美女？既然号称天下绝色，总不会让寡人失望吧？"

"遵命！"

范蠡领命出殿，亲自把郑旦和西施二人带上来。郑旦和西施盛装艳容，裙带生风，轻摇细腰，款款上殿。

一众文武，还有夫差，无不看得呆了。大殿之中，一片静寂，每个人的呼吸声，都清晰可闻。

"民女郑旦、西施，叩见大王！"

西施和郑旦盈盈跪拜下去，声音如同山泉流淌，百灵转喉。夫差圆瞪双眼，看美人风韵袅袅，听美人娇语莺莺，魂都飞了。好半晌才想起让她们起身。

"快，美人快平身！"

"大王，"范蠡抓住这个机会，奏道："这两个女子是我王勾践特意选出的，擅长歌舞，请为大王表演一下，如何？"

"好！太好了！"夫差这时候，已经顾不得什么朝廷重地，大国礼仪，也不顾身份了，立即命人去取来了桐琴。

"叮咚……"郑旦负责抚琴，只见她轻拢慢捻，快抹慢挑，熟练地弹奏起来。伴着琴声，西施也开始慢慢起舞。她那高贵典雅的气质，配上柔软曼妙的身材，旋转如飞的舞步，将众人都看得如痴如醉，魂飞天外……

琴音转急，宫商齐鸣，角徵奏响，西施也旋转得更加急了，如飞瀑泻下，如狂风拂柳。舞到美妙之处，宽大的袍袖飘扬起来，整个人似乎都要飞去……

然而，郑旦终是久病之人，心情难免阴郁。抚琴未久，便听琴音一转，大江回流，凄怨悲苦，有《式微》之叹，有《黍离》之泣。

琴声如诉，西施的舞步，也随着慢了下来，犹似风中病柳，又如水上残荷，飘来荡去，无所依从。

"糟糕……"范蠡心里一叹，有一种不祥的预感浮上脑际。

"快停下！"便在这时候，只听伍子胥大喝一声，仿佛在众人头顶上炸了一个响雷。震惊之下，郑旦措手不及，"啪"一声，手上断了一根琴弦。琴声既停，西施也只好停下来，微微喘息，全身上下，香汗淋漓。

"相国，何故无故发怒，惊吓了美人？"夫差正在心猿意马，被伍子胥吓了一跳，也扰乱了兴致，大为不悦，强抑怒火问道。

"大王难道没有听出来吗？"伍子胥冷笑一声，奏道："此女奏出《黍离》的亡国之音，分明心有怨恨。我听说，夏朝灭亡是因为妹喜，殷商灭亡是因为妲己，西周灭亡是因为褒姒。美女为亡国之物，古来已有公论，此二女又心怀怨意，分明有欺君之罪，请大王下令斩此二女，永绝后患。"

"这是什么话？"夫差还没有讲话，太宰伯嚭早已经站了出来，奏道："相国也太过分了吧！竟用夏桀、商纣、周幽这些亡国之主，来与大王相提并论，要我说，这才是真正的亡国之音，请大王明鉴！"

"哼！"伍子胥不理伯嚭，继续强硬地谏道："大王！我听说，'贤士为国家之宝，美女为国家之害'，勾践献此二女的目的，哪里是真心为大王着想？其目的不过是为了使大王沉湎酒色，荒废朝政。只要大王收下这两个女子，只怕吴国从此永无宁日。因此，老臣斗胆进言一句：为了吴国的将来，也为了避免亡国败家的灾患，请大王速速下旨，将着两个妖女就地处死，防患于未然！"

眼见伍子胥死谏不退，郑旦心头忧急，忽然，头脑里掠过一个疯狂的念头，只见她突然起身，奔到伍子胥身前，"扑通"一声跪下，声泪巨下地哭泣着问道："相国与小女可见过面？素日可有仇怨，否则何以苦苦相逼？小女亡越之民，自当奏亡国之音，如奏出激昂之音，又怎能显出越对吴的臣服之心？"

"哼！"伍子胥冷哼了一声，并不拿正眼看她一眼。

郑旦早已断定他不会理会自己，因此，哭诉完毕，又立即上前几步，来到夫差跟前跪下，含泪委屈地道："大王，小女受越王之托，本欲好好侍奉大王，谁知初次来到吴国，却遭相国如此猜疑，出言相辱，仿佛天下的女子，都是惑君亡国的祸水！小女唯有以死来证明清白。恳请来世再侍奉大王左右了！"

众人正不知她此言何意，郑旦已起了身，旋风般掠出大殿，扑向姑苏台下。

"姐姐，不要……"西施刚才就从郑旦的举动里，预感到不妙，撕心裂肺一声呼唤："郑旦姐姐……"

却只见人影闪动，郑旦已从几十丈高的姑苏台上跳了下去。

"快，快去救美人——"夫差也没有想到，顷刻之间，会转变成如此激烈的局面，慌忙派人去下面将郑旦救了起来。然而，郑旦的额头上面，已经撞出了一个鸡蛋大小的窟窿，鲜血如同决了堤的洪水一样，汹涌喷泻而出，哪里能够止住？

"郑旦姑娘，你这是……？"连范蠡也没想到，会突然发生这样的事情。眼见郑旦已经命在顷刻，他只能抢上一步，跪在她的身边，在她耳边小声问道："你……为什么……要这么做？你这么做不是白白牺牲性命吗？"

"我的病我自己知道，是永远都好不了的。"郑旦挣扎着，声音小到只有范蠡一个人能听到，"如果能够用我的死，来换取吴国对越国的信任，那么我的死也就值得了。我这辈子，只有过一个男人……我答应过他，不让他失望，我想我已经做到了。对吗？"

"是的，你已经做到了。"范蠡也不由掉落下泪来。

"范将军，我死以后，你能带着我的骨灰，回到苎萝村去吗？我不想一个人留在这里……你能答应我吗？"

"我答应你。"范蠡用力点了点头。

"郑旦姐姐，你为什么这么做？为什么这么傻？"西施也过来跪在郑旦的身边，哭得如同一个泪人儿一样。"我们是一起来的，为什么你要撇下我，一个人先走了呢？"

"霓儿，对不起，姐姐不能再照顾你，不能再陪你说知心话了。"郑旦艰难地抬起一只手来，替她擦脸上的泪水。"原谅姐姐，姐姐要走了……范将军已经答应我，将我的骨灰带回苎萝村去，姐姐会在那里等着你，直到你也回来的那一天，不要哭，姐姐最喜欢看到的就是你的笑容……"

她的手无力地垂了下来，身体也在一瞬间变得轻飘飘的。香消玉殒，魂归天上……

"郑旦姑娘——"

"姐姐——"

范蠡纵然是铁石心肠，也不能不为郑旦的壮烈之死，流下一抹英雄泪。而西施那撕心裂肺的哭喊声，更是令每个人都觉得不忍卒听。连伍子胥在战场上杀人如麻，也觉得有些不忍。

"啊呀……这……"夫差还没有来得及消受美人，这份遗憾之情，实在难以言说。

"大王，事已致此，也是没有办法，只能怪她自己，没有福缘消受大王宠爱，还请在她身后，大王能够厚礼赏赐，并允许我带她的骨灰回归故土，以安芳魂！"范蠡强抑悲痛，请求道。

"就依你的意思。"夫差点了点头，"传寡人旨意，厚金赏赐美人，立祠纪念！"

第二天，在黄茅山上，落成了一座小小的庙宇。一个青春亮丽的生命，就这么消逝异国他乡的土地上。而她的骨灰，将随着范蠡一道，返回苎萝村。

整个仪式进行的过程中，西施一直在无声地流泪。最后，范蠡要带着郑旦的骨灰离去了，西施还不能相信，这一切是真的。自己的郑旦姐姐，从小一起玩耍，一起打闹，对自己无微不至地照顾的郑旦姐姐，就这么去了，永远地离开了自己。她有一个隐约的不真实的想法，似乎一回到苎萝村那片土地上，郑旦还会活过来，仍然是那个活泼可爱、甜美仁慈的大姐姐，仍然会在苎萝村的河边与姐妹们一起浣纱，仍然在等着她归来。

"对不起，姐姐，我……就要到宫里去……不能送姐姐了……姐姐，你等着我，终有一天，我会回到苎萝村，到时候，我们姐妹一定会重逢的……"

见她这么哀伤难抑制，范蠡心下，也一阵凄凉。人死不能复生，郑旦已经永远地去了，有多少的埋怨，多少的心事，也都没有再提的必要。毕竟，再怎么说，郑旦也是为了越国的千秋大业，为了无数的百姓，才来到吴国的；虽然并没有能够迷惑夫差，可是，她毕竟已经付出了自己的一切！

现在，他就要带着郑旦的骨灰回国了，回到故乡，回到家乡的亲人身边！

离开黄茅山，山下有两条路：一条通向吴国的王宫，一条是返回越国的道路。在这里，范蠡和西施就要分别了。

山下，等候二人的队伍已经列好，两人已经没有太多的时间，纵然有千言万语，也只能藏在心底。

"霓儿，保重。"范蠡的眼睛红红的，想到这一别，实在不知道何年何月，才能够相见。纵然内心有再浓的情意，这一刻也不能流露出来。千言万语，化作无声的凝视。"越国的命运，大王和无数的子民，都拜托你了！"

"放心，范郎……"西施脸上泪水滚滚，低声道，"我不会让你和郑旦姐姐失望的……"

"保重……"

"保重……"

二人洒泪而别。西施首先上了车子，跟随吴国的车子渐渐远去了，直到再也看不见。

空气中，仿佛还弥漫着她身上的芬芳气息。范蠡深深地吸了一口气，无限惆怅，走下山来，捧着郑旦的骨灰，骑上马，向着相反的方向驶去……

但说西施入宫后，夫差大喜，立即封西施为"茜妃"，又命大夫王孙雄监造，在灵岩上面修建了一处馆娃宫，青铜为钩，珠玉为槛，又把各地进贡的宝石镶嵌上面，供西施休息和游玩。又修了"响屧廊"。"屧"原是吴国人对木鞋的称谓。夫差命人凿空廊下之地，将几百个大瓷瓶放在里面，铺上厚厚的木板，掩好泥土，西施和别的一众美女穿木鞋在上面走过，"笃笃"有声，分外生趣。

又有山上玩花池、玩月池，又有一眼井，名吴王井，井水清碧。有时西施映泉而妆，夫差便立于一旁，亲为梳理秀发。又有洞名西施洞，夫差与西施同坐于此。又筑琴台，与西施鸣琴山巅。又令人种香于香山，使西施与美人泛舟采香。又修箭泾，立石碑"大吴征战纪念"，碑文为伍子胥所撰："天降祥瑞，大吴崛起。自先王阖闾肇始，灭强楚，降齐鲁，破越国，凡大小役一百四十有八，周天子敬王封地，特此以志。"

又，姑苏城南有长洲苑，为游猎之所；有鸭城畜鸭，鸡陂畜鸡，酒城造酒。又与西施避暑洞庭南湾，绵延数十里，三面皆山，夫差道："此地可以消夏。"遂名"消夏湾"。

夫差自从得了西施，以姑苏台为家，四时随意出游，弦管相逐，流连忘返。太宰伯嚭和大夫王孙雄常侍奉左右，伍子胥欲见夫差一面，颇为不易。

如此一年，勾践闻知夫差宠爱西施，日日只是游乐玩耍，不理朝政，便又召来文种相谋。文种道："我听说，'国以民为本，民以食为天'。今年越国谷粮歉收，粟米将贵，请大王派人向夫差借粮，以救饥荒。天若不佑吴国，必能允许。"

"善！"勾践便命了文种用厚金贿通伯嚭，引见夫差。夫差在姑苏台接见了。

文种跪拜道："越国今年水旱不调，五谷歉成，人民饥困，请大王借谷万石，救目前饥荒，等到明年谷熟，即当偿还。"

夫差慷慨道："越已臣服于吴，越民之饥，即是吴民之饥。"当即答应，传令下去，立即开仓借粮。

这时，伍子胥听到消息，匆匆赶来，谏道："不可，大王万万不可！如今形势，是吴越不两立，或吴灭越，或越灭吴。我看勾践派人来借粮，并非是为解饥荒之困，而是为了空虚大吴的国库。借给他们，越人不会加倍感念大王恩德，不借给他们，越人也不会加倍仇恨大王，因此还是不借的好。"

"哼！"夫差听了，不悦地道："勾践被囚，三载劳役，执马行前，天下诸侯有谁不知？寡人现在又复其家国，恩若再生父母，勾践又哪会有反叛之理？"

"虽然如此，"伍子胥道，"那也都是装出来的。我听说勾践勤理朝政，恤民养士，范蠡又在暗里训练军士，其势必要向吴寻仇。大王借粮给他，我看不久，勾践就要代替大王，游玩在这姑苏台上了。"

夫差听了不悦，斥道："勾践业已臣服，又岂有以臣伐君之理！"

伍子胥坚持道："汤伐桀，武王伐纣，都是以臣伐君，大王竟忘记了？"

"这……"夫差无言以对。

这时，太宰伯嚭挺身而出，直叱伍子胥："相国出言太甚！将大王与桀、纣之流相比，是何居心？"又对夫差奏道："大王，我听说葵丘之盟，桓公禁粟解谷，只是为了恤抚邻国，又何况越国是纳贡于大吴的臣子之国呢？明年谷熟，责令他们如数偿还，不就行了吗？这样既无损大吴国力，又降德于越。此两全其美之事，大王为何听小人谗言，迟迟不能决断？"

"太宰所言极是！"此话正中夫差心意，于是决心已定，答应借粟，对文种道："寡人不听大臣们谏议，借粮给越，还望来年丰收，及时偿还，不可失信。"

文种再拜，泣道："大王惜越而救饥荒，我王又怎敢不践约？"

于是，文种领谷数万石归来，勾践固喜，众臣也无不欢欣，齐呼万岁。勾践即下令，命将这谷米分送国中，百姓无不颂德。

又过一年。

越国沃野百里，大获丰收。勾践又召来文种相谋，问道："我若不偿吴粟，则失信于人；若按照约定偿还了数万石粟米，则损越而利吴，卿有何妙计？"

"这个，臣早已想好了。"文种不慌不忙地道，"大王只管秘密传令下去，选择最好最大的谷粒，蒸熟送给夫差。他喜欢我国的粟米，必定用以播种。这样，来年吴国颗粒无收，百姓必然大受饥荒，怨声载道。夫差失去民心，以后就不会有人再听他的话了。"

"果然好计！"勾践答应了，按照文种所教，以熟谷还吴，比之去年借吴之粮时候的约定，更多出了数百斛不止。夫差叹道："勾践真不失信也。"

又见那谷粒粗大饱满，异常光泽，便对伯嚭道："越地肥沃，谷种最好，今年大吴全用越种耕播。"

然而，吴国用了越国的熟谷播种，不能生发。千里之内，赤荒一片。吴民大饥，夫差召来伯嚭问道："这是为何？"

伯嚭得了越国许多好处，想都不想，随口回答说道："可能是吴越两地水土、气候不同，与越国可是一点关系都没有啊！"是以夫差并不怨越。

勾践闻听吴民饥困，便想兴兵伐吴。文种劝道："时候不到，吴国尚有忠臣勇士，万难攻取。"

勾践又召来范蠡，问道："将军在徐山训练的军队怎么样了？"

"回大王，"范蠡对道："时候不远了，请大王再耐心等待一阵吧！"

于是勾践暂罢伐吴之心。

再说伍子胥，听到勾践日夜练兵，就来求见夫差，跪拜泣道："大王一向信越臣顺，如今勾践用范蠡为将，正日夜训练三军，剑戟、弓矢之艺，无所不精，一旦乘吴有难，起而来攻，大吴祸将不远。大王如不信，请派人往查便知。"

夫差将信将疑，问伯嚭道："越已臣服，却又训练军队，意欲何为？"

伯嚭道："越蒙大王赐田地域土，非兵莫守，况治兵乃持国之常事，大王又何必多疑？"夫差称是，却心里牵念，遂有起兵伐越之心。

这时候，列国的情势，又在发生变化：齐国陈氏，因为得民心所向，故有篡国之志。到了田恒嗣位，此心更炽，只是忌惮国、高二姓党羽甚众，于是对简公奏道："大王，鲁是齐国邻国，却与吴一起来伐齐，此仇不可忘。"

简公听从了他的话。田恒便借机推荐国书为大将，高无平、宗楼为副将，大夫公孙夏、公孙挥、闾丘明为牙将。发兵车千乘，田恒亲自送出，屯兵汶水之上，发誓不灭鲁国，决不回返。

当时孔子在鲁，正删述《诗》《书》。这日，子琴、子张，从齐来鲁，拜访其师。孔子问到齐国的情况，方知齐师已出边境，来讨鲁国。孔子大惊道："鲁是父母之国，如今有兵祸之灾，不可不救！"

于是召来群弟子相询道："有谁能替我出使齐国，以罢伐鲁之师？"

子张、子石都愿去，孔子不许。子贡挺身而出道："请让弟子去走一趟！"孔子点头允了，子贡便即日辞行，到汶水求见田恒。

田恒知道子贡是孔门高徒，此来必作游说之辞，预先设了数百武士，剑戟挺立。子贡坦然而入，旁若无人。

田恒迎子贡坐了，问道："先生此来，可是为鲁做说客吗？"

子贡道："我来非是为鲁，而是为齐。鲁乃难伐之国，相国又为何要伐之？"

田恒不解，问道："鲁国有何难伐？请先生指教。"

子贡道："鲁国的城池浅薄卑微，土地狭小贫瘠，君弱，臣亦无能，兵不能战，所以说是'难伐'，依我替相国计划，不如伐吴，吴城高池广，沃野千里，又兵甲精利，良将坚守，这才是'易攻'。"

田恒怒道："先生所言难易，恰与实际颠倒，我不理解。"子贡道："请屈退众人，我为相国详解。"

田恒令左右都退去了，子贡方道："我听说，'忧在外者攻其弱，忧在内者攻其强'！相国今日之势，不能与齐国诸臣一起共事，即使是破了弱鲁，也是诸大臣之功，又怎会有相国的份儿？诸大臣之势日盛，相国可危险了！如果移师伐吴，诸大臣为强敌所困，相国在内专制齐国，岂不是上上之计吗？"

田恒顿时面有喜色，道："先生之言，令我顿悟，只是兵已在汶水之上，若移师伐吴，恐人生疑。"

子贡道："相国按兵勿动，我当去见吴王，请救鲁伐齐，这样再战吴，又何患无辞！"

田恒大悦，便对国书道："我听说吴将伐齐，应先驻兵在此，不可轻动，派人打探清楚了吴人的动静，必须先败吴师，才可进而伐鲁。"国书领了命，田恒回归齐国理政。

子贡兼程赶到吴国，见了夫差，道："吴、鲁合兵伐齐，齐衔恨在心。如今已屯兵汶水之上，准备伐鲁，次必及吴。大王为何不伐齐以救鲁？败万乘之齐，收千乘之鲁，威加强晋，大吴趁此可望一霸天下。"

夫差道："以前齐曾许诺世世臣服大吴，我才答应回师，如今朝聘不至，我正要兴问罪之师，只是听说勾践勤政训武，有谋吴之心，我欲先伐越国，继而伐齐。"

子贡道："不可！越弱而齐强，伐越利小，纵齐患大。畏弱越而避强齐，是为非勇；逐小利而忘大患，是为非智；智勇都不兼备，又何以争霸？大王担忧越国，我替大王去见勾践，让他亲带兵来充作部下如何！"

夫差大喜道："如此最好！"

子贡便又辞了夫差，来到越国。勾践听到消息，立即派人洒扫道路，郊迎三十里，接了子贡，躬礼问道："东隅一越，怎敢劳高贤远临？"

子贡道："我来吊唁大王。"勾践又拜道："我听说'祸与福为邻'，高贤来吊唁，正是越之洪福，请论一二。"

子贡道："我去见吴王，请其出兵救鲁而伐齐，吴王疑心越要谋之，故欲先伐越再亡齐。无报人之志，而让人怀疑，是笨拙；有报人之志，而让人预先知道，那就危险了。"

勾践惊愕了一会儿，长跪拜道："请先生救我。"

子贡道："吴王骄而好功，又喜听佞言，伯嚭专权，善进谗言，大王应以重礼厚金取悦他，然后亲率一军，随同伐齐。如果战而不胜，吴从此实力削减；如果一战而胜，吴王必有称霸诸侯之心，出兵伐晋，这样吴国有了空隙，越可趁机图之。"

勾践再拜道："先生来越，实是天赐，我必听先生之教。"赠子贡黄金百镒，宝剑一口，良马一匹。

子贡不受，回来见夫差，道："勾践念大王生全之恩，今闻大王起疑，甚是悚惧，旦暮之间，便会派人来请罪了。"

夫差把子贡留在馆舍里。过五日，越国派了文种来吴，叩拜夫差道："勾践心念大王不杀之恩，得保宗祠，即使肝脑涂地，也难报大王大德。如今闻知大王要大兴义师，诛强救弱，所以派了文种，贡献先王所藏精甲二十领，并献屈卢之矛、步光之剑，以助军威。请大王告以出师日期，我王将遍觅四境之内，选士三千，随从出征，我王亦愿披坚执锐，亲受矢石，死亦无悔。"

夫差大喜，召来子贡问道："勾践真是信义君子，要选勇士三千，随我出兵讨齐，先生以为可以答允吗？"

子贡道："不可，用人之众，又役人之君，这样太过分了。不如从其师而谢其君。"夫差听了这话也觉有理，便答应了。

子贡辞了夫差，又来晋国见定公道："我听说'无远虑者，必有近忧'。如今吴即将伐齐，一战而胜，必与晋来争霸，大王应该早做准备。"定公受教。

到了约定之期，勾践派了大夫诸稽郢，率兵三千，助夫差讨伐齐国。夫差征集九郡之兵，大举伐齐。

未出师前，夫差先派人在句曲建了别馆，遍植秋桐，号为"桐宫"，让西施移居此处，等自己胜了齐国，在此处一同消夏避暑，再返姑苏。

吴兵将发，伍子胥又谏道："越国终究是吴心腹之病，相比而言，齐不过是一疥癣，大王兴一万之师，运粮千里，以灭疥癣之患，却忘毒在腹心，我担心伐齐未胜,越人已至。"

夫差怒道:"我即将出兵远征,你却出此不祥之语,该当何罪?"便有杀伍子胥之心。伯嚭密奏道:"伍相国是前王老臣,不可加诛。大王不如派他去齐约战,借齐人之手斩之。"

夫差点头道:"太宰此计甚高。"立即修书一封,数落齐伐鲁慢吴之罪,令伍子胥见齐简公,希望激怒他而杀了伍子胥。

伍子胥料吴必不保,暗里携了儿子伍封同行,到齐都临淄,递上夫差之书。简公阅毕大怒,欲杀伍子胥,鲍息劝道:"子胥为吴之忠臣,屡屡进谏而夫差不听,已成水火之势;今夫差派子胥来齐,实是欲借齐之手杀之,以免自谤。大王应放子胥回去,令其忠佞自相攻击,夫差必背恶名。"简公听信鲍息之言,厚待子胥。伍子胥原与鲍牧相识,故鲍息谏简公勿杀伍子胥。

鲍息私下来伍子胥处,伍子胥只是垂泪无语,又引其子伍封,拜鲍息为兄,寄居鲍氏府中,今后只称王孙封,不用伍姓。鲍息知道伍子胥将以谏死,心下暗叹。

夫差亲为大将,命伯嚭为副,胥门巢将上军,王子姑曹将下军,兴兵十万,会合越兵三千,浩浩荡荡,一路进发,又先派了使者约会鲁哀公合兵攻齐。伍子胥途中回来复命,见了夫差,递上回书,却称病先归,不肯随从同征。

齐将国书,屯兵汶水之上,听到吴、鲁连兵来伐,忙聚集诸将商议对敌。忽听人报:"陈相国遣弟陈逆来到。"

国书同诸将一起迎陈逆进入中军,询问来意,陈逆道:"吴兵长驱,已过嬴博,国家安危只在旦夕之间。相国恐诸君不肯用力,遣我至此督战。今日之战,有进无退,有死无生,军中只许鸣鼓,不许鸣金。"

诸将皆道:"决一死战!"

国书传令,数军齐起,前迎吴师。行到艾陵,遭遇吴将胥门巢上军。国书问:"谁敢冲头阵?"公孙挥出,胥门巢急忙迎住,两人交手不分胜负。国书遂引中军,狂奔杀出,鼓声如雷,胥门巢大败逃走。

国书胜了一阵,愈发张扬,传令三军若再临阵,各带长绳一条,吴兵短发，擒的多了，当用绳索连其头颈。三军皆士气大振，以为吴兵旦夕之间即可战败。

胥门巢领了败兵来见夫差，夫差大怒，欲斩胥门巢，胥门巢奏道："我初与接战，不知虚实，这才战败，如再战不胜，甘伏军法。"伯嚭在旁也极力劝解，夫差斥退胥门巢，以大将展如代领其军。

这时，正好鲁将叔孙州仇引兵来会，夫差赏了他数十套兵甲，让他做向导，离艾陵五里扎了营寨。国书派人来下战表，夫差批道："来日决战。"

第二日一早，双方各排了阵势，夫差命叔孙州仇打第一阵，展如打第二阵，王子姑曹打第三阵，又使胥门巢引越兵三千，往来诱敌，夫差自与伯嚭引了大兵屯于高阜，相机救援，留越将诸稽郢观战。

这边，齐军列阵已完，陈逆令诸将奋力死战，道："死即入殓！"公孙夏、公孙挥指使三军歌送葬之词，道："生还者，必不为烈丈夫！"国书更道："诸君以必死自励，又何患不胜？"

两军对阵，胥门巢先来挑战。国书对公孙挥道："此人是你手下败将，上去擒了。"公孙挥奋戟冲出，胥门巢屯走，叔孙州仇引兵拦住公孙挥厮杀，胥门巢又转身杀回，国书怕二人来攻，再派公孙夏出战，胥门巢又走，公孙夏追来，吴军上大将展如接住厮杀，胥门巢又折回助战，恼了齐将高无平、宗楼二人，一齐杀出，王子姑曹挺身出来独战二将，全不畏怯，两军各自奋力，一时难分胜负。

国书见吴兵不退，亲自执槌击鼓，尽起齐军上前助战。夫差在高阜上见了，命伯嚭引兵一万，上前接应。国书见吴兵又至，正要分兵应敌，忽听吴军阵里金声大鸣，还以为吴兵欲退，却是夫差自引精兵三万，分为三股，直冲齐阵，将齐兵隔绝三处。展如、王子姑曹闻知夫差临阵，精神大振，展如奋力擒了公孙夏，胥门巢刺死公孙挥，夫差亲射宗楼于车下。闾丘明对国书道："齐兵没有多少了。将军还是微服遁去，再图复仇。"国书又道："我十万强兵，败于吴人之手，有何面目回朝！"奋力冲入吴阵，为乱军所杀。闾丘明隐伏草中，也被鲁将叔孙州仇所擒。

夫差大胜，诸将献功，报斩了上将国书、公孙挥二人，生擒公孙夏、闾丘明两个，也立即斩首，只是逃了高无本、陈逆二人。战车八百余乘，粮草辎重无数，都为吴所得。夫差问观战的诸稽郢道："你看吴兵强勇，比越国如何？"诸稽郢摇头叹道："吴兵强当可霸服天下，又怎是弱越可比？"夫差十分高兴，重赏了越兵，令诸稽郢告回报捷。简公闻兵败大惊，立即召田恒、阚止商议，厚纳金币珠玉，请罪求和。夫差让齐、鲁重修兄弟之好，二国都听命受盟。

夫差班师，回到句曲新宫，见了西施亲热不尽，道："我取美人居此，乃是为了相见神速，不堪相思苦恼之故。"西施拜谢了，又取酒贺夫差败齐。

时值新秋，桐阴正茂，阵阵的凉风掠过天空，令人顿悲时令清冷。夫差与西施饮酒至深夜，忽听远处小儿歌道：

"桐叶冷

吴王醒未醒

梧叶秋

吴王愁更愁……"

夫差怒，欲派人拘群小儿，被西施劝住了。夫差住桐宫三日，即带西施回姑苏。

夫差升殿，文武齐贺，伍子胥却独无一言。夫差冷笑问道："相国谏寡人不当伐齐，今寡人得胜返回，你却无一份功劳，不以为羞耻吗？"

伍子胥怒道："天若亡国，必定先降小喜，继后授以大忧。我以为胜齐不过是小喜，大忧即将到了。"

"哼！"夫差微愠道："久不见相国，耳边正觉清静，今日怎么又来聒噪？"

"大王，请听老臣一言！"伍子胥上前一步，长跪不起，老泪横流，叹道："贼将弑君，大王不知警醒，必有身弑国亡之祸。老臣实在不忍心，看到吴国列位先君创下的基业，在大王手里葬送啊！"

夫差大怒，斥道："你出言不逊，是何居心？"伍子胥怏怏退下，不敢再言。

过了数日。

勾践闻夫差胜了齐兵，亲引群臣来姑苏拜贺。吴庭诸臣，皆得厚赂。

夫差设宴姑苏台上，勾践陪坐，诸大夫侍立旁侧。夫差道："寡人听说，'君不忘有功之臣，父不忘有力之子'。如今太宰伯嚭，为大吴治兵有功，寡人准备封他为上卿。越王孝顺，始终不倦，寡人亦准备再增封地，以酬助伐之功，众大夫以为如何？！"

众人皆道："大王赏功酬劳，霸王之业指日可成。"

独有伍子胥跪拜泣道："天哪！忠臣掩口，谗夫在侧，邪说诐辞，以曲为直，养乱畜奸，天将灭吴。"

"老匹夫！我实在已经受够你这一番陈词滥调了！"夫差斥骂道，"你身为老臣，狡诈多变，为吴妖祸，一心想专权擅威，颠覆大吴；寡人以先君之故，不忍加以诛杀，今日且饶你一命，速速退去，以后不必再上朝了。"

伍子胥愤愤谏道："我如是不忠不信，又何以能得先王所重？倒是大王你暗昧不明，实在让我失望。当日若非我力主立你为王，你又何德何能，继承大嗣？如今反而将我视作眼中钉、肉中刺，大王不就是想啥了我吗？想当年龙逢遇桀，比干逢纣，我今如遭诛，不过是再多一个冤死的忠臣罢了，死后还能得到美名。可是大王只怕就难以保全江山和声名了，我言尽于此，从此不与大王相见，老臣告辞了！"跪拜之后，他泣泪而出。

夫差停了他的话，又怒又愧，正不知道如何是好，伯嚭忽然奏道："大王，不要被老匹夫一番说辞蒙蔽。我听说伍子胥出使齐国之时，曾以子托付齐之鲍息，怕是早存叛吴之心，这一去，只怕对吴国不利。事关重大，大王明察。"

"哎呀，多亏你提醒！差点被老匹夫阴谋得逞！"夫差立即解下"属镂"之剑，命人尾随而去，赐给伍子胥。

伍子胥刚回到府上，"属镂"之剑已到。他接剑在手，不由仰天长叹道："天哪，夫差小儿竟然如此无情无义，要我自尽！当年先王不欲立夫差小儿，是我力争，方保其登上大位。现在看来，竟然是我错了，九泉之下，教我怎么有脸去见先王啊！夫差小儿，我为你破楚败越，威震诸侯，你不念吾功，不听吾言，也就罢了，又何必非要赶尽杀绝，逼我一死？我今日死，越明日必至姑苏。"

这么一通涕泪长流，又嘱来使道："我死后，烦请挖我之目，悬上东门，当观越兵入吴。"说完，自刎身亡。

使者取了剑回来，将伍子胥的一番话报给夫差。夫差大怒，亲自前往，验看伍子胥尸身，斥骂道："老匹夫，你一死百了，又有何知？"命人断其头，悬在南门，又命人取其尸骨，盛在装酒用的大皮袋子里面，投入江中："日月炙你之骨，鱼鳖食你之肉，看你有何所见？"

就这样，伍子胥尸入江中，随波逐流。可怜伍子胥一世英雄，到最后，只能沦落为鱼虾口中的残羹剩炙，漂泊不定，连个安身之所都没有。这只怕在当日，在他志得意满、意气骄横时候，是无论如何都没有想到的……

第八章

反败为胜

以商战取代兵战,是范蠡为越国战胜吴国制定的一个非常重要的战略。事实上,一切兵战,都是商战,都离不开强大的经济作为后盾支撑。一个在经济上没有任何自我保护能力的国家,是不可能取得战争胜利的。

那么,是不是经济强大,就一定能够取胜呢?也不一定。因为这里面有一个要素,就是人才。人才的价值,不是可以用钱来衡量的。有时候,一个人顶上千军万马,有时候你即使再有钱,也买不来。像范蠡、文种这样的人才,吴国就买不到,而吴国自己仅有的两个人才:一个是兵家的鼻祖孙武子,已经隐居不知道去向;另外一个伍子胥,也死在了文种、范蠡等人的"反间"手上。结果,人才凋零的吴国,很快被越国给打败了。

夫差杀了伍子胥后,再没有人敢拂逆他,于是加封伯嚭为相国,又要增加越国的封地,勾践推辞不受,这才罢休。

数日后,勾践回越,夫差全不为念,意更骄恣,发兵数万,大兴水利,为吴出师争霸天下作准备。这是周敬王三十六年的事情。

过了一年,各种准备都差不多齐全了,夫差欲与中原各国会盟。太子友欲要劝谏,又怕触怒父王,便想了个主意,要以讽谏感悟其父。

这一日,友清早怀丸挂弹,从后花园来,衣履尽湿。夫差见了奇怪,询问何故。友对道:"孩儿偶游后园,闻听高枝之上有秋蝉鸣,顺行前去,望见秋蝉对风长鸣,自以为得所栖处,不知道有螳螂爬过枝条,曳腰耸腿,正要捕蝉来食;螳螂一心只对秋蝉,不知有黄雀徘徊林荫之间,欲啄螳螂;黄雀一心只对螳螂,却又不知孩儿挟弹持弓,欲射黄雀;孩儿一心只对黄雀,却又不知旁有坎井,失足堕陷,所以衣履沾湿,为父王所笑。"

夫差道:"你是只贪前利,不顾后患,天下之愚,莫甚于此!"

友趁机道:"天下之愚,更有甚于儿数倍者。鲁承周公之后,有孔子之教,不犯邻国;齐无故伐之,以为可以灭鲁,不知大吴尽起境内之兵,行军千里,一仗而胜;吴大败齐师,以为从此灭齐,却不想越又要聚死士,出三江,入五湖,屠我吴宫,灭我吴国,天下愚者,还有比此更甚者吗?"

夫差听了,大怒道:"这是伍子胥的老调,久已厌弃,你又如何再来聒噪?非寡人之子,今必斩讫。"太子友惶惧而出,不敢再言。

转过年来,春暖花开,夫差使太子友和王子地、王孙弥庸守国,自己亲率国中精兵,由郡沟北上,会鲁哀公于橐皋,会卫出公于发阳,大约诸侯,会于黄池,欲与晋争盟主。

消息传来,勾践立即召范蠡来计议,起倾国之兵,又联合徐、姑蔑两处部队,发精兵四万,死士六千,又派畴无余为前队,引二千人从水道通江攻吴。

畴无余先到吴郊,王孙弥庸出战。不数合,王子地引兵夹攻,畴无余失手被擒。过一日,勾践率大军亲到,太子友欲坚守,王孙弥庸道:"越人畏吴之心尚存,且远来疲乏,再胜一阵,必逃回去,即使不胜,再守未晚。"太子友听了他的话,派弥庸出师迎敌,自己引兵随后。勾践亲自立于阵前,督兵交战,范蠡、泄庸从两翼杀来,势如风雨。吴兵精勇惯战者,都已随夫差出征,国中皆是老弱之卒,又怎当越国训练数年的精兵?只一刻,吴兵大败,王孙弥庸为泄庸所杀,太子友被范蠡设阵困住,冲突不出,身中数箭,害怕被俘,自刎身亡。越兵直逼姑苏城下。王子地一面把城门紧闭,率众死守,一面派人去吴王处告急。

勾践将水军屯在太湖,陆营屯在胥、闾之间,命范蠡放火焚毁姑苏台,日夜攻城。吴兵拼死相抗。

再说夫差,约齐了鲁、卫二君,一同来到黄池,使人去请晋定公来赴会。晋定公慑于威势,过不几日,带众臣来到黄池。

夫差便命王孙骆与晋上卿赵鞅商议载名先后。赵鞅道:"晋乃是世代霸主，自然不须辞让。"王孙骆道："晋的先祖叔虞，是成王的兄弟，吴的先祖太伯，是武王的伯祖，其间尊卑隔绝数辈；况且晋虽为盟主，在宋和虢会盟时，却已居楚之下，如今再想盘踞吴的头上，这可能吗？"两人争论，连日不休。

这一日，王子地派使者送来密，报道："越兵入吴，已经杀了太子，焚毁了姑苏台，如今围姑苏数日，形势危急。"

夫差大为惊讶，正举止无措，伯嚭已抽出剑来，斩了使者。夫差不解地问道："相国这是何意？"伯嚭道："大王，如今事情虚实尚未可知，万一使者泄漏了消息，齐、晋必将趁危闹事，大王还能安然归吴吗？"

夫差沉吟半晌方道："相国所虑极是。只不过吴、晋争霸未定，姑苏又传来这等消息，该当如何？是放弃会盟，先归姑苏；还是让晋排先，会盟过后，再图自救？"

王孙骆道："这二者都不可为。放弃会盟归吴，别国必趁我之危，起而攻之，如会盟让晋排先，则我一行一动都将受制于晋。如今之计，唯有鸣鼓挑战，夺晋人之令，以求主会。"夫差答应了。

夜里，夫差传令三军，都披挂齐整，悄悄拔寨，离晋军一里左右，结为方阵。百人为一行，一行建一大旗，百二十行为一面，中军全用白舆、白旗、白甲、白羽，夫差亲自仗钺，立于中阵；左军面左，也是百二十行，全用赤舆、赤旗、赤甲、朱羽，相国伯嚭为帅；右军面右，也是百二十行，全用黑舆、黑旗、玄甲、乌羽，王孙骆为帅，三军合共三万六千人。天方黎明，夫差亲自执槌击鼓，军中万鼓皆鸣，三军哗响，喧天动地。

晋军大惧，却不知其故。晋定公派了大夫董褐来夫差处请命，夫差道："周天子有旨，命吴主盟华夏，以掩诸侯之缺，如今晋君迁延不决，我不愿等使者往来，亲自来这营寨外听命，从与不从，今日一决。"

董褐回来报晋定公。时鲁、卫二君都在坐。董褐暗里告赵鞅道："我见吴王口强而色惨，心中似有大忧，莫非是国中有变，越人乘虚攻入境内？如不答应让吴主盟，吴必挑起战端。如果答应让吴主盟，却又不能白白让夫差捡了这个便宜，必须去掉吴王的称号才可以。"

赵鞅告诉了晋定公，复又让董褐来见夫差道："大王以天子之命宣布诸侯，我主又怎敢不从？只是大吴主盟华夏，自许吴王，又置周天子于何地？大王但请去王号而称公，晋必奉命。"

夫差其时，已无心在这里纠缠，只好答应了，敛兵升帐，与诸侯相见，以"吴公"的身份主盟。

再说西施，在馆娃宫内，听说外面越人攻城甚急，已焚了姑苏台的消息，十分激动。不用多久，越国的军队攻进来，自己就可以回到心爱的范郎身边，两个人可以永久长相厮守了。西施从来都不曾怀疑过，只要战争结束，范郎就会带她远离这喧嚣的红尘，隐退山野，夫妇双栖双飞：朝看花露云霞，晚看落日孤雁，逍遥放达，自由自在，那是一幅多美的景象啊！

她罩了面纱，踏出宫来，一步一步走上街头。大街上是一片的清冷凄凉景象，一群又一群的兵卒们，须发脏乱，浑身酒气，牢骚满腹，晃来荡去，嘶哑歌道：

"战马长嘶

盔甲闪亮

五月渡江讨齐王

登上高峰

念我爹娘

慈母针线游子裳

戈戟森严

战鼓齐擂

随吴王除残去秽

登上高峰

念我妻儿

佳人白发征夫泪……"

西施不忍再听。又往前走了几条街，只见众人纷纷，妇女和儿童都被迫挺了铜戈和长戟，急急匆匆奔向东城门。看样子，外面的越人又在攻城了，而攻破姑苏城，也只在旦暮之间。望着那些妇女小孩哭喊喧天，西施忽然有了一种心痛的感觉，她无暇细想，也匆忙跟在了人群的后面。

姑苏城下，范蠡和泄庸、诸稽郢合兵一处，正奋力仰攻。泄庸的三千精卒拼死架长梯攻城，却被城头大批的弩箭纷纷射下，折损无数人手。诸稽郢又带三千人上前助攻，城头的王子地命人浇下一桶桶桐油，射下一批批火箭，四五千的越兵都陷进火海里面，哭喊喧天。泄庸和诸稽郢狼狈退回。

这一下，可恼了范蠡。他选了五百弩箭手，一齐放箭，压住城头上的吴兵，自己亲自披挂，尽起全越一万精甲，涌至城下。王子地率众吴兵拼尽余力，又浇下大桶大桶的桐油，逼范蠡率众退回。

"再给我上！"

范蠡也红了眼，众越兵皆赤裸臂膀，在泄庸和诸稽郢的率领下作最后一次冲锋。眼见姑苏城头已尽是妇女和儿童，不可能再挡住这次猛攻。

就在这时，一个穿了一身素白衣衫的女子，随风飘摇，在众人注视下走到了城头上。

"茜妃——"城头上所有的吴兵、民夫、妇女和儿童，都抛了手里的剑戟弩戈，哭喊着跪拜下去。

这女子正是西施。她穿过鲜血淋漓的人群，走上城头，没有人知道她出现在这里，要做出什么举动。

攻城正急的越兵，都停止了厮杀，呆呆伫立原地，偌大的一个战场，突然就静了下来。

"霓儿——"

范蠡一眼就认出来了，那是西施，是自己多年来梦里醉里，一直在牵挂的心爱的姑娘，是的，是她！

然而，她现在是吴国的王妃。是大吴国无数妇女、儿童、老弱病残的保护神。面对这城上城下满地的血腥、无尽的杀戮，她不能无动于衷。

"茜妃——"

城头上，哭声一片。泪水从西施的脸上无声无息地滚下来……她哀伤而无助地,然而又坚决地,和她的子民站在一起!

这一幕,令范蠡无论如何也没有想到。如果再攻城,第一个死的一定是西施;可如果放弃攻城,那么……

"撤!"

范蠡叹了一口气,将剑一挥,大声嘶哑地喊道:"撤兵!"他冒着被军法从事的巨大风险,毅然决然下达了命令。所有的将领和士兵都回过头来,不解地望着他,没有人愿意放弃这唾手可得的胜利。然而他们又只能服从!

泄庸、诸稽郢,纷纷撤兵回了越营。范蠡在最后,伫立城下,望了城头许久,才收兵回营。

夫差心急如焚,率领十万吴甲回援。一路之上,不断遭到越兵的拦截,而且越兵的战斗力之强,超乎想象。交手数次,吴兵均以损兵折将告败。待夫差精疲力竭,杀透重围进了姑苏,清点人马,已不足一半。

外面,勾践所率的越军,近二十万之众,已经全部聚集于姑苏城下,最后的生死决战在所难免。

夫差回王宫后,一面命人加固城防,一面在城内搜集珍异珠宝,粮草兵车。这令伯嚭大为不解,夫差道:"相国前言越必不叛,我才听了相国之言,赦勾践回国。今日姑苏城下越甲二十万,请相国去越王处请和罢战,这些珍异珠宝和粮草兵车,都是犒军之礼。勾践但有所言,相国一概应承。"

"这……"伯嚭本欲托病不愿前往,夫差怒道:"相国还记得当年赐伍子胥的属镂之剑吗?如今属镂尚在,请和不成,当属相国。"

"是,谨遵大王之命。"伯嚭无奈,只好尽集城内珍物,出城来见勾践。

勾践接了伯嚭,伯嚭跪拜,请赦吴罪,并呈上犒军礼单。范蠡道:"灭吴尚非其时,大王不妨暂许罢战,以报伯嚭数援之德。谅夫差受此兵灾,难有雄起之日了。"

勾践摇头道:"夫差为人阴沉,又有万夫难挡之勇,今日纵虎归山,怕来日必遭虎噬。"伯嚭哭泣再拜,诉道勾践如不开恩,归吴后夫差必以属镂之剑杀他,云云。

范蠡道:"大王不必过忧。只需夫差答应两点:一,尽出姑苏城内铜器,令无法铸冶剑戟；二，抽出吴甲两万，以为越军补充。夫差纵再勇猛，也再无反噬之力了。"勾践听了在理，点头答应，双方罢战。

这一年，是周敬王三十八年。

又过一年。

鲁哀公在大野狩猎，叔孙氏的家臣鉏商猎获一兽，麋身牛尾，角上有肉，鉏商奇怪，献给鲁哀公。鲁哀公将兽杀了，来问孔子。孔子叹道："这是麟啊！"抚琴歌道：

"明王作兮麟凤游

今非其时欲何求

麟兮麟兮我心忧……"

同年，齐国右相田恒知道吴为强越所败，外无强敌，内无贤臣，单单只剩了阚止一家，便命族人陈逆、陈豹一起攻杀阚止。齐简公星夜逃奔，田恒追而弑之，尽灭阚氏之党，立简公弟骜，即为齐平公。田恒为相，左右朝政。

又过了一年。

两年中，夫差已经积蓄了相当力量，准备扩建水师，再与越人一决高低。

这日，夫差与西施一道饮酒，不觉酩酊大醉，无意中竟吐露了这一消息。西施不动声色，暗记在心。

又数日，夫差再与西施一处饮酒，方半酣，西施忽然昏厥，虽经御医抢救及时，不致有生命之虞，却是从此卧床，连日不起。

这日，夫差又来西施处探病。只见西施斜倚床榻之上，一脸病容，萎靡不振。夫差上前执住西施的手，发现大滴泪珠"吧嗒""吧嗒"从她脸颊上滑落，已打湿了大片衣襟。

"大王，"西施的声音微弱如同蚊蚋呻吟，呻吟道，"我是活不久长的了，大王保重……"

"茜妃，不许胡说乱想。"夫差捂住了她苍白的双唇，道，"再过些日子，你的病就会好起来的。"

上部　惊世奇才

"没用了！"西施推开夫差的手，苦笑了一声道，"我自己知道是没用了。"

她望了夫差一会儿，喘息一阵，艰难地说道："有件事情，不知道大王能不能答应。以前，在我们苎萝村里，有一口井，只有行过笄礼的姑娘才能去照，那水能照出人的每根头发，连眉毛都一清二楚。唉，我真想再去照一照那口井，一照，我的病就痊愈了，那井水是能消灾、能去邪的。"

"答应，我都答应。这样的井，不要说一口，十口、一百口也有。"夫差立即满口答应道。

从西施这儿离开，夫差立即命令大夫王孙骆监管，开工造井，地点就选在馆娃宫所在的灵岩山上，箭泾的两岸。

夫差令造一百八十口井，每口井须深二十丈，周长五丈，周围全用玉石栏杆砌上，井台全用当年越国进贡的苎萝山胭脂石铺成。

然而，造这一百八十口井，耗资巨大。吴国在经历了黄池大会和吴越之战后，国库已是空虚了。

夫差当然知道，伯嚭是全国首富，越国每年贿赂他的珠宝，都要用八匹马的辕车拉。只是现在，伯嚭刚去讲了和，以后用他的地方又很多，终不能向他要钱造井。夫差思来想去，干脆从筹集用来训练水师的那笔钱里拨出一半，来做造井的费用。

这样，一百八十口井造好了，西施的病也好了。夫差终日陪美人荡舟箭泾之上，早忘了越人之仇。

又过了一年。吴国大旱，灾荒饥馑，死人无数。夫差眼见复仇无望，更加沉湎酒色，不理朝政。

一直密切关注夫差动静的勾践与范蠡、文种在一起计议，认为时机已到，便尽起境内精甲十三万，大举伐吴。勾践诏令道："凡父子俱在军中的，父归；兄弟俱在军中的，兄归；有父母无昆弟的，归养；有疾病在身的，给医药糜粥。"兵卒念越王体恤之德，欢声如雷，交相劝勉道："此行不灭吴，必不生还。"

夫差听到越兵又至，慌忙传诏，尽起境内之甲八九万，在江上迎战。夫差屯兵江北，勾践屯兵江南，越军阵中，范蠡率右军，文种率左军，勾践自率中军，连营绵延数十里。尚未及战，吴卒皆怯。夫差遂约勾践明日江中决战。勾践应了。

夜里，范蠡悄悄带了右军，离吴营不足十里处伏下。文种带了左军，溯江而上五六里以待吴兵。勾践自率了中军，鼓声震天，似欲前袭吴营。

夫差闻听鼓声大作，夜里难辨虚实，只是令万名弓弩手一齐放箭相抗，一边匆匆令人举火，以备夜战。

火光方明，两下里文种和范蠡的两三万弓弩手一齐连珠攒射，吴军死伤无数。勾践立即引大军掩杀上前，三军汇合，威势骇人。其时天色尚未明亮，夫差只觉前后左右皆是越军，不敢恋战，率吴兵大败逃走。勾践率三军紧追，一连三战，大败吴师。夫差手下的名将王子姑曹、胥门巢都战死了。夫差收拾残兵，屯进姑苏城内，闭门不出，勾践命人在姑苏城外筑一城，名为越城，大举困吴。

三个月后，姑苏城中粮草告罄。夫差无奈，欲再寻伯嚭请和，伯嚭托病不出。夫差只好派了王孙骆，袒露肩背，膝行出城，进越城来见勾践，道："我王夫差，昔日在会稽山得罪大王，夫差不敢违天命，与大王讲和一同归吴。如今大王兴兵伐吴，我王夫差请大王效会稽之赦，愿世为越臣！"

勾践不语，范蠡道："我家大王，君臣同心，图谋二十年，又怎肯功成而弃？"不准请和，把王孙骆逐了出去。王孙骆往返七次，都被文种、范蠡挡了回去。勾践不敢再延时日，挥兵攻城。

此时，伯嚭献城，引越兵进了姑苏。夫差同王孙骆和王子地一行人匆匆奔逃，昼夜驰走，到了干隧。勾践与范蠡带一万精甲，一齐追来，困住了夫差，文种随后又至。

夫差作书，系书矢上，射入越军营中，军卒呈给文种和范蠡两人，只见上面写道：

范蠡、文种二位将军：

狡兔死而良犬烹，自古亦然；敌国如灭，谋臣必亡。二位将军何不存吴一线，自为将来留下余地？

夫差手书

文种系矢回书，答道：

吴有六过：戮杀忠臣伍子胥，为其一；伯嚭谗言，而听用不疑，此其二；齐、鲁无罪，数伐其国，此其三；吴、越同壤而侵伐，此其四；越戕吴前王，吴不报仇，却纵敌贻患，此其五；宠美误朝，沉湎酒色，所施无道，此其六。有此六过，欲求不亡，又怎能够！昔年天以越赐吴，吴不肯受，如今天又以吴赐越，越不敢违天命。

夫差阅了书信，知道这一次终难幸脱，不由哭泣道："寡人不诛勾践，忘先王之仇，实是不肖子孙，这是天所以弃吴啊！"

王孙骆道在旁道："大王，我愿再赴越营请和。"

夫差点了点头，从腰里抽出属镂宝剑，交给王孙骆道："大夫此去，以此剑为信，申明寡人之意：我不愿复国，但请许为越之附庸，世世对越称臣，不敢有异心妄想。"

王孙骆持剑来到越营。范蠡和文种早吩咐军卒，拦住王孙骆，不许晋见。王孙骆泣泪三日，怏怏回返。勾践在中军帐外，远远看见夫差的使者踉跄奔去，心颇不忍，使人告诉夫差道："我念使君昔日情意，欲置使君甬东之地，封人丁五百，以为供养，如何？"

夫差叹道："大王若赦吴国，吴亦是大王宫廷外府。如果颠吴社稷，废我宗庙，即有五百家供养，又有何用？我老了，不能从编氓之列，唯有一死而已。还请再宽恕一些。"

越使来告勾践。勾践对范蠡和文种道："二位将军何不擒夫差而杀之？"范蠡道："为人臣子，不敢诛君，请大王自命之。天命当诛，不可久延。"

勾践无奈，持了仰光宝剑，立在军前，使人告夫差道："世无万岁之君，人终一死，又何必让越师加刃使君？"

夫差绝望之下，知道必死，于是在城上燃起熊熊烈火，叹道："我无面目见伍子胥于地下，更无颜去见列祖列宗，如今唯求自焚，一死了之！我死后，请以重罗三幅，掩我骨灰。"一声大叫，投身烈火之中，片刻焚尽。王孙骆、王子地等一干忠烈之臣，也都不愿投降越国，纷纷拔剑自刎。

于是，勾践按照夫差所说，以诸侯之礼葬了夫差，随即率领大军折返姑苏，住进夫差王宫。

这日，勾践升朝议事，文武百官俱来道贺，伯嚭也列其中。他自恃素日对勾践有恩，意甚骄满。不料，勾践已经借其手除去了夫差，岂有再重用之理？冷冷道："伯嚭身为吴之相国，越不敢屈。你王今在干隧，何不前去相从？"伯嚭羞愧退出，连夜尽携珠宝钱货，遁往楚国。勾践令灭其家。

第九章

急流勇退

利，有大小之分。小利利己，大利利国。然而利与害，永远又都是伴随而生的。小利必然有小害，大利必然有大害。

文种显然不是一个懂得利害的人。和范蠡相比，他不够果断，也不够坚定。他不是不知道越王是个怎样的人，可是，如果选择就这么放弃辛辛苦苦得来的"利"，他显然还有些舍不得。他还对越王抱有最后的幻想，以为"害"不会那么快来到。所以，他最后被勾践杀了头。

而范蠡呢，是个研究利害关系的专家，越是在"利"字当头的关键时刻，头脑越清醒。尤其当生命受到威胁，还有什么"利"是不能放弃的呢？所以他在勾践还没有对他动手之前就选择了放弃，急流勇退离开了越国……

冷清的月色，洒落在姑苏城头，灰白的一片。

西施在这个夜晚从梦中醒来，发现自己被绑住双手双脚，似乎被扔在一辆大木车里，"喀噔喀噔"，不知道向什么地方驶去。从窗子的缝隙里望出去，隐约可以见到十几位黑衣武士，跟随在大车的两旁，匆匆赶路。

"没错，就是这些人把我从馆娃宫弄出来的。"西施想，"奇怪，这是些什么人，又奉了谁的指令，要把我带去何处？"

这些天来，她经历的事情太多了：姑苏城失守，吴王夫差和王孙骆、王子地一起逃出城外，伯嚭投越。自己一个人孤零零空守馆娃宫，等得望眼欲穿，却始终不见范郎来接应她一起离开这里。

本来，她是越国派来行使"美人计"的，可如今，越兵疯狂地杀戮吴国百姓,又让她痛心疾首。战争的残酷,第一次让她对自己所做的事情动摇了。

经历了许多劫难,也经历了常人无法想象的奢华岁月,西施早已把一切都看淡了,唯一令她难以割舍并且这些年来一直苦苦思念的,就是范蠡。

"这些人,总不会是范郎派来的吧?"

车停了。西施被蒙上眼睛,从车上扶下来。不过,嗅到阴凉潮湿的气息,听到"哗啦"的江水流淌声,她还是一下就猜出来,知道是到了江边。

走不几步,脚下微微摇晃,似乎上了一艘船。她脸上的黑布,也被摘了下来。

船舱里,亮晃晃的灯光,刺得她眼睛发痛。两个越国装束的女人侍立两侧,里面还有一人,背对外面。

一众武士,解开西施身上被缚的绑绳,悄无声息退下了船。一个侍女摇起橹,乌篷船立刻驶向了江心。

西施活动了一下麻木的手脚,默默在船板上坐了下来,没有恐惧,也没有欢喜。

终于,船舱里面的那个人开了口,是个苍老女人的声音,问道:"难道你不怕吗?我只要命人轻轻一动手,你就会落进这江里面去,这命可也就没了。"

西施没说话,可那人一口地道的越语却令她怦然心动。八九年了,好容易有机会再闻乡音,却又是在这样的一种情形下。

"你为什么不说话!"那人提高了嗓门,道:"你以为我不敢害你?是不是?哦,我知道了,你自小在苎萝村长大,深谙水性,可我要用这些绢布捆住你的手脚,再用石头压上,你还能从江底逃走吗?有多少命也搭上了。"

西施本来不想说什么,可是对方要用如此狠毒的招数对待她,她不由一皱眉头,忽然想到了一个人。

"王妃,你是勾践的王妃虞姐!"西施失声喊了出来,"我知道,你怕勾践再为美色所迷,毁了越国的大好江山,是不是?所以你就偷偷来想要害我了。"

"你终于怕了!"那人正是虞姐氏。她冷哼道:"哼,你这个坏女人,夫差因你亡了吴国，我不能再看越国毁在你的手里。"

"是嫉妒吧？"西旋毫不畏怯，"虞姐，你我都是一国之妃，夫差为我丢了一个江山，而你呢？勾践又为你做了些什么呢？我可是听说当年在吴国为质，勾践为了讨取夫差欢心，让你去自愿献身，而你宁死不从！作为女人，我敬重你；可是作为王妃，我觉得你根本得不到我的幸福！"

虞姐呆愣半晌，方叹口气，幽幽道："不错，我是一个不幸的女人，所以我要报复，报复你这样的女人！同样是王妃，为什么我这样卑微可怜？为了做个好王妃，我白天黑夜采桑织布；我想穿几件好的衣服，却又怕国内风气变得奢靡。为什么，我不能和你一样，游玩出巡，荡舟江渚，享受荣华富贵，为什么？"

她的声音尖锐高亢起来，令人听了十分难受。

虞姐氏从阴影里走到外面，来到了西施身前，一伸手，"哧啦——"一声响，西施单薄的衣衫给她扯烂了，娇嫩如粉的肌肤，在暗夜的火光里闪耀着光辉。

虞姐氏叹道："怪不得，夫差会为了你丢掉江山！唉，西施，你可不能怨我……"

正在这时，江边岸上传来一阵嘈杂和"叮当"兵刃相撞声音，似乎有人来救西施："霓儿，你在哪里？"

"是范郎，他终于来了……"西施一下子就听出那是范蠡的声音，连忙大声喊道："我在这里，范郎，快来救我……"

然而已经太迟了。虞姐氏一下子将她推到了船边上。"下去吧！"虞姐氏的笑容狰狞可怖，那张脸因为被嫉妒折磨已经扭曲得变了形状。"你这个妖邪的女人！"

她一下将西施推进了江水之中，一声砰响，水花飞溅，然后江面就恢复了平静。

江水滔滔，将一切都吞噬得干干净净，了无踪迹。

"快走！"虞姐一声令下，船只飞快地向将心划去，顺流而下，不知去向！

"霓儿——"

那边,江岸上匆匆赶来救西施的,果然正是范蠡。他去馆娃宫晚了一步,得到消息,西施被虞妲氏带到这江边来,便知道大势不好,慌忙赶来,顾不得得罪虞妲氏,不顾一切地杀开一条道路,却哪里能追上王妃的船只?

再看江面上,到处都没有西施的踪影。范蠡还不肯放弃,命人在水里打捞。

几个时辰过去,尸骨未见。所有的人都放弃了,只有范蠡还在徒然地坚持……

最终,他跪在船头,对着滔滔的江水哭了起来:"霓儿,原谅我,我来晚了……"

他哭得肝肠寸断,为自己的无能为力,为西施的悲惨命运,为自己和西施这一段永远说不清楚然而又刻骨铭心的感情,泪水如江水滔滔不绝……

再说勾践,灭了吴国以后,又趁机举兵,挥师渡江北进,在舒州之地,会合齐、晋、宋、鲁诸侯,派人给周天子进贡。

当时的周敬王已经驾崩,太子仁嗣位,称周元王。周元王按照先王旧例,派了使者,赐给越王勾践衮冕、圭璧、彤弓、弧矢,封为东方之伯。勾践受命,各国诸侯都派使者送礼致贺。楚国兵强马壮,已经灭了陈国,惧怕越国的威猛,也派了使者来修聘礼。勾践为了示恩,割淮上之地给楚国,又割泗水之东地方百里给鲁国,把吴国侵占宋国的土地归还宋,诸侯都高兴地服从,尊越国为新的春秋霸主。勾践志得意满,载誉而归。

勾践领兵还吴,在姑苏台上大摆宴席,与群臣同乐。有乐工作《伐吴》之曲,乐师弹琴鼓道:

"吾王神武蓄兵威

欲诛无道当何时

大夫种蠡前致辞

吴杀忠臣伍子胥

今不伐吴又何夕

良臣集谋迎天禧

一战开疆千里余

恢恢功业常勒彝

赏无所吝违不罚

君臣同乐酒盈卮……"

文武百官正欢笑间,忽听外面喊声震天,一支队伍,约有五千人,白衣白甲,打着大大的"吴"字旗,冲乱守卫的越兵,杀奔到了姑苏台前。大越众臣都愣了,只见伯嚭骑在一匹高头大马上,带着吴兵,杀奔而来。

"弟兄们,为吴王报仇啊!快些动手,杀啊!"

他这么一煽动,已经投降的吴兵,又有两三千人反戈相向,一时间,伯嚭率领八九千人,杀上姑苏台。越王勾践猝不及防,在几个大将掩护下仓惶逃命,文武官员腿脚稍慢者,立时便有三五十人丧命。

原来,这个伯嚭,早有自立为王的念头,只是时机不到,一直未得其便。夫差一死,伯嚭逃到楚国,凭借三寸不烂之舌,借来五千兵马,日夜演练。

这日,听到越王在姑苏台大宴群臣,便趁机发兵,要打越国人个措手不及,混乱中斩越王勾践人头。

越国的疲惫之师,如何能抵这群恶狼?再加上不时有吴兵倒戈,一时阵脚大乱。然而,越国毕竟有文种、范蠡,很快稳住了阵脚,布阵结营,片刻间,攻守易位,伯嚭的人马全被困在了姑苏台上,竟冲不下来了,只能将盾牌层层护在外围,抵抗越兵强弩。

然而,文种、范蠡自有办法,调来五千火箭手,条条火龙喷射过去,片刻间,姑苏台成了一片火海。

伯嚭和他的数千精甲,无路可逃,只能哀号惨嗥,尽被焚死。

勾践听闻杀了伯嚭,心里十分地高兴。一边命人在越都会稽造了贺宫,一边又在姑苏城内传令众文武:"明日入朝,每人带一姬妾入宫,与君同乐,欢送大王离吴返越。"

文种和范蠡听到这个命令,心里都凉了半截。勾践此举,实在与夫差无异。

次日升朝,他们两人都没带妻子姬妾,也没带随从,孤身入朝。

两边的文武都到了,勾践和王妃虞妲氏一起,威风八面上朝来议事。大殿里到处是一队队的舞女,摇来摆去,炫人眼目。

十几年的屈辱和劳苦,今日一朝复仇成功,每个越国的将领都有些得意忘形,一个个与歌姬勾肩搭背,大失威仪。

勾践接受完众人的叩拜后,便用目光扫了扫群臣,一皱眉头,问道:"文种,范蠡,寡人吩咐,每人都要带一名女子上朝,你两个为何不遵王令?"

"不敢!"文种和范蠡双双跪倒。

文种先道:"大王,妇人不能上朝议政,这是历代先王规矩,大王又怎能凭一时的兴趣,置祖宗礼仪于不顾?请恕臣不敢听令。"

范蠡则道:"妻妾女色,不过娱人耳目。我听说,圣明的君主应远声色,勤政事,这才是治理天下之道;大王若能如此,则可兴国安邦,长盛不衰。"

"好吧。"勾践叹口气,驱散了众女,又命文种和范蠡起来,重新整肃过朝廷威仪后,开始分封诸位有功之臣。

第一功臣,自然是文种和范蠡。勾践称赞道:"文种数年来治国训农,吃了大苦,封为上大夫,赏地五百亩;范蠡代越受过,又连番伐吴,功不可没,封为上将军,赏地五百亩。其余众卿先回会稽,再行论赏。"

"谢大王!"文武群臣一齐拜倒。

夜晚。

正逢六月,一轮满月挂在当头。月明星稀,晴朗的夜空里,仅有寒星数点,光彩黯淡。

范蠡愁绪满腹,一个人正在月光之下执壶独酌,暗暗地想着心事。吴王夫差,不恰似这轮明月吗?光辉熠熠,极尽辉煌!然而仅是转眼间,赫赫霸业却已成为明日黄花。如今越代吴霸,是不是又要似这轮明月?……

"唉!"

他喟叹数声,举杯邀月,却不料乌云涌动,明月隐遁,只剩下一天的惨淡星光。

望着这一幕，他忽然想起当日和西施一起在土城看月的夜晚，二人一人吹箫，一人抚琴。当时范蠡就对月而落泪，西施则说道："月缺而能复圆，但愿你我的人生，也如这轮明月，可以残而复圆。但真会有那一天吗？"

微凉轻寒，范蠡掸掸单薄的衣衫，眼前浮现出在江边见到西施被虞姐推落江心的一幕。"她就那样去了吗？"

苎萝乍逢，会稽相许，姑苏诀别……一切都历历在目，恍似昨日，却已昨是今非。

"罢了，罢了……"

夜色迷蒙，微风轻拂。佳人已去，自己空自对月，却只能意兴阑珊，抚膺长叹。

"飞鸟尽，良弓藏；狡兔死，走狗烹……"夫差的声音又在耳边响起来。

如今吴国已亡，越国霸业已成，自己是也该到全身而退的时候了。当年，自己应文种之请出三户陇，只为拯天下万民，芸芸众生，又有谁会想到，了结这吴越恩怨，竟一晃二十年，嗜狠斗勇，固非所愿，便是这身居高位，得享盛名，也非自己所梦想！罢了，不如就此隐去，逍遥江湖，聊度光阴去吧！

……

翌日，范蠡待散早朝，换过衣服，便赴文种处，欲劝文种共隐三江五湖，全身而退。

尚未及言，文种早取出夫差当年手书，唏嘘慨叹。范蠡三言两语道明来意，文种却反而愣住了。他了解范蠡性情，也知道范蠡去意甚决，思忖半晌，摇头无语。

又到了夜晚。

王宫之中，勾践也是一个人在月下独自徘徊。这些年，他因为要灭吴雪耻，从来都是三更睡五更起，哪曾有如此片刻闲暇？

如今，吴国已灭，国耻已雪，霸业已成，几十年的梦想一朝成为现实，他反而无所适从了。

"大王——"

忽然，身后响起一个声音，勾践忙去抓住腰间的宝剑，那人却已经低声道："大王莫惊，是我。"

勾践急忙回过身来，一见是范蠡，才放了心，松开剑柄，奇怪地问道："将军半夜三更的，来闯王宫，有何急事？"

范蠡道："实不相瞒，我是来向大王辞行的。吴国已灭，大越霸业已成，我已无事可做，该隐退山林了。"

勾践听了，大出意外，忙上前拉住他的手，正色劝道："范将军，当年若不是你与寡人一同入吴受难，大越又怎有今日！这些年来，你为了寡人的复仇之计，吃了多少苦，寡人心里清楚，正要与你共享富贵，怎么要离去呢？"

"大王的美意，我只能领会了。"范蠡微施一礼道，"我决意在这时候离开，不是不念与大王的情谊，而是为大王好。"

"哦？"勾践一愣。

"大王请想，"范蠡直言不讳地说道，"大王以为，范蠡所长者是何才能？无非有两种：一是谋，二是智。谋者，诡诈之道也，用之于颠覆敌国，或许有用，今敌国已灭，范蠡的谋才再无可用，此其一。其二，智。智者，应变之道也。智之如水，千变万化，不拘一格，顺势而为。然而变化再多，却离不开一个'心'字。心静则百智生，心乱则无一智。臣从前跟随大王左右十余载，所赖无非心志纯净，如今却寸心大乱，才智枯竭。"

"寡人明白你的意思，你是指西施沉江而死这件事情吧？唉！"勾践也是后来才从夫人口中知道了这件事情。只能安慰范蠡道："如果你愿意，可以在越国和吴国境内，自由选择，难道再找不出一个那样的女子来么？"

"天下佳丽，多如浮云，然而臣心所属，却只能专属于一个人。"范蠡坚决地道。

"这么说，你是非走不可了。"勾践看范蠡去志已坚，无法挽留，叹惋片刻，只得问道："你离去后，朝中有事，寡人找谁商议策划？"

"大王听说过管仲和齐桓公的故事吗？"范蠡不急不忙，说道，"大王不妨在我从前惯坐的席上，铸一铜像，有事便可与我议论了。其实，以大王之谋，天下已无人能出其右，又何必再与人计议？大王，保重了！"

范蠡再不多说，转身出门，连夜离去，不知道去了何方。

第二天，勾践升朝，不见范蠡，立即派人去召。

使者回报，言称范蠡已入三江五湖而去。勾践恸哭。召群臣议，欲追范蠡。文种劝道："范蠡有神鬼莫测玄机，追必不及。"

勾践捶胸道："范蠡乃大越第一功臣，寡人正要与他共享江山，如何绝情无义，弃越而去？寡人从此背负恶名矣！"

这么痛哭流涕了一会儿，又晓谕众人道："既不可追，当塑像纪念。"众臣允诺。

过数日，勾践班师回越。

又数日，铜像塑成。勾践命将铜像置列朝中，每日与论政事。文武众臣无不叹勾践感念旧情，是个有情有义的君王。

转眼间，到了暮夏时分，会稽城里，比先前的任何时候都更加热闹。酒店、茶肆里面人头攒动，街上更是人来人往，挤成一团：卖绢布的，卖箩筐的，卖木器的，贩盐的，贩象牙的，贩牛马的，简直挤了个水泄不通。

会稽王宫却冷冷清清，梁栋画坊间飘落着一种阴湿的气息。

归国大半年来，由于勾践不行灭吴之赏，尺寸土地都不曾封授给众人，文武群臣俱寒了心，纷纷辞官告老，或托病不朝。

文种呢，也是念了范蠡的话，远离勾践，一直称病不出。

这日，文种奉诏进宫来，见一人披了上将军服，方面肥耳，立在勾践旁侧，又见勾践对面又有一人，着中原服饰，黑脸长须，不由一愣。

"文相国，"勾践一面命人给文种搬了座椅，一面问道，"你数月不朝，这身上的病可曾好了？"

"不敢烦劳大王挂怀，臣的病已经痊愈了。"文种谢了，落座。

勾践道："今鲁国有季、孟、仲三桓作乱，鲁侯派使者来借救兵。寡人当然不能坐视不理，已答应发兵三万助鲁侯伐三桓。相国，以你为将，带兵出征，如何？"

"大王，"文种立刻站起来劝道，"我大越新霸，连年征伐，国力已经衰弱。当今之计，应该安抚百姓，扩大生产，填实国库，实在是不能再出兵征伐了。再说这是鲁国的家事之争，大王又何必管那么多！"

"大王,这就是你的重臣?"对面而坐的那个鲁国来的使者冷冷地望了文种一眼,嗤笑道,"相国大人借口什么国库空虚,家事之争,不如直说了,一是怕奔波劳累,不能在家享清福;二是怕年纪大了,万一有个闪失,失手败给三桓,毁了半世英名,惹人耻笑!唉,罢了,罢了,我只是听说越为霸主,主持天下公道,因此抱着试一试的想法来叩见大王。早知如此,我来之何用?纵有三万越甲,以老朽之人为将,出师又有何益?罢了,罢了,大王,小人也不敢指望请越国出兵讨伐三桓了,这就告退。"

他长叹一声,行了大礼,然后竟不拿正眼看文种,扬长而去。

其实,文种哪里知道,越王勾践另有心思:如果借机出兵,灭了三桓,鲁哀公年老多病,自己便可乘虚而进,吃掉鲁国。只是,勾践最不放心国内的,就是文种。自从范蠡走后,勾践感到最大的压力便来自文种。他深知文种之能,灭吴之后,无所用之;又害怕万一为乱,无人可制;想害死他,偏又没借口。近来,更不断有人道:"文种自以为功大,封赏太薄,心里不满,经常牢骚不断,大有怨意。"这更弄得勾践心里害怕。这些,文种一无所知。

不过一月,鲁哀公竟死了。外面纷纷传说,鲁哀公的突然病死,是因为大越不肯出兵,抑郁而死。

越王勾践坐不住了。

这日,勾践忽然来到文种府上,文种忙迎接了:"不知大王驾到,有失远迎!"

勾践忽然问道:"文种,我听说人了解别人容易,看清自己难,你以为自己是什么人?"

文种从勾践的问话里,似乎嗅出了不祥的气息,但仍直率地道:"大王,你是只知道我勇猛,却不知我仁义;只知道我忠孝,不知道我节信啊。我以前多次劝大王勤政爱民,疏远女色,前月又劝大王认清时局,不要出兵帮助鲁国。这必定触犯了大王。当年夫差临死前,曾说过'狡兔死,良狗烹,敌国灭,谋臣亡'。范蠡走时留给我一封信,劝我离开大王,我不听。如今,大王这一句话,我想我已经知道大王来这里的意思了!"

"哼!"勾践冷冷地道:"我听说'志士不忧其身之死,而忧其道不行',你有灭吴七法,我仅用其三,而吴已灭,所剩四术,你告诉我,怎么用?"

文种摇头道:"我不知有何可用之处。"

越王冷哼道:"那就用这四术,替我去地下算计吴国的前人吧!"说着解下腰中的宝剑,放在案上,头也不回,径直出门,乘驾回宫。

勾践走后,文种起身,拾起剑,见上面刻有"属镂"二字,正是当年夫差赐伍子胥自刎之剑,不由一阵悲苦。想当年,自己处心积虑,先献美人计,又用熟谷计,再行离间计,最终致伍子胥于死地,又有谁想到,转眼轮到自己头上呢?自己和伍子胥的命运,仔细一想,竟然何其相似!

文种想了片刻,仰天叹道:"我不听范蠡之言,今致为越王所戮,也够愚蠢的了!"忽又笑道:"百代以下,世人必以我与子胥共提同论,夫复何恨?"这么一想,顿时释怀。于是,不复留恋,挥剑断颈,仆地身亡。

勾践得知文种的死讯,假惺惺一阵号哭,命令厚葬于卧龙山,后人又称这山为"种山"。

文种死后六年,即周元王七年,勾践亡,在位二十七年。其后代子孙,继续称霸,然国势日颓,终为楚灭。曾经显赫一时的霸业,最终和齐桓、秦穆、晋文、楚庄一样,湮没在了历史的风尘中,只留下遥远的传说……

第十章

缁衣救美

在很多人的想象中，西施似乎是个弱不禁风的女子，西施捧心，病态不胜，千古风流。然而，在真实的历史中，西施又一定是一个坚强而勇敢的女性，否则，断难完成越国的复仇计划中最关键的一部分。

因此，西施沉江，应该不是她生命的终结。她在完成了复仇吴国的使命后，悄然从历史中隐退，而她真正的生命，她的精神和生活，才刚刚开始。

那么，作为一个女人，支持她一直坚强地活下来的强大力量究竟是什么？不用猜也可以想道：那就是她对范蠡的爱情！"爱情"二字，看似虚无缥缈，但对女人来说胜过世上的一切！什么王图霸业，什么江山万代，对女人来说都宛如虚烟浮云。范蠡和西施的爱情，所以动人，就因为他们是真正的心心相印，是两个生命彼此真正的相契相知，是超越一切的真爱……

西施相信，她一定会克服千险万难，一定会再回到心上人的身边……

单说那日西施，被越妃用力推入江水之中，虽然她从小在水边长大，奈何衣衫单薄，天气又冷，在水里只待了不一会儿，便觉得寒冷刺骨，彻头彻尾的凉意，侵入四肢百骸，不知不觉，手脚早已麻木，再后来，连头脑也失去了知觉。只觉得有千万斤重的水从四面八方挤压过来。她恍惚觉到，自己正拖着湿漉沉重的衣服，在万丈峡谷涧流里的一艘小船上，顺波逐流，漂来荡去；又落到一条七彩缤纷的彩虹上面，她骑着虹，飞上去落下来；又爬到一只大大的蝴蝶背上，迎面八九只小蜜蜂，"嘤嘤嗡嗡"地叫着，从她的脚背缓缓爬到腿上，她从蝴蝶的背上跌下，躺在一块大青石板上，石板上铺着一层软软的干草，鼻尖上痒痒的，眼前是白茫茫的一片……

后来，她就完全失去了知觉。

不知道过了多久，西施终于恢复了知觉。她慢慢地睁开眼来，发现自己正置身荒山野岭的一处草地上，有匹枣红马拴在不远的树上，一个汉子着了一身素白的衣服，正背对了自己，高声吟哦道：

"知我者谓我心忧

不知我者谓我何求

悠悠苍天

此何人哉……"

"这是在哪里？……我已经死了吗？"西施活动了一下手脚，在温暖的阳光里坐起身来，揉了揉眼睛，确定不是梦。

低头一看，这才发现自己身上穿的是件宽大的男人衣服，虽不光鲜，却是难得的整洁。西施不由双颊一红，在自己昏迷不醒的这段时间里，到底发生了什么？她不知道，也不敢乱猜。

"你醒了？"

那汉子听到背后的响动，转过身来，关切地问了一句。西施打量了他一下。看他三十多岁的年纪，一张俊采飞逸的脸庞，一双精光闪闪的眸子，浑身上下透露出一股子雍容不凡的气度，显然不是寻常之人。

"是你救了我？"西施半坐起身，施礼道，"多谢恩公救命之德。"

"不必客气。"汉子淡淡一点头，"姑娘喊我缁衣好了，姑娘怎么称呼？"

"我……"西施有些愣怔，她不想再以真实姓名示人，可面对自己的救命恩人，又怎好信口开河欺骗他？思索一会儿，她抱歉道："我不愿以真名示人，又不好骗你，这样吧，我从小出生在一个叫苎萝的地方，你要称呼我，就喊我苎萝好了。"

"苎萝姑娘。"缁衣低声念了几遍，又问道："姑娘家居何处？家里有什么人？又究竟出了何事？"

"家？"西施已经很久没有听到这个字眼了，愣了一下，喃喃自语地问道："是啊，我的家……在哪里呢？"

吴国已亡，夫差已死，虞姐要杀自己，范郎音讯全无。自己还能回哪里？回苎萝村吗？虽然那里是自己生长的地方，郑旦姐姐又早已魂归故里，可是自己在吴国这么多年，物是人非，自己还能再回去吗？家乡的人们，还能接纳自己吗？更重要的是，越王妃能放过自己吗？会不会给周围的人们带来危险？……

想到天地虽大，却没有落脚之处，她不由一阵心酸，泪水滚滚而下。

"对不起……"缁衣也知道自己触到了她的伤处，道了声歉，不再询问。

后来，他便整理好了马鞍，待西施歇息半晌，身上有了气力，便扶她上马，自己执缰前行。

路上，缁衣主动告诉西施，他是楚地游侠，平生以游历江湖、济困扶危为业。偶尔路过此处，见西施被江水冲到岸边来，便救了她。

此处人烟荒稀，既然西施也无处可去，缁衣提议，不如先带她到洞庭郡上的客栈投宿了，待过些时日，西施的身体养好了，再作计议。

"一切听凭恩公做主。"西施反正也无地方可去，点头应了。

一路走来，西施才发现所处的荒岭真是宽广无垠，群峰连绵，脚下的小路蜿蜒伸展，却始终没有尽头。

"苎萝姑娘，"缁衣看西施一脸的困乏，又见天色不早，便提议道，"咱们今晚且在这山中歇息一宿，明早再赶路不迟！如何？"

"嗯。"西施点头应了，缁衣便把她从马上搀扶下来，让她坐在斜坡上稍歇一会儿，自己则去前边寻找露宿处所。

夕阳在山，正是春暖花开，山间微风轻拂，花香扑面，西施独自坐在茵茵绿草之上，不觉精神一爽。看一轮斜阳，金光万道，美得令人不忍凝眸，西施不觉沉沉睡去……

再次醒来，已经繁星满天。春天的夜晚，自有一派蓬勃的生机，柔和清凉的微风吹过，甲虫嘤嘤飞舞，远处山谷的溪流里，蛙声清脆，流水潺潺，别有一种美丽。

"苎萝姑娘,请到这边来。"循着缁衣的声音,西施起身走到蛙声轰鸣的河边,便闻肉香扑鼻。但见缁衣不知道什么时候,已经生起来一堆篝火,十多串蛙肉已在火上烤好,阵阵的肉香,随风溢向四方。

"好香!"也正是闻到肉香,西施才听到自己肚子里"咕咕"的声音。她这才觉出饿了。

在这样的夜晚,这样的山间,吃的又是鲜美香脆的蛙肉,西施这么多年来,已经在夫差宫中,厌烦了山珍海味,难得吃到如此原汁原味的美味。在缁衣是最平常不过的,在西施却新鲜无比。

美美地吃了一顿蛙肉,缁衣又捡些柴枝回来,将火堆添得旺旺的,找些杂草铺上,上面盖了衣服,两人分开,各自睡了。

西施一夜睡得很是安稳。天亮时,才被鸟雀的鸣叫吵醒。

这一日,二人到了洞庭郡。缁衣带西施住进一家银钩玉栏、雕龙镂凤的客栈,给她找了一个单间住下。客房布置优雅,恬淡。这里的掌柜叫作鲁班楚,早年曾受过缁衣大恩,因此照料细微。

一切安排停当,缁衣告诉西施暂留几日,他要去了却一桩心事,五七日内返回。又吩咐了鲁班楚好好照料西施,留下盘缠,骑马出洞庭郡而去。

偏缁衣刚走后不久,西施在山中所受的风寒发作,发起了烧,竟一病不起。

鲁掌柜听闻西施病了,哪敢怠慢,一面花钱请来洞庭郡最好的医师,一面派了人去告诉缁衣早日归来。西施的风寒本不要紧,只是想到今生今世,只怕再不能与范蠡见面,抑郁成疾,是以这一病,竟是全身瘫软,终日昏沉,任那医师用尽各种法子,高烧只是不退。

缁衣也不知遇到了什么麻烦,鲁班楚派去的人怎么都找不到他,他自己在五七日内也并不曾回来,把个鲁掌柜急得团团乱转;每日里只是延聘医师,为西施诊脉断病,期望出现奇迹。

又过一二日,西施病情更加严重,开始咳嗽咯血,神智昏沉,昏迷过去。

好在缁衣终于回来了。

西施这一番昏迷，实不知过了多少时日，有时微有知觉，身子也如在云端飘飘荡荡，过不多时，又晕了过去。如此时晕时醒，有时似乎有人往她口里灌水，有时又似有人用火在她周身烤炙，手足无法动弹，连眼皮也睁不开来。

这一日，西施缓缓醒来，只觉身子如柳絮般绵软轻飘，手指微微能动，胳膊却无论如何抬不起来。

西施想，看自己现在这个模样，怕是命不久长的了。死是早晚的事情，倒不可怕，只恨不能再见范郎一面，倾诉衷情，实是死难瞑目。

西施费了好大的气力，睁开眼，见床榻边上站立一人，满脸着急之色，似乎正在为自己担心。西施微弱地动了动嘴唇，问道："缁衣？"

"是我！"缁衣看到西施能认出自己，料无大碍，心里十分高兴，道："苎萝姑娘，你能认出我来，这病已大好了！"

"不，我……是好不了的……"西施摇了摇头，道，"我的病情，自己最清楚，怕没有多久的光景了。缁衣，请你帮我做一件事，行不行？"

"姑娘请讲。"缁衣也是一阵心酸，看她的样子，竟然是在吩咐后事。不过也没有办法，只好点点头，答应道，"姑娘放心，不管做什么事情，我都会答应你。"

"谢谢！"西施感激地道了一声谢，喘息一阵，说道："你到越国的会稽去，找一个叫范蠡的人，让他来这儿见我一面，我有话对他讲。"

"范蠡？"一向沉稳的缁衣一听这个名字，不由低低惊呼了一声："就是助勾践灭了夫差的那位大越的上将军？"

"正是他。"西施觉着自己的气力渐渐不济，便道，"告诉他，就说我，苎萝村的浣纱女……想要见他最后一面……"

她讲到这里，胸口急剧起伏，额头上全是细密的汗珠。

"姑娘究竟是什么人？"缁衣还是不敢相信："就凭姑娘一句话，他就肯来这里？"

"是的，他只要听了这句话，一定会来的……"西施有气无力，眼前昏黑，再度昏晕过去。

"真是个奇怪的女子……"缁衣安顿西施躺好，退出房来，心头的惊惧却着实难以掩饰。他无论如何都想不出，自己在江边偶然救起的这个女人，会是什么人？"难道她竟然是范蠡的妻子？"他想，"原来她在昏迷不醒时，一直呼唤的'范郎'，竟是越国的奇人范蠡！她……真的只是苎萝村一个普通的浣纱女么？"

无论如何，行侠仗义，讲究的是受人之托，忠人之事，已经答应了人家，无论如何也要把范蠡给请来。

他吩咐店家照顾西施，自己则收拾停顿，骑上枣红马，连夜奔往越国。

一路餐风饮露，晓行夜宿。这一日黄昏，进了会稽城，缁衣见时候不早，便找了一家客舍歇下了。

从掌柜口中得知，范蠡竟未随勾践一起归国，而是从吴国走了，隐退山林，踪迹皆无。

缁衣一阵沮丧。范蠡果真隐退山林的话，要找他可是难了。西施病情渐重，又怎能挨过这等辰光？或许这掌柜只是道听途说，不如进宫去问勾践，一来是他的消息最为可靠，二来是范蠡便真的走了，勾践也必知他去向何处。

拿定了主意，缁衣填饱肚子，先去歇了。半夜醒来，换了紧身衣服，提了长剑，推窗出来，施展提纵之术，飞檐走壁，如一缕轻烟，直奔勾践王宫。

时值深夜，缁衣越过高高的宫墙，进入大殿，才发现这里面斗檐飞拱，房屋足有几百间之多，要找出勾践在哪里歇息，实在太难了。

看来，必须铤而走险了！缁衣艺高人胆大，立即现身明处，大摇大摆走起来，几个武士见了，立刻上前吆喝盘问，见缁衣不答，拥上来举戟相刺，缁衣接住。

"有刺客！"

四下里喊声此起彼伏，灯火齐举，一群武士拥上来攻击缁衣，另一群人却执了松明子，直奔向后面的一处阁楼，围成圆阵。

缁衣早就觑见，心想：是了，勾践就在那里面无疑。

目的达到，缁衣再不容情，一声长啸，纵身越起，施展身法，直扑那幢阁楼而去。这一下变故太快，围攻他的一众武士都傻了眼，愣在原地。

阁楼前的众武士一声大喊，齐来堵截缁衣，却早被缁衣刺倒了好几个，但并不伤他们性命。

其时，周遭共有三十多个武士，全用长戟攻击，去调弓弩手的武士尚未赶到。缁衣看清了地形，趁众武士一齐来刺，长啸一声，再度跃起，全身倒悬，一只手借力按在长戟背上，另外一只手中的长剑鬼魅似晃动，片刻间，所有武士手中的长戟"当啷当啷"落了一地，三十多人发一声喊，逃了开去。

"好剑法！"阁楼里面有人赞了一声，只听那门"咿呀"开了，一个身材高大，目似鹰隼的中年人走了出来。缁衣全身一颤：一股杀气正从这个人身上汹涌而出。

"大王！"

武士们一见这人出来，一齐跪倒在地，缁衣这才知道，这人就是大越的一国之君勾践，便躬下身子，道："缁衣见过大王，冒昧闯宫，还请恕罪！在下来宫里见大王，只是想证实一件事。听说范蠡已不在越国，可是当真？"

"你是为了他而来？"勾践显然没想到缁衣竟是为这件事而来，点了点头道："不错，他在姑苏便已离去了。唉，他是大越功臣，只可惜寡人留他不住。"

"大王可知他去了何处？"缁衣问。

勾践长叹一声，道："寡人若知道，早去请了回来！至于这位先生，深夜闯宫，不知道找范将军，又所为何事？"

"这个，"缁衣心底一凉，想了想，道，"在下也是受人之托。既然范将军不在这里，在下告辞！"

一声长啸，不等勾践和众文武明白过来，缁衣施展提纵之术，早已冲出了大殿。

"传寡人命令，即日起，加强戒备！"勾践心有余悸，摇了摇头。

从会稽王宫出来，缁衣又马不停蹄，骑枣红马直奔姑苏，出三江，入五湖，寻访数日，不见范蠡踪迹，才闷闷不乐回了楚国洞庭郡。

西施在缁衣走后，又咯了一大摊血，正以为要不久于人世，谁知这病，竟在咳出了瘀血后，日渐好转了起来。再加上圣医妙手精心照料，等缁衣从会稽返回，她已是精神大振，能自行起坐了。

缁衣向西施简单讲述了去会稽寻范蠡的经过。西施听了范蠡已归隐不知所向，徒然伤心，听到缁衣夜闯王宫，又为他担心起来。

"恩公为了我，竟然冒如此大险，实在令我于心不安。"她不知道该说什么好，但她知道，缁衣轻描淡写讲的几句话，必定中间不知道有多少惊涛骇浪！她哽咽着，望着一身风尘仆仆的缁衣，诚恳地道："谢谢恩公了！"

"我不是说过吗？不要恩公、恩公地叫我。我本姓田，如果你一定要叫，不如叫我一声'田大哥'吧！"缁衣道。

"田大哥。"西施叫了一声，不知道怎么，缁衣的脸一下红了。

"等你病好了，咱们就该动身上路了！"他故意找话说，心跳从来没有这么激烈过……

【下部】

商人鼻祖

第十一章
鸱夷子皮

齐国，依靠盐和铁崛起，以商立国，是中国商业文化的发源地之一。经过姜子牙和管仲等人的努力，临淄在当时已经是名动天下的商业名城。在齐国的稷下学宫里，很多时候，人们所争论的，不是儒，也不是道，而是商。

范蠡来到齐国是有着明确目的的，就是要从商。他深知个人经商能不能成功，首先并不取决于个人的才华，而取决于整体的外在环境。而齐国的商业环境当时无疑是最好的。

来到齐国，他第一件事情就是给自己改了一个名字：鸱夷子皮。有人说这是为了纪念伍子胥，其实范蠡更意在说明，自己就是一个盛酒的大皮囊。不过，这个"酒囊"可不是"酒囊饭袋"，而是包含着更高一层的理念：财富如水，而他就好像那个大皮囊，柔软而没有固定的形状，因地制宜，顺势而为，只有这样，才可以将天下的财富都装在里面。对于一个以立志在余生以经商为职业的人来说，还有什么比这更好的名字呢？

长久以来，到商业鼎盛的齐国去走上一遭，一直是范蠡埋藏心底的梦想。

齐国从姜太公始封开始，就是一个以商业立足的国家。姜太公本身也是商人出身，深谙经济之道，知道一个国家要崛起，必须先发展经济。所以，帮助周室夺取了天下后，他来到齐国，第一件事情就是发展齐国的经济，利用当地的资源，去和别的国家做交换，最终将齐国这么一个沿海的不毛之地，变成了一个富强的国家。

管仲也是商人出身，而且生平最佩服的就是姜太公。对于姜太公的经济思想，研究得非常透彻。依靠姜太公积累下来的国力，效仿其经济思想，管仲提出了"官山海"的政策，将资源性的项目都收归国有。又鼓励民众经商，自己带头建筑豪华宫室，穿华丽的衣服，以刺激人们的致富经商欲望。

九合诸侯，齐桓公每一次和对方会盟的目的，都是为了获得更大的、更为自由的通商市场。

"毋忘宾旅！"

不要忘记和齐国通商。而且每一个来齐国经商的人，都被视为上宾，住在豪华的宾馆里，接受无微不至的周到服务。这种可以说是深谙人性的举动，一时吸引了天下人才纷纷向齐国而来。正是靠这一点，齐国迅速地繁荣起来，经济之强，无出其右，所以在很长时间里，牢牢地占据霸主地位。

对于姜子牙和管仲的事迹，范蠡可以说是耳熟能详，他也从青年时代就立志成为二人那样的人物。他在越国的一番作为，其实正是对二人的效仿。

姜子牙，又被尊为姜太公，以八十岁的高龄而出山，帮助周建立了基业，成功地取代了殷商政权。

辅佐文、武二王成功以后，姜子牙被封在齐国，来管理这里的东夷部落。

当时，这里濒临海畔，是一片蛮荒不毛之地，人民生活水平非常低下。然而，姜子牙不愧是治国能手，他来到这里以后，很快发现了这里独一无二的资源：盐。

盐，一种出产自大海，在太阳光蒸晒下从海水里分离而出，闪烁着美丽光泽的晶体。看起来平淡无奇，却是人类赖以生存的必不可少的保障。

在我国的历史上，最早的政治、经济和军事活动，无不与盐联系在一起。最早的两次大战役，黄帝与炎帝的战争，炎黄和蚩尤的战争，都是在围绕同一个地点、同一特殊的资源——盐池的争夺。中国自古以来，就有一句话，叫作"不得河东不得雄"。

夏、商、周三代的兴起，以及后来定都，大体上也都围绕着河东盐池。尧都平阳，离盐池最远，约为一百四十公里；其次为舜都蒲坂，离盐池约为六十公里；再次为禹都安邑，离盐池约为二十公里。

河东盐池，又叫作"解池"，夏季气温高，多东南风，风速为四季之冠。

夏季的南风，使解池的盐水加速蒸发，凝结成盐。

当舜帝在位的时候，就十分关注盐的采集和盐民的生活。他来到解池，见到南风吹来，盐水迅速蒸发，凝结成盐粒，朝取暮生，暮取朝复，取之不竭。于是，他就身体力行，与大家一起取盐，虽然累得精疲力竭，十分辛苦，但还是十分高兴，和盐民一起，欢歌载舞。他亲自弹起五弦之琴，创作了《南风》之歌：

"南风之薰兮，

可解吾民之愠兮；

南风之时兮，

可阜吾民之财兮。"

关于"解池"的来历，《孔子三朝记》中是这样记载的："黄帝杀之（蚩尤）于中冀，蚩尤肢解，身首异处。而且血化为卤，即解州盐池也。"原来，黄帝在战败了蚩尤以后，将他给肢解了，这个地方，就被命名为"解"，蚩尤的血，就成为"卤"。经过风吹日晒以后，慢慢地就"自然成盐"。

盐，因为富含有多种生命生存所必需的矿物质。千百万年前，生命从海水里诞育出来，最早的生命，都是在海边活动，为的是可以随时补充盐分。后来，随着生命的进化，活动范围的扩大，以及在岩洞、苔藓等植物上面，发现盐的存在，一部分生命开始离开大海，进入内地。以中国人为例，发现了如河东盐池这样的天然资源，在四方建立定居之所，从野蛮进入文明。

盐，是夏、商、周一切政治、经济、军事活动的基础，因此，"盐政"便成为治理国家第一等大事。

既然姜子牙辅佐周政，自然知道"盐"的重要性。在来到海滨以后，一个偶然的机会，他发现了当年因为武王伐纣而被驱逐出来的殷商王室的后代。他们逃亡来到遥远的齐国海滨以后，就一直留在这里，利用先祖王亥从蚩尤的后人有易氏那里学来的蒸煮海水而取盐的方法，从事着制盐业。

制盐、贩盐，这一古老的活动源于河东解州的池盐"卤"，也写作

"鹽",后来又渐渐演变成了"贾",因此,从事这一活动的人便有了一个专业的称呼:"贾人"。

从这些"贾人"身上得到启示,姜子牙便结合齐国的情形制定了基本的国策:以鱼、盐生产作为国家经济之本,再教导女性从事女工等基本手工艺。用这些生产出来的鱼、盐、工艺品等,去换取别国的粮食等生活必需品。

这么一来,通过交换,不但解决了齐国人民的生存问题,而且还大有余利。很快,各个国家的人们都跑到齐国来,从事贩鱼、贩盐等经济活动。

由于以倾国之力推行"盐政",很快齐国的盐在天下诸侯国中占了一半以上的供应量,一车车的盐从齐国境内流出,换回的是一车车的粮食和数不清的货币。

一个偏处海滨的大国由此崛起。齐国在姜子牙手里,奠定了雄厚的经济基础。

姜子牙之后,齐国很快又出现了一位了不起的人物:管仲。

管仲自己本身就是一名"贾人",懂得"利害之学"。他得到好朋友鲍叔牙的推荐,成为国君小白的重臣。管仲当上了相国以后,完全推行姜子牙的那一套经济政策:以举国之力,发展盐业生产。又因为当时已经可以开矿冶铁,而铁在各个国家是仅次于盐的紧俏商品。因此,管仲下令将盐和铁作为国家专营的领域,其他领域则一律对百姓放开,任其自由经营。

管仲的经济政策很快使齐国的国库大为富足。依靠雄视天下的经济实力,齐国九合诸侯,完成了"尊王攘夷"的霸业,成为春秋历史上第一位霸主。

后世的人们,根据对姜子牙和管仲的经济思想的研究整理,形成了一套学问,叫作"轻重之学",也叫作"经济之学""利害之学",就是计然从老子那里学来,经过自己的实践整理后,又传授给范蠡的商业之道。

正是通过实践套商业之道,范蠡才会在越国取得成功;如今功成身退,抱着向姜子牙和管仲致敬的崇敬之情,范蠡自然而然地选择来到了齐国。

这时候的齐国,国力依旧鼎盛,但却在政治上陷入乱局:自从田恒听子贡之言,利用吴国的外力,将齐国的国、高等几大家族一下子削弱后,齐国便只剩下田恒和阚止,一为右相,一为左相。而田恒还不甘心,等传来强吴为越所破的消息，田恒意识到时机来临，于是立即发动兵变，派族人攻杀阚止，又以臣犯君，弑掉了齐简公，另立简公之弟骜为君，是为平公。从此，田恒一人独相，实现了一家独大的野心。

田恒弑君的消息传到鲁国，孔子气愤不已，三天都吃不下去东西。他入朝求请鲁侯出兵伐齐，欲讨田恒弑君之罪。鲁侯手中无权，让他去哀求国中三个大家族。孔子大怒，说道："我只知道有鲁君，不知道有三家。"

田恒也知道自己做得过分，害怕鲁国借机来伐，于是先归还齐国从鲁、卫抢来的土地；又与晋国的四大家族结好，再派使者与吴、越修聘通好。

在国内，田恒广买人心，效仿自己的先祖。原来，陈氏是妫姓之后。传说中，舜帝在称帝之前，就把自己的两个女儿嫁给了妫姓男子。周武王灭商建周后，追封前圣后人，找到了帝舜的后裔妫满并封为陈侯。春秋初时，陈桓公死后，其弟杀了太子免，自立为陈历公。太子免的两个弟弟趁陈历公出访蔡国时把他杀了，兄弟二人相继为陈庄公、陈宣公。宣公晚年，杀了太子御寇，欲立宠姬所生的儿子。与御寇情同手足的陈历公的儿子陈完怕被株连，就逃到了齐国，齐桓公就把陈完封于"田"。从此，陈姓改为田姓。

田乞之时，国君齐景公是个奢侈之君，特别到了晚年，更是好治宫室，乐聚狗马，喜奢侈浪费而厚赋重刑。公室仓廪中，布、帛、稷、粟都放得腐烂，生了虫子，而他却全然不管人民死活，稍有反抗，立即处以"砍脚"之刑。遇到灾情，也不肯开仓赈济。大夫田乞便趁机实行新政，将齐国的量制由四进制（即四升为豆，四豆为区，四区为釜，十釜为锺）改为五进制，向人民借贷放粮时用新制，而还贷时沿用旧制。他的这一做法，果然为自己赢得了人心，一时之间，"齐之民心归之如流水"。

田恒采用先祖的办法，行德于民。只要是王公贵族的后代，没有得到封邑的，一律给予封邑。国内有贫困孤寡的百姓，一律免费领取米粟等。

他这种将国家的土地、粮食等分给众人的做法，果然取得了极好的效果，据说流传的民谣唱道：

"妪乎采芑，

　　　　　　归乎田成子。"

　　田成子，是田恒死后的谥号。连老太太采的苕菜，都要先送给他来品尝，可见他在百姓心目中的地位，受到的爱戴与尊敬已经远在国君之上。

　　而田恒呢，当然是最大的获利者。尤其在拥立新君以后，他独掌大权，再无忌惮，将齐安平以东到琅琊，都作为自己的封邑。这个封邑比齐平公的食邑还要大。

　　为了使自己的子孙后代超过姜氏的后代，田恒还采取了一项措施：广充后宫，将国中七尺以上的年轻女子都选入后宫，作为自己的嫔妃，其人数以百计。而他还特地下达了一个命令：对自己门下的宾客及舍人，出入后宫不禁。这么不到几年的时间，他的嫔妃生育的子女人数就达到了七十多人。

　　而田氏的努力果然没有白费。田恒的儿子田盘在齐宣公的时候为相。田盘的孙子田和，废齐康公，放逐齐康公于海上，自立为国君，同年受周安王册命为齐侯。几年后，齐康公死，姜姓在齐国绝祀。田氏取得了政权以后，仍以"齐"作为国号，史称"田齐"。这一段历史，被称作"田氏代齐"。

　　当然了，这是后话，不提。

　　单说当日，范蠡孤身一人，悄然来到了齐国的都城临淄。临淄在当时是名闻天下的商业大都，各国富商大贾，云集于此。街道上摩肩接踵，到处都是操着各种语言的人群，琳琅满目的商品，一派的繁荣景象。

　　白天在街道上闲逛，酒铺店肆间流连，夜晚范蠡就一个人在驿站里悄然独卧。外面的喧哗，声色犬马，对他来说没有任何的诱惑。他已经见惯了这一切，不动心，他只是要从王图霸业的争夺中完全退出来。在旁人看来是轰轰烈烈，在他看来，自己在过去岁月中所作所为，固然惊天动地，然而天道好生而恶杀。自己和文种，仅仅因为个人欲施展抱负的私心，一逞胸中所学，就卷入到吴、越两国的恩怨纷争中去，一下子就是二十年。二十年哪，不但他们搭上了人生最可宝贵的岁月，而且连累吴越两国，多少百姓牵连其中，又有多少无辜的性命断送在了这场说不清楚的战争中。昔日兵圣孙武子，在帮助吴国称霸之后，小试牛刀，立即选择归隐山林，不正是亲眼看到被他称为"兵者，凶器也"的战争的残酷吗？

唯其如此，范蠡才更佩服管仲，以当时齐国之强，与天下争雄，选择"商战"而不是"兵战"的方式，兵不血刃地帮助齐国实现了霸业。这一智慧，可谓前无古人，后无来者。随后称霸的晋、楚、秦等，无一做到。

在齐国，范蠡来到了管仲墓前，在那里久久徘徊。他曾立志要做当世管仲，但现在他知道，管仲只有一个，范蠡也只有一个。任何一个人都只能成为自己，想要去模仿别的任何人都只能是徒劳。

由于时日久远，齐国的人们似乎已经不太记得这位贤相，管仲墓上荒草萋萋，已经许久没有人来祭奠过了。

于是，范蠡就在管仲墓的边上，搭起了一间草棚。晚上在这里遮挡风雨，白天就亲自动手，锄草除荒。

他已经记不起，自己有多久没有参加过这种劳动了。似乎那还是当日在三户时候，自己亲自耕种，有过这样汗流浃背的时候。和处心积虑设计吴国，又要处处提防勾践比起来，这身体上的疲惫委实不算什么。白天一天劳动下来，出一身的汗，黄昏时分坐在山坡上，悠闲地望着落日。这对范蠡而言，实在是难得的享受。至于到了晚上，他也是倒头便睡……

就这么一直过了一个多月，范蠡动手将管仲墓装饰一新，周围开垦出一片平整的土地，种上树木、花草等。又特地从附近的村子里，请了一户人家上山来，给了他们一大笔足够用度的钱，就在管仲墓旁居住下来守墓。

这么对管仲表达了自己的敬慕之情，在这一个多月中，范蠡也想明白了：自己的前半生至此已经画上一个圆满的句号；从今以后，他要靠自己的劳动自食其力，成为一个再普通、再平凡不过的百姓。

至于职业，他也想好了：去做一个商人。将老师计然教给自己的商业哲学，用于个人的商业经营实践上。

不过，在决定转换角色之前，他还必须做一件事情：隐藏行踪潜回越国，将自己的妻子儿女接出来。

说起来，对妻子儿女，范蠡心中一直是怀着一份内疚的。这些年来，他一心忙着辅佐越王勾践治理朝政，竟然无暇顾及儿女之情。

范蠡的妻子钟春氏，是范蠡入越后的第二年冬天娶的。关于二人之间这份情缘，范蠡至今难以忘怀：

钟春氏是越地磐安人，幼年丧母，随父钟离子一起生活。

勾践二年，钟春氏已满十七岁，妙龄如花，招来许多人家求亲。钟离子左挑右选，最后把女儿许给了会稽城里一个周姓的殷实人家。

大事既定，钟离子满心欢喜，再加上周姓人家送来不少的聘礼定金，他也乐得摆一摆阔绰，设宴饮酒，热闹半月，不觉已到了这一年的八月十五。

磐安这个地方，每年的二月初二，六月初六，七月初七，八月十五，九月初九，都要请神驱鬼，祭祀炼火。

炼火在晚上举行。在开阔的旷地上，供好五圣太祖、本堡土地等神位，念过经，将数百筐木炭倒入火堆煽红，摊成一个圆形，厚数寸，然后杀鸡祭神，请"山人"念咒请神，绕火堆用神牌蘸水画符。东西南北依次开了水火门。

开水火门后，炼火者和降僮都脱光上衣，仅穿一条短裙，围上花布，十二人执响铃叉，四人执分叉，催神降灵，降僮跳上供位，浑身乱颤，对众炼火者训讲：

"脚踏云头

眼望九州

众家头首

锣鼓纷纷

拦我马头

你等甚事——"

众炼火者答："助灵公火一堂"！降僮道："好！"

"到一都保一都

到一村保一村

保六畜兴旺五谷丰登

保风调雨顺国泰民安。"

众道:"谢灵公保佐",降僮又道:

"众家兄弟
前者前后者后
不可争先后
带你一起上马
头首助我开道!"

接着端水盆走下,香灯前引,用脚拨火开了水火门。

炼火正式开始,众人随降僮从东北进入火堆,赤脚踏火,从西门踩出,由北门进南门出踏火第二趟,为第一出。连接三出,为炼火结束,由降僮念:

"天有天孝
地有地孝
人有人孝
物有物孝
三十六大孝
七十二小孝
地上恶兽怪禽
千年不转
万年不回。"

这样妖魔鬼怪都被驱出了村境,可保人畜无虞。

钟离子在这磐安境内素以炼火闻名,这年的八月十五哪能不去参加。这炼火是有许多禁忌的,如前三天不能吃荤饮酒,不能与女人交接同房等,偏钟离子为女儿的婚事一高兴,早顾不上这些了。

那天炼火，钟离子还没炼完第二出，便遭了火噬，一双赤脚尽被烧焦，如不是众人抢得快，怕是两条腿都没了。

钟春氏尽数变卖了家产，又将会稽周家的聘礼定金花尽，为父亲请来名医，施以针灸，配以妙药，总算保住了性命，只是两条腿抽缩干瘪，彻底废了。

钟春氏每日上山去，根据医师开的方子采集各种草药，回来煎了，喂给父亲喝，不觉重阳之期渐到。

这日，钟春氏又上山去，采了许多草药。正要下山，阴云陡起，天降大雨，她看看无法回去，只好找了一个山洞避雨。

已是深秋，清凉的风吹过山间，一股寒意令钟春氏全身一颤。

雨未歇，却见有一人步履蹒跚，摇晃着从山路走了上来，看他那单薄的麻衣，真让人替他担心。

是他！

钟春氏微微一怔。这个男人，她每日里上山采药都遇得到，或独步山间，或仰卧树下，似是落寞得很。今日不知怎么，竟不知避雨。秋风凉，秋雨寒，遭这一场风吹雨淋，任是谁都要生一场病。

钟春氏不由暗暗着急，脱口喊了一声："喂——"

刚一喊，她自己又意识到不合适了。自己一个单身女子，总不能喊这男子来山洞里一起避雨吧？这孤男寡女的，还不让人耻笑？可是难道就任他遭风吹雨淋，最终生一场大病不成？

这样正想着，却见那男子往这张望了一阵，竟朝这儿走来了，钟春氏不由心里一紧。

雨还在下着，路又滑，那男子艰难走了几步，脚下一踉跄，摔倒在路上，一身泥水，头发蓬乱。他爬起来，又歪歪斜斜往山洞这边走，却又摇晃不定，似乎随时都会再摔倒。

他踏上一处极窄的小径，两边都是狭长直陡的斜坡，如再摔倒，非受伤滚下去不可，钟春氏再忍不住，喊道："喂，你别动，等一下，让我来帮你！"

她也顾不了许多，迎着大雨冲出山洞，上了斜坡，扯住那男子的手，死死拽着，一步一步爬过斜坡进了山洞。

"热……热……"

明明大雨如注，男子却满口喊热。进到山洞，一摸他额头上，果然如火一样烫。再看他的腿上，裤管高高挽起，一条腿肿得比水桶还粗，上面有一个不太明显的伤口，流出来的血都是黑的。

"你被蛇咬了？"

钟春氏天天进山，一看就知道，这个人是被当地一种毒蛇咬了。这种蛇毒非常霸道，见血封喉。幸而这人是被咬在腿上，如果部位再向上一点，此时毒早攻到心脏，没有命了！

那人再也支持不住，沉重的身体，如同山一样压下来。钟春氏顾不得多想，连忙将他扶着靠在山壁上，一下俯身下去，吸他伤口处的黑血。一连吸了十几口，一直到伤口吸出来的血由黑变红，她才长长地出了一口气。

"死不了啦！"

也不知道是在对他说，还是对自己说，又连忙去外面，冒雨采来几样草药，给他敷在伤口上面，包扎好了。这时候，她才有工夫擦了一把额头上的汗水。也第一次注意到，那人的面孔，那么俊秀，那么苍白。

再看看自己，刚才让雨水这一浇，衣服差不多都淋湿了，紧绷身上，那少女苗条的曲线一览无遗。她没来由地脸红了一阵，自个儿躲到山洞的角落里去了。

山间的雨，过眼一片云，半个时辰便停了。

钟春氏踏出山洞来，哆嗦着让山风吹干了衣衫，又收起草药，欲要离去，看了洞内酣睡未醒的男子，却又犯了难：这就走吧，他睡得那样死沉，万一有野兽毒虫来伤害了他怎么办？留下来守着他吧，天又不早了，父亲还等着自己回家熬药呢？

她又到汉子身畔，唤了几声，那人却只是迷糊应了，翻身又睡。钟春氏叹口气，从山坡上找来石块，在洞口垒了一堵小墙，又折了些树枝搭上，看着再没危险，这才放心地挎起草药篓子，哆嗦着下山去了。

没想到，这次淋雨受了寒，她回家后，竟一病不起。

看看重阳之期快到，钟春氏挣扎着托了邻人到会稽城去告诉周姓人家，自己的父亲钟离子双腿已残，除非他们肯连女带父一起迎进门，否则这门亲便算了罢。那邻人去了三五日便回来了，言道是周姓人家来日便要来索赔聘礼。

果然，第二日一大早，从会稽城气势汹汹来了有三五十个汉子，把钟春氏家里砸了个稀烂。闹了一日，傍晚方恨恨散去了。

钟离子何曾受过这等窝囊气。周家人前边一走，他便"哇哇"接连呕吐了数口鲜血，病情愈重。

钟春氏惶恐不安地打熬着日子，然而不知为了什么缘故，会稽周家人却终于没再来闹。钟春氏后来听说，会稽城的令尹老爷把周家人尽数拘去，每人打了十五杖，都折服了。

不过半月，钟离子终于含恨逝去了。钟春氏洒泪葬了父亲，并在山上搭了一小棚守孝。

不知不觉，已是初冬。

这晚，钟春氏蜷缩在小棚里，忽然闻外面脚步声响。接着响起敲门声，推门一看，见外面一个男子，抱了大堆的柴薪进来，看面目，正是那日自己救过的男子。

两人拢了火，默默相对无言。半晌，那男子方道："姑娘，你这就随我去会稽，我给你找一个好人家，不致受苦遭难，如何？"

"会稽？"钟春氏愣了一下，问道，"大哥可是会稽城内人氏？"

那男子摇了摇头，道："我不是会稽人氏，不过在那里凑巧认识一个做官的朋友，叫文种。上次周姓人家欺负你，我就告诉我那个朋友，将他拘去打了一顿。你跟我去会稽，我那位朋友一定会为你做主。"

"原来是你在暗中帮我，怪不得。"钟春氏这才如梦方醒，"若非你帮忙，我……真不知道怎么办才好！"

"不要客气，若非姑娘救我一命，我现在早抛尸荒野，被虎狼虫豸给吃得骨头都不剩了。报答你是应该的。"

原来，这个男子不是别人，正是范蠡。因为初见勾践，不被重用，因此游遍三山五岳，勘察越国山川地理形势，不料在磐安的山中，不小心被毒蛇所伤，若非被钟春氏所救，稀里糊涂就送了性命。

第二天一早，钟春氏放火焚烧了棚屋，又将家里的空屋变卖，折数十金，跟随范蠡一道去了会稽城。

来到会稽之后，见了文种，说了事情经过。范蠡的意思，是要文种给钟春氏介绍一个好人家。文种却在见过钟春氏后，听她吐露心思，竟然对范蠡情有独钟，当即和范蠡商量："什么好人家，我看你们正好是一对！"

于是，在文种的主持下，范蠡与钟春氏很快成了亲。

一夜缠绵，珠胎暗结。

不到三个月，吴国夫差来伐，夫椒作战，越国大败，范蠡便陪了勾践入吴为奴。

十月怀胎，一朝分娩，钟春氏生下了一个孩子，就是大公子范屯。亏了文种的悉心照料，母子日子过得并不艰难。

三年之后，范蠡陪同勾践，君臣返回，钟春氏又得以与丈夫相厮守。虽然聚少离多，范蠡潜心图吴，经常不在身边，但毕竟夫妻情深，还是又生下了一个儿子，也就是二子范蒙，也得以顺利长大成人。

……

想着从前那段岁月，再想到越王在自己临走时发狠说的话，如果自己决意离开，就杀掉自己全家，范蠡不由全身一颤。虽然他也知道，勾践不会那么做的，但是他仍然要为自己的家人着想，必须要将他们接出来才行！

他已经失去了西施。他做了那么周密的计划，唯独没有想到，会半路杀出来一个越王妃。他根本就没有考虑到，越王妃会对西施那么忌惮，而且下手那么狠毒。女人心，海底针，他可以操纵吴越两国的命运，却无法猜度两个女人的心思。越王妃他猜不到，西施的心思他也猜不到，真是无可奈何。

他也已经失去了文种。从越国传来的消息，他知道好兄弟文种已经被勾践逼迫而死。这是意料之中的事情。他曾经劝过文种，但是文种不明白功成身退的道理，他帮助越国称霸，自以为功莫大焉，一朝成功，难免贪恋富贵，又对勾践的性情为人抱有幻想，这场杀身之祸，与其说难以逃过，不如说是他自己招来的。范蠡虽然料到这个结局，但乍闻文种死讯，仍是肝胆欲裂。他遥遥摆设了一桌酒席，祭奠文种，洒一抔英雄泪！

终于，范蠡决定要返回越国一趟了。为了不让人认出来，他乔装打扮，混在一队商旅中，从吴入越。趁着黑夜，先回去接了自己的妻子儿女。勾践果然没有为难他们，对他们照顾得很好。开始还有人监视，后来也松弛了。范蠡得以顺利地和一家人离开住处，消失在了茫茫的黑夜中……

本来，范蠡还要再去接文种的家人，经过打听才知道，文种被逼而死以后，家人早已逃离，不知何往。范蠡也只能死了这条心，以后慢慢寻访。

范蠡一家星夜赶路，出了越境，来到吴国。这一日，正是暖春天气，桃花灿烂，翠绿遍野，燕儿盘空，百灵宛转。

船过江岸村寨，有一群吴地女子刚从山林间采葛归来，齐声唱着悦耳的山歌。圆润亮丽的吴音，听得人如痴如醉。范蠡看到她们青春靓丽的容颜，听到那婉转入云的歌声，不由得想起西施，叹了口气。

晌午时分，船泊在一座小山脚下。看那山不大，却树木葱郁，气象万千。两个儿子都急着要上山戏耍。范蠡让他们先去了，自己则一步一步上岸来，漫步踏上山坡。

山坡上是一片挡不住的绿油油的生机，各种各样的野花和许多叫不出名字的植物，散布其间，随风摆动摇曳，令人心旷神怡。

绕过山坡，迎面现出一座香火缭绕的祠庙，庙里供的神像，龙首牛耳，一只大大的眼睛连着眉毛。范蠡知道，这叫防风氏。

每年的农历八月廿五日，都要由当地的官员率众前来祭祀。这一天，防风庙会聚集了许许多多从四面八方赶来的人，当地民众每家都摆上几桌精美的菜肴，不吝钱财，招待客人。可见人们对防风氏的敬重。

在古老的传说当中，防风氏是个治水的大英雄。防风原是个顶天立地的巨人，他伸手到天上挖泥，在一片低地上堆起了一座座大山，又用脚踏出大片的洼谷，同时把脚印留在了洼谷里。洼谷旁边有一个女人名叫华胥女，华胥女从来都没有见过这样大的脚印，十分稀奇，就在防风氏的脚印里跑了一圈。这一跑，便怀了孕，生下孩子取名叫伏羲。后来发大水，大禹治水来到南方，南方的洪水淹没了天地，弄得大禹分不清东南西北。大禹在烂泥里走来走去，脚都走坏了还不知道这水应从哪儿治起。他急坏了,听说有个防风氏会治水,就来找防风氏。防风带他去找伏羲,伏羲画了八卦,使大禹能辨清东南西北,在会稽山开始治水。防风氏也帮了大禹的忙,在长江与钱塘江之间,开凿了八十一条河汊,建造了七十二道堰坝,使洪水北泄太湖,东流大海。没用几年,这儿就五谷丰登,人丁兴旺。禹王见防风氏治水有功,就把封山和禹山之间方圆百里之地赐给了防风氏。大禹会盟,防风氏赴会途中,因为天目山出了蛟龙,苕溪河洪水泛滥,防风氏指挥部下打捞落水的百姓,耽误了会期。大禹对防风氏的迟到格外恼火,盛怒之下,杀了防风氏。百姓感念防风氏恩惠,便在此为他建了祠庙,世代香火供奉。

在防风庙中,范蠡给防风氏磕了头,心中暗叹,这也是一个功高震主的英雄,他的死不是因为大禹的一时之怒,而是早存了杀心,不过找个借口罢了。不过,虽然死得冤枉,千载以下,老百姓还是会给他一个公道。

出了防风庙,再往前走,便见远处的林子里,隐约又显出一座庙宇,不知其中供奉的又是何方神圣。

范蠡便想前去游览。不料,刚一迈步,便觉全身乏力。一阵困意袭来,竟是无法抗拒,便在山坡上一处青石板上就地躺下,迷迷糊糊进入了梦乡。

恍惚间,范蠡在梦里又来到了姑苏城下,在那里,吴、越双方数万人马正在展开浴血厮杀。越国这边,亲自带兵冲在前面的,不正是自己的老友文种吗?范蠡一见,连忙冲了上去,和文种并肩作战。

吴兵大败。文种和范蠡冲到城门前,安了营寨。

夜里,越兵发动了突袭,来到城门之下,众人正要毁城门而入,猛然之间,只见姑苏城城门上挂着伍子胥的人头,大如车轮,须发皆张,目光如炬,光射十里。越军众人无不畏惧,文种和范蠡慌忙退兵二十里外,暂且歇了。

夜半,有暴风从姑苏南门而起,大雨如瓢泼般当头浇下,越军惊慌失措,相互践踏,死伤有几千人。范蠡见军情紧急,忙和文种一道,出得营来,不顾风雨泥泞,遥望姑苏南门方向,跪地长拜。

良久,风雨渐停。忽见伍子胥乘白马素车,翩然而至,衣冠齐整,如同生时一模一样。来到近前,只听他对文种和范蠡二人道:"两位将军,何以来得如此之迟，我在此等候多时了！我早就知道越兵必至，只恨夫差小儿不听我言，逼我一死。所以，我才要夫差把我的头颅挂在东城门上，看你等入吴。夫差小儿失信，偏偏把我头颅挂在南门。我不愿见你等从我头颅下进姑苏城，遂兴起风雨，以退越兵。然而越要灭吴，此乃天定，又哪儿是我能挡住的？越兵要入城，须从东门入，我当开道。"切记，切记！"言毕而去。

范蠡和文种听罢，立即下令，驱兵奔向东门。刚来到那里，只见太湖洪水忽然决堤，波涛滚滚而来，冲塌城门，复又退去。越兵不费吹灰之力，从被冲垮的城门一拥而入，攻入姑苏，灭了吴国。

文种、范蠡跟随大部队进城，正走时，忽天又昏昏，风雨再至。文种一下子不见了，天地间只有范蠡一人。

"文种兄，你在哪里？"

范蠡大叫一声，醒了过来。

他茫然四顾，见自己还在草地上的石板上，只是天已变了，刚才还春光明媚，现在却乌云滚滚。

"奇怪，"范蠡心中不禁诧异，"我梦到文种兄也罢了，怎么会莫名其妙地梦到伍子胥呢？此中必有缘故。"

正好，附近有一个当地人在牧羊，范蠡便走过去询问："请问，前面那座庙是什么人的？"

那人答道："是伍子胥之庙，他的尸体被吴王夫差装入鸱夷之袋，丢入江中，随波逐流，浮游至此，被当地人葬在山上，立了祠庙，香火旺得很哩。"

"原来如此！"

范蠡终于明白，是伍子胥托梦给自己。既然来到了伍子胥的庙前，自然不可不拜。于是连忙整理衣服，来到寺庙中一看，里面果然塑着伍子胥的金身。

在伍子胥像前，范蠡三跪九叩，起身之后，又仔细观看那像多时，虽然不甚真实，然而仍然可以看出伍子胥当日之威武，的确是一代名将风范！

出来之后，范蠡又询问当地人："当日盛殓伍子胥的鸱夷之袋，如今何在？"

当地人回答说："已经在起庙时葬于地下。"

范蠡一番感慨，伍子胥一世英雄，怎么也不会想到最后落个鸱夷浮江的结局！

再想一想自己和文种，为了越国和勾践的复仇大计，可谓尽心尽力，二十年漫长的岁月，耗费了多少的心血，又为此搭上了多少人的性命！可是结果如何呢？文种最后还是落了个和伍子胥一样的结局。自己呢，若非见机得早，果断地选择了离开，也许，今天可能要在这里和伍子胥做伴了！

"狡兔死，
走狗烹；
飞鸟尽，
良弓藏。"

这句出自吴王夫差之口的话，范蠡越思索越有道理。他在出山之前，曾那么相信人性的善良与高贵。然而，只有在亲身经历了一番风波后，才认识到原来人性之中，亦有这么黑暗而卑劣的一面。

善恶两端，从一开始就存在与人心中，犹如一面镜子的正反两面，关键看你要照的是哪一面了。

文种，伍子胥，一个辅佐吴国，一个辅佐越国，他们的成功，都是深刻地利用了人性中的黑暗面。

虽然最后都取得了成功，但他们自己却因此成为这黑暗的牺牲品，最后被迫与其一起毁灭、一起殉葬。

至于范蠡自己，在这个过程中因为遇到西施，而照到了人性中光辉明亮的一面，得以全身而退。

就这么一路感慨着，范蠡离开了吴国，带着一家人重新入齐，在齐国海滨的一处小渔村里居住下来。

一路上，经过深思熟虑，他给自己起了一个崭新的名字：

鸱夷子皮。

鸱夷，就是纪念伍子胥。他要提醒自己，永远不要再走上伍子胥的老路，不可以让伍子胥的人生悲剧重演。

子皮,是他给自己的一个新称谓。"皮"是一种盛酒用的酒囊。他将自己比作酒囊饭袋,意思是胸无大志。

当然了,这只是韬光养晦的一个手段。表面的字义下,其实隐藏着更深一层的含义:财富如水,要将财富牢牢地在手中攫住,就必须有鸱夷子皮这样做的牛皮囊,将其尽情地装入其中。而一旦满溢,又要主动将袋塞解开,让里面的酒流出来。否则,再结实的牛皮囊也会有被撑破的一天。

第十二章

再见钟情

齐国的"田氏代齐"与晋国的韩、赵、魏"三家分晋"一样,都是春秋向战国过渡时期的重大事件。范蠡来到齐国,正是田氏一家独大,谋国甚急的时候,范蠡虽然为经商而来,但也不可能完全不卷入到政治漩涡中。

当然了,这时候范蠡对事物的判断,仍然从"利"与"害"的角度去对比。只不过"利"与"害"的对象发生了变化:不再是"自我",而是天下百姓。如果对齐国的百姓有"利"的,他就去支持;如果对百姓有"害"的,他就去制止。例如"田氏代齐"这件事情,他就认为田氏为了收买人心,一定会大大地让利于百姓。至于姜子牙的后代最终将丧失齐国的统治权,他则认为这是残酷的"优胜劣汰"法则的必然结果。

从勾践的政治集团再到田恒的政治集团,看起来,范蠡似乎从一个火坑跳入了另外一个火坑。但范蠡自己则不这么认为。如果说辅佐勾践,纯粹是为了实现个人的理想抱负,那么帮助田恒,他则有了一个更宏大的目的:为了帮助齐国百姓尽可能多地获取利益,避免齐国因为政治不稳陷入动荡中……

就在范蠡来到齐国的第二年春天,一场多年不见的大旱袭击了整个齐国,土地崩裂,谷物尽枯。

范蠡虽然在一年中,带领家人全力耕作,又兼收鱼、盐之利,然而毕竟积蓄尚浅,要救济这么大的灾荒,实在无能为力。

然而,他又不能眼睁睁看百姓陷入悲惨的饥馑之中:被迫背井离乡之人,成群结队,逃荒要饭。路上尽是背了破烂的行囊、伸手讨乞的行人,路边的沟里，几乎要被男女老少的尸体填满了。一条条红着眼睛的野狗，在沟边上为争夺尸骨而撕咬。举目远望，到处都是枯萎的树木，龟裂的土地，荒朽的竹篱，残敝的房舍。

范蠡带兵打仗许多年，死人见多了，可现在见了百姓的这种惨状，还是心里如同刀割一般地剧痛。

"真惨啊！"他叹息着，"天地不仁，以万物为刍狗！真是人命贱如草啊！"

于是，他命令两个儿子，将家中的积蓄都拿出来，买了粮食，开了粥棚，以解眼前之急。而他自己则背起一个简单的行囊，上路奔临淄而来。

这一路上，饿殍遍野，那是不用说了。走了半个多月，竟然见不到一个骑马的达官贵人，富家公子。至于驿路上穿梭往来的商旅，也踪影全无。要知道，这可是在商业鼎盛的齐国啊，实在难以想象。

来到临淄，这座大都也早失去了往日的繁华气息，冷冷清清，只有一些面黄肌瘦的人，踉跄行走，唉声叹气。虽然仍是五步一楼，十步一阁，却大多是关门闭窗，人去楼空，灰尘布满了门框和窗棂，一片荒芜、凄凉。

范蠡进得城来，走了许久，总算寻到一个开门营业的馆子。此刻天已近晌午，那小馆子里，却零零散散只有三五个人在吃饭，桌上除了又黑又霉的米饭，连一碟小菜也没有。范蠡四下里一看，只见有一个五十多岁的老者，看模样像是掌柜的，倚在柜台边，见他进来，连瞅都懒得瞅一下。

范蠡掏出几个钱币，要了一大碗热气腾腾的面汤。走了这半天路，他累了，也饿了。那一大碗汤上来，里面的面片儿稀落可数。他也顾不得那许多了，端起碗来，风卷残云般连汤带面吞了下去。

吃完了，他便叫过掌柜来，一边结账，一边向他打听："田恒田相国的府上怎么走？"

"怎么，您要去田相国府上？"掌柜一听，连忙将刚收的钱又退给了他。"只要是相国大人的客人，我们一律不敢收钱的。"

"可这年月，挣点钱不容易啊，拿着吧！"范蠡使劲将钱塞在他手上。

"多谢。"

范蠡从店里出来，沿着掌柜指点的路，来到田恒的府邸前。只见两扇朱漆红砂的大门紧闭，门前两之威武凶猛的石狮，一左一右，似乎在宣示着这户人家的非同凡响。门口两条大汉，抱臂而立。

"请问，相国大人可在府上？"范蠡上前问道。

"怎么，你要见相国大人？"其中一条大汉斜睨了他一眼，看范蠡的穿着，不过是个普通百姓。可是从他的气度上看，却似乎又不是一般人。

"不错。在下鸱夷子皮，专门研究治理天下、富国强家的学问，听闻相国大人礼贤下士，广纳人才，特来相见。"范蠡不卑不亢地道。

"哦？"那汉子听了他的名字，颇觉诧异。两人对视一眼，其中一人点了点头："好，我进去通报一声。"

他进去后，范蠡便转过身，背起手，悠闲地在门口踱起步来。不一会儿，那汉子转了出来，道：

"大人有请！"

"多谢！"

当下，范蠡便跟在他后面，进了大门，穿过水阁凉亭，楼台小桥，在布置得十分雅致的花园中走了很远，才见到前面出现一排高大宏伟的建筑。又在这群建筑中穿梭一阵，最后来到一间大厅。

进得大厅，只见到处镶金嵌玉，一派的富丽堂皇。虽然田恒只是一个相国，可是齐国国君的府邸，只怕也不过如此。寻常人一进此厅中，登时会眼花缭乱，气为之夺。田恒通常便根据来人进入大厅的第一反应，来判断对方身份阅历。

至于范蠡，出入王宫，乃寻常之事。对于田恒精心布置的这一切，似乎没有看到一样，目不斜视，直入内厅。

内厅之中，管弦丝竹，歌舞不绝。一众妖艳女子，正在翩然起舞。寻常之人见了这么多的年轻佳丽，忍不住都会多看上几眼，范蠡却视而不见。

一个五十多岁的男子，头发完全落尽，光秃秃一个大脑袋，肥面大耳，脸上似笑非笑，目光里对人充满戒备之意，便是田恒了。

"小人鸱夷子皮，见过相国大人。"范蠡上前见礼道。

"哦，鸱夷子皮？这名字倒有些意思。"田恒命他落了座，让人给奉上酒盏。"虽然这个名字第一次听到，不过，我却可以断言，先生绝非无名之辈。"

"是吗？"范蠡淡淡地问，"何以见得？"

"哈哈，"田恒笑道，"以我之宫室华丽，堆金积玉，再加上这么多绝色歌姬，美酒美肴，能见而不惑，坐怀不乱者，这么多年来，天下之人，我只见过一人而已。"

"什么人？"

"端木子贡先生。你可听说过？"

"端木子贡先生，那是孔子的高徒。听说他富可敌国，结驷束帛，以抗诸侯。也难怪，以他那么富有，那么丰富的阅历，对于这些自然不放在眼里。"范蠡在越国的时候，就和子贡有过交集，对子贡为人很是熟悉。

"除了他，再有一人，就是先生了。"田恒的眼睛里闪烁着锋利的光芒，似乎要看到范蠡的心里去。"端木先生富甲天下，又是圣人门下高足，对身外之物不以为然，也就罢了。先生是何等人，何以也如此不动心？"

"哈哈，相国大人过奖了。小人不过区区一个普通百姓，只不过心中无欲无所求罢了！"范蠡道。

"好，好一个无所求！"

听了他的话，田恒更相信他来历不凡。见他坚决不肯泄露自己的真实身份，田恒也不再强求，道："听说鸱夷子皮先生所学为治世之学，此番前来，必有所教我。"

"请容我慢慢道来。"范蠡喝了口茶，不慌不忙道："马蹄可以践踏霜雪，皮毛可以抵御风寒。吃草饮水，翘足跳跃，这些都是马的真性。纵使是高台华厦，对它并没有用处。到了有会相马的高人出现，他道：'我会饲养马'，就用烙铁烧红了烧它，剪它的毛，削它的蹄，烙上印记，绺首缔脚，把它拴起来，编入马槽，马便死去十有二三了。然后将它饿着、渴着、驱驰、训练、修饰，先有口衔络缨的祸患，又有皮鞭竹竿的威胁，马就死掉大半了。又有泥匠说：'我会捏陶土，使圆的合于规，方的合于矩'。有木匠说：'我会削木,使曲的合于钩,直的合于绳'。陶土树木的本性,难道要合于规矩方圆和钓钩墨绳吗?这也和那些自称懂得治理天下的人一样,都是犯了同样的过错啊!"

田恒用手捻着长髯点点头,思考一会儿,点头道:"不错,先生是教导我要顺其自然,无为而治。我明白了。"

他又问道:"我的门客里面,有一个面貌丑陋的人,叫哀骆生,男人和他相处,想念他舍不得离开;女人见了他,都请求父母说:'与其给别人为妻,不如给这先生为妻'。这样的女人,不止有几十个。没有听到他倡导什么,只是听到他应和而已。他没有权位救济别人的灾难,也没有钱财去填饱别人的肚子,而且又面貌丑恶,使天下人见了都感到惊骇。他应和而不倡导,他的知见不超出一般世人之上,然而妇人男子都亲附他,这必定有异于常人之处。哀骆生初到我的门下,和我相处不到一个月,我就觉得他有过人之处,不到一年,我就很信任他,正好我有病在身,便给大王推荐,由哀骆生替我出任相国一职,哀骆生却淡淡然而无意应承,漫漫然而未加推辞,没有多长的时间,哀骆生便辞我而去了。我忧闷得很,好像失落了什么似的。这究竟是一个怎样的人呢?请先生教我。"

范蠡稍沉思一会儿,缓慢道:"疆场上战败而死的人,行葬时不用棺木;砍断了脚的人,不会爱惜原先的鞋子。这都是因为失去了根本啊!做天子嫔妃的,不剪指甲,不穿耳孔,为求形体的完整尚且如此,何况德性完整的人呢?现在哀骆生没有开口就取得人的信任,没有功业就赢得人的尊敬,能使别人把自己的国政委托给他,还怕他不肯接受,这一定是'全才'而'德不形'的人。"

"哦?"田恒听了范蠡的这番话精神一振,双目放光道:"什么叫作'全才'?"

范蠡道:"生、死、得、失、穷、达、贪、富,贤和不肖,毁、誉、饥、渴、寒、暑,这些都是事物的变化,运命的流行好像昼夜轮转一般,而人的知见不能窥见它们的起始,了解这点就不至于让它们扰乱了人本性的平和,不至于让它们侵入人的心灵。让自己的心灵安逸自得而不失愉快的心情,日夜没有间断而随物所在保持着醇和之气，心灵能和外界产生和谐的感应，这就叫'全才'。"

"太好了！"这话简直是田恒从来都没有听说过的，他又如饥似渴地问道："请教先生，什么又叫作'德不形'？"

范蠡道："水平是极端的静止状态，它可以为我们取法的准绳，内心保持极端的静止，就可以不为外境所动摇。人世至德，乃是最为纯美的修养，有德又不着形迹，万物自然亲附不肯离去，这便是所谓'德不形'。"

田恒听了范蠡的这番话，良久无语，愣了半晌方叹道："先生所学，我竟然不能领略十之一二。我身为相国，执掌法纪，忧民生死，如今才知，非但没有实绩，还轻用了我的身体。便如今年，国中大旱，不正是因为我的无知而危害到国家，上天才惩罚我的吗？"

"大人错了！"范蠡微微一笑道："生死无常，祸福有定。上天所以降祸于齐国，非大人一人之过，实为告诫齐国子民：不可忘记了祖宗的功德，应该向齐桓公那样恢复对天下的责任，而不是只顾自饱私囊，欲壑难填！"

田恒听这话，头上竟渗出了汗，终于拊掌一笑，道："先生真神人，鄙人今日聆先生之教，幸矣！"

田恒毕竟阅人无数，知道眼前的这位神秘的鸱夷子皮先生，绝非为来自己门下谋食求温饱而来。他单刀直入地问："我知先生此来，必为拯济众生；尽请畅言，田恒但能相助一二，必效全力。"

"我此番前来，欲请大人立即做三件事情。"范蠡胸有成竹，不慌不忙地道："不知大人可肯答应？"

"哪三件？"

"第一件，请大人禀明国君，打开国库，开仓放粮，以赈灾民。"

"这个好办，亦是我分内之事。不劳先生操心。第二件呢？"

"第二件事情，是我欲请大人牵头，联合国中几个大族，一同出钱出资，修建'义仓'，丰时储粮，歉时放粮，作为调剂，以避免这样的大灾荒来的时候，手足无措。百姓将时代感念大人恩德！"

"这是好事，当然可以。那么第三件呢？"

"第三件事,是请大人下一道命令,灾荒过后,要各地官员立即组织百姓大修水利,以备涝灾。"

"涝灾?"田恒疑惑不已,"现在迫在眉睫的是旱灾,怎么又会突然转变成涝灾,我可真有些不懂了。"

"大人,我们经营商业,有一条规律,叫作'旱则资舟,水则资车'。大旱之后,一定会出现大涝。如果不趁旱时将水利修好,等涝雨一来,那灾害会更加可怕。老百姓可就真的没有活路了!"

"好,我都听你的!"田恒对他的话,佩服得五体投地。"我明天一早就去禀明国君,开仓放粮。至于筹建'义仓'之事,以及监察修建水利之事,就由先生来主持如何?"

"好!"

第二天,田恒果然禀明国君,打开了国库,在城中宽阔之处,开设了一个大大的粥场,广施粥粮。成百上千人闻讯赶来。人头攒动,水泄不通。范蠡在远远的街道一角,眼见前面的人已经挤成一条长龙,而远处还有数不清的人跌跌撞撞往这边而来。施粥的大锅已增加到一百口,还是远远不能满足饥民的需要。一个个衣衫褴褛的男女捧了热气腾腾的粥汤,"咚咕咚咕"大口吞下,又一边挪动脚步,一边仰着脖子,把那粥碗仔细舔了。他们被后面的人挤出人群,却又流连不肯离去,在不远的地方扎成一个堆儿,贪婪地望着这边。那些还没有领到粥的,自发排成队,人人瞪大眼睛,握紧拳头,随时准备保护他们即将得到的救命食粮。

到下午,田恒将临淄城内的大户都组织起来了,根据范蠡的倡议,策划建立"义仓"的事情。由于是田恒出面,这件事情果然好办,很快筹集到了一大笔钱,由范蠡选择地点,建起了大大的"义仓"。

至于兴修水利之事,也验证了范蠡所说:大旱过后,忽然又转为了大涝,没头没脸的大雨一连下了一个月,江河沟渠,无不为之满溢。若非有了此前对水利的抢修,险些又酿成规模更大的灾害。

大旱和大涝过后,最可怕的事情发生了:瘟疫流行,活着的人们又横遭摧残。范蠡又早预料到这一局面,禀明田恒,预先拿出来一大笔钱,购买了大批的药材，分给城中的医铺，连夜熬成汤剂，免费发放给每一户人家。

回过头来，再说缁衣和西施。

这位缁衣，本来是齐国田恒的侄子。因为自幼在外面游学，后来又成为一名自由行走的侠士，已经多年未归齐国。

自从救了西施以后，一向独来独往的缁衣，忽然对这位身世坎坷、经历传奇的女子产生了深深的依恋。

如果能够和她长相厮守该有多么好啊！第一次，缁衣产生了成家立业的想法。他暗暗打定主意，因为西施身子未完全康复，再加上齐国饥馑，他们便在鲁国逗留了半年，待天灾过后，才动身回到了齐国田恒的府上。

"叔父，我回来了！"一见面，缁衣便给田恒行叩首大礼。

"快起来，让我看看。"田恒多年未见这个侄儿，着实想念，拉着手，上上下下看个不停。"你这么多年在外面干什么？"

"说来话长，叔父，我先给你介绍一个人。"缁衣将西施引见给田恒，田恒一见之下，顿时惊为天人。

"天下竟然有如此绝色，我也是自诩佳丽如云的，和她一比，简直没有一个可以入得眼了！"他心里暗暗道。

"此女何人？"

"我也不知道她的真实姓名，只知道叫苎萝，我也是偶然从江中将她救上来的。"缁衣如实说道。"叔父，我这次回来，就是想请叔父做主，给我和苎萝姑娘完婚！"缁衣红着脸说出了自己的心事。

"侄儿，你连她来历都不清楚，可要想好了！"田恒似乎心有顾忌，总觉得自己的侄子和这位姑娘在一起不合适。

"叔父，我也知道，她不可能是普通女子。可是，我不管她是什么人，反正我是一定要娶她的！"

"那好，我给你安排！"田恒最心疼这个侄子，好容易盼他学成归来，哪里肯拂逆她，立即满口答应。

从第二天起，相府上下，便为缁衣和西施的婚礼在忙碌着。至于西施呢，虽然没有明确同意和缁衣的婚事，不过也没有明确反对。

是啊，也许在她的心里，还没有忘记范蠡。可是天下之大，人海茫茫，去哪里找心上的范郎呢？

与其没有目标，没有希望地等下去，不如暂且在齐国找一个安身之地。而缁衣，显然正是一个可以托付的人选。

就这样，西施默许了缁衣对自己的这份感情。对于今生今世还能再邂逅范郎，她只能暗暗祈求上天，却不敢真的抱有希望。

这么忙忙碌碌地，眼看缁衣与西施婚期将近，忽然，田恒紧急接到国君的召见，与他商讨一件大事。

原来，与齐国相邻的燕国，自从田恒弑君之后，一直不肯与齐交好。现在，主动要求来订立和约。

然而，在派什么人出使燕国一事上，齐君却犯了愁。毕竟是两国订约的大事，普通人去了有失诚意。

田恒呢，自拥立新君以来，归鲁、卫之地，结晋之四卿，修聘于吴、越，唯独与燕国没有往来。

他一直在寻找机会。如今，机会终于来了，他决定亲自去燕国走一遭。可是，他又担心自己遭遇不测。

这天，田恒将自己门下的宾客都聚集起来，问众人："我要代表国君，去与燕君订约，可是我又担心燕人对我不利。你们中谁可以和我一起去？"

众宾客受田恒之恩，等待效力的人大有人在。立即，站起来十几人，纷纷自称如鲁之曹沫，可保田恒无忧。

虽然如此，田恒还是不放心。晚上正在灯下忧愁，侄子缁衣进来问道："叔父为何事忧愁？"

田恒将自己心事一讲，缁衣道："叔父放心。我外出多年，学得一身武艺，正未曾施展给叔父看。就让我陪叔父走一遭吧！有我在，保叔父无忧！"

"好！"田恒大喜。

第二天，田恒便准备车马，正要起身，正好范蠡将一应事情处理好了，欲进来向田恒辞行，返回海滨。

一见田恒要出门，他上来问道："大人欲何往？"

"去燕国走一趟。"

"所为何事？"

"订约。"

"所带何人？"

于是田恒将众宾客及自己的侄子缁衣介绍了一番。范蠡看了之后，只是摇头，说道："此皆无用之辈！如果大人允许，小人愿意随行。"

"太好了！"田恒这才真正放了心，当着众人道，"有鸱夷子皮先生一道随行，我可以高枕无忧了。"

众人之中，很多人都没有见过这个鸱夷子皮，议论纷纷。连缁衣也觉得这个鸱夷子皮，不过是一个狂妄自大的家伙罢了，叔父对他未免太过依赖。

一行人匆忙上路了。一路上，众人都骑马而行，只有田恒坚持让范蠡和自己同车而行，这更引起众人不满。

晓行夜宿，这天，众人来到齐国，入关之时，却被告知：凡齐国入燕者，每一封传（入关通行证）只能一主一仆进入。

这天晚上，在关外的驿馆，田恒和众人商量，要在众人中选择一人入关跟随。每个人都站起来，陈述自己的本领。

最后，轮到范蠡。众人都等着这位鸱夷子皮先生讲出自己的妙计，他却不慌不忙地讲出来一个故事：

从前，有两条蛇，一大一小，要从一个地方迁徙到另一个地方去。其中，有一条人来人往的大路是必经之地。

出发之前，它们面临一个选择：如果过大路，就免不了被人看见，就会有被杀掉的危险。因为人们通常会这样做。

小蛇对大蛇说："我有一个主意。如果你在前面走，我在后面走，大的在前，小的跟随在后，这是常规。人们见了，就会毫不犹豫地击杀我们。可是，如果我附在你的身上，由你驮着我过大路，人们见了，一定会觉得这件事情反常，就会认为我不是普通的小蛇，而是神，而你是我的护法。这样一来，人们不但不会击杀我们，反而会保护我们。我们就可以顺利地通过大路，抵达目的地了。"

大蛇听了小蛇的建议，将小蛇驮在身上，通过大路。人们见了，惊奇不已，果然将小蛇当作了神君，纷纷跪拜。

讲完这个故事之后，范蠡对众人说道："所以，我的办法很简单。让相国大人衣着华丽，佩玉挂银，摆出一副富贵无比的样子，却走在后面，仿佛仆人的模样。而我布衣装束，貌不惊人，却走在前面，仿佛主人的模样。这一交换身份，就好比是大蛇背小蛇招摇过市，燕人见了，一定会惊讶无比，纷纷猜测我的身份，说不定会把我当作齐国的国君，以为我是微服出行，亲自来订约了呢。这么一来，又有谁会去做对我们不利的事情呢？"

"什么？大胆！"

"快住口！"

众人纷纷呵斥。这样匪夷所思的主意，在他们看来，的确荒唐透顶。连缁衣也觉得此计委实惊世骇俗。

可是，在范蠡而言，只要能实现目的，采取什么手段都是不为过的。当年为了帮勾践从吴国全身而退，他甚至献上过"尝粪"之计。比起那条计策来，此次所献上的计策可谓微不足道，小菜一碟。

"我看此计可行！"倒是田恒，深谙利害之学。这位鸱夷子皮所献之计，初听荒诞不经，可是冷静下来一想，除此而外，实在找不出来更好的方法。

于是，第二天一早，田恒便依照范蠡之计而行。他身着华丽的衣服，却背着包袱，恭恭敬敬地走在后面。至于范蠡呢，一身布衣，却大摇大摆地走在前面。二人谁是主人，谁是仆人，一目了然。

他们刚一进入燕国境内，立即引起了轰动。人们纷纷出来观看，猜测从齐国来的这两个人是什么人。

"那走在后面的是什么人？"

"好像是齐国的相国田恒吧！"

"连相国大人都这么毕恭毕敬，那么走在前面的，一定就是微服出行的齐国国君吧！"

"是呀！别看他穿得这么朴素，那股子气象可真不小呢！千乘之国的君主，果然非一般君主可比！"

就这么，大街上议论纷纷。连当地的县邑也被惊动了。邑长带领随从，亲自在路边上迎接田恒和范蠡。

"不知道齐君驾到，有失远迎！恕罪，恕罪！"

"不，我不是齐国的国君，只是齐君派来的使者。"范蠡微笑着解释道。

"不会，不会，贵人多隐，连相国大人都这么恭恭敬敬地跟随您，您不是齐国的国君又是什么人呢？"

邑长认定他就是微服入燕的齐君，不但热情地将他们迎接到驿馆，而且亲自安排，给予最高规格的接待。

消息传出，从这里下去，每到一邑，各地的邑长都要亲自接送。这么一路上，将二人平安护送到国都。

在燕国的都城，确认万无一失后，范蠡才和田恒互相换回身份：田恒正式以代齐君出使的身份，与燕侯签订了和约。

从燕国回来，田恒门下的一众宾客，无不对这位鸱夷子皮先生刮目相看。

只有缁衣，心里仍旧不服。

这天，缁衣又专程来找范蠡，问道："请教先生，晚学自以为明达，曾在鲁国拜于孔夫子门下，学习言科。然而，即使学会了难倒百家的辩才，可是为什么我经常遇到隐居山林的高贤，他们不说话，我就不敢开口，他们一说话，我就感到十分的迷惘呢？是我的学问不及他们，还是见识不及他们？请先生教我。"

"好！"范蠡点了点头，道，"你没有听说过浅井里的青蛙的故事吗？它对东海的大鳖说：'我快乐极了！我出来在栏杆上跳跃，回去在破砖边上休息；游到水里就浮起；我的两腋托起我的两腮，跳到泥里就埋没我的脚背；回头看看井里的赤虫、蝌蚪和蝼蛄，却不能像我这样快乐，而且我独占一汪水，盘踞一口井，这也是最大的快乐了。喂，你何不进来看看呢？'东海的鳖听了，愉快地接受了邀请。可是它的一只脚还没进去，另一只脚就被绊住了，于是只得退回去并告诉青蛙大海的样子：'千里路的遥远，不能形容它的大，八千尺的高度，不足以量尽它的深。禹的时代十年有九年水灾，可是海水并不增加；汤的时代八年有七年旱灾，可是海岸并不浅露；不因时间的长短而有所改变,也不因雨水的多少而有所增减,这便是大海的欢乐。'青蛙听完这话,自然十分地迷惘了。"

缁衣听了,半晌不能出声,他果真就如同那水井里的青蛙一样,弄不清眼前这人到底是如何的一个人了。

"请先生指教。人有所好,又有所恶,这好与恶的划分,究竟是以什么为标准的呢?"

范蠡微微一笑,道:"从前有只海鸟,飞落在鲁国的郊外,鲁侯把它迎进太庙,送酒给它饮,奏《九韶》的音乐取悦它,宰杀牛羊喂它,结果这只大鸟目眩心悲,不吃一块肉,不饮一杯酒,三天就死了。这是用对人的办法去养鸟,而不是用养鸟的办法去养鸟。如果用养鸟的办法去养鸟,就应该让鸟在深林里栖息,在沙滩上漫游,在江湖中飘浮,啄食小鱼,自由自在地飞翔,自由自在地生活。鸟最怕听到人的声音,为什么要弄得这般喧杂呢?如果在洞庭的野外演奏《咸池》《九韶》的音乐,鸟听了会飞走,兽听了会逃走,鱼听了会沉下,然而人民听了,却会围过来欣赏。鱼在水里才能保命,人在水里就会淹死,人和鱼的禀性各异,人与人之间也各有不同禀性。圣人知人之性而明事之理,天下大道,也就在其中了。"

缁衣点着头,不由被范蠡故事里的哲理引入沉思,直到临别,犹然痴痴呆呆,一副若有所思的样子。

告别范蠡,缁衣还不死心,又来见叔父田恒,问道:"叔父一生阅人无数,当然最能识人。以叔父看来,那自称邸夷子皮的先生,究竟是何方神圣?"

"人家不是以邸夷子皮自称吗?这显是不欲以真名示人了,又何必去费神乱猜?"田恒说罢摇了摇头,意态甚是懒散,不愿在背后议论别人的隐私。

"叔父可曾听说过一个人?"缁衣却急切地欲一探究竟,故意问道:"此人辅佐越王勾践,十年受辱,十年苦战,终灭吴国,功成之后却又隐退,不知去向。"

"是范蠡嘛!"田恒道出答案,又无限神往道:"我如何会不知这个雄才盖世的奇人?只可惜,此人未到我齐国来……"

刚讲到这儿，田恒忽然意识到了什么，猛就愣住了。半晌，方颤声道："怎么，你怀疑那人……那个鸱夷子皮先生，竟会是一代雄才范蠡？"

"小侄也不敢肯定。"缁衣道，"不过，我带回来的那个苎萝姑娘，曾经托我去越国找过范蠡。在越国的朝堂之上，小侄曾经隐约见过勾践为范蠡所立的铜像。这个鸱夷子皮，与那人的确相像。"

"真的么？你能肯定吗？"田恒长久以来，一直有谋国之心。只是苦于没有一个得力帮手，如果这个鸱夷子皮真是范蠡，那么，他实在是帮助自己实现心愿的最佳人选。这么一想，田恒不由得也激动起来。"你说，那位苎萝姑娘，与范蠡认识？"

"应该是吧，不然她怎么一定要托付我去找范蠡……对了，只要让他们见上一面，自然有分晓。"

"言之有理。"田恒道，"好，这件事情，就由我来安排！"

第二日一大早，西施刚梳妆完毕，便见缁衣进来，对她说道："苎萝姑娘，我叔父请你过去，有事相询。"

"哦？"西施一愣，不知道田恒要问自己什么。不过，她也并不如何放在心上，便和缁衣一道来见田恒。

田恒早在厅中等候，待西施来后，寒暄一番，便切入正题："听说苎萝姑娘曾托我侄子前往会稽，打听一个叫范蠡的人，可有此事？"

"什么？"西施怎么也没想到，会从田恒口中吐出"范蠡"这个名字，不由地全身为之剧烈一震。"相国大人认识范蠡？"

"不，不认识。"田恒察言观色，心中有几分相信她和范蠡关系非同小可。"是这么回事，我有一位朋友，叫作端木子贡，来我这里作客的时候，曾经提起过范蠡，说他跟随老师计然学习有一套商业之道，博大精深。一旦用于实践，可以上富其国，下富其家。我身为齐之相国，欲仿效太公、管仲，振兴齐国，正需要范蠡这样的奇才。因此，我就到处打听，只可惜始终没有探听到他的踪迹。如果姑娘知道他的踪迹，可否相告？"

"这么说，大人也不知道他在哪里？"西施幽幽一叹，脸上掩饰不住一脸的失望之色，显见她对范蠡多么关心。"对不起，他的消息我一点也没有。"

"那么，姑娘可否相告，你和范蠡先生是什么关系？又是如何认识的吗？"

"这个，实在不便……"西施支支吾吾道。

"那么，姑娘现在还想知道范蠡先生的踪迹吗？"

"当然了！"

"我门下人才济济，说不定就有人知道范蠡的踪迹。"田恒安慰她说道。"有一位鸱夷子皮先生，游遍天下，又专好结交奇人异事，说不定他便有范蠡的消息。不如将他叫来，姑娘可以当面询问他一下。"

"鸱夷子皮？"西施也是第一次听到这么古怪的名字，不过，对能不能探听到范蠡的消息，却不抱多大希望。"试试看吧！"

"快，去请鸱夷子皮先生来！"田恒立即命令道，"就说我有要事相商！"

不一会儿，就听外面响起脚步声，一个爽朗的声音传来："不知相国大人有何事请，这么急着要见我鸱夷子皮？"

一听那声音，西施身子一震："啊？这声音好熟悉？莫非……"

便在此时，范蠡已经进来，给田恒见礼："大人，召唤小人前来，所为何事？"

"鸱夷子皮先生，"田恒亲自迎上来，拉着他的手，进入内厅，"不是我，而是我这里有个人要见你！"

"哦？什么人？"

范蠡根本没有任何思想上的准备，一边跟随田恒走进内厅，一边奇怪地道："我在这里并无熟悉之人啊！"

"鸱夷子皮先生，您来了！"缁衣正在里面陪着西施，一见他进来，立即起身给他们介绍。"就是这位苎萝姑娘要见您！"

"苎萝姑娘？"

"鸱夷子皮？"

范蠡和西施，从相见的第一眼起，目光便交织在一起，再也没有分开过。他们几乎都惊呆了："这不是在梦里吧？"

"霓儿？"范蠡心神激荡，半晌都不能定下神来。"真的是你吗？"

"范郎？你……终于来接霓儿了么？"西施全身剧震，心潮翻腾汹涌，虽竭力控制，泪水还是决堤而出，一串串晶莹的泪滴，从长长的眼睫毛下面滚落，沿着洁白的脸蛋滑落下来。

"霓儿——"

"范郎——"

一声呼喊，两个人再也不顾什么，都迎向对方，一下紧紧地拥抱在一起。

"这么说，这位鸱夷子皮先生，果然就是大越国那位赫赫有名的上将军范蠡先生？"缁衣眼见自己的猜想得到了证实，他强抑心中痛楚，又好奇地问道："只是不知道，这位霓儿姑娘究竟是何人？"

"田大哥，实不相瞒。"西施现在终于可以说明自己身份了，她与范蠡分开，上前给缁衣长长施了一礼，"小女是越国苎萝村的一个普通浣纱女，也是吴国大王夫差的王妃……"

"王妃？"缁衣惊讶得简直合不拢嘴，"原来你是王妃……你就是那个令夫差亡国的西施？"

"哈哈。"田恒在边上，见范蠡、西施二人相认，而自己也终于确定了范蠡的身份，大笑道："一个是大吴王妃，一个是大越上将，历尽千辛万苦，今日终于重逢，这才叫作有情人终成眷属。好，老夫是发自内心地为你们高兴，传令下去，连续三天，大摆筵席，为你们好好庆祝一番！"

第十三章

辞相挂印

齐国上下，无疑对人才有着极高的甄别能力，知道范蠡是那种可以让整个国家振兴的稀有人才。范蠡本来可以再干一番轰轰烈烈的大事业。可是，他拒绝了，原因很简单，就是这一切发生得太快，缺乏一个酝酿和成熟的过程。来得快，就违反了商业上一个基本的规律：循序渐进。

能够在越国成就那么大的事业，那是因为他和文种在长达二十年的时间里，一步步按照计划前进，每一个细节都经过了精心的推敲，每一步都走得小心翼翼。百丈高台，起于垒土；如果没有一件件小事情的精耕细作，怎么会有后来的一朝功成？在齐国，范蠡是初来乍到，如果没有基础就去从事经营谋划，本领再高也无济于事。正因为有这么清醒的认识，范蠡才发出感叹："居家则致千金，居官则致卿相，不详。"他已经感觉到，在齐国上下，有着一股隐秘的嫉妒自己的情绪，这种力量委实可怕，他一想到伍子胥和文种的最后结局，就知道自己该怎么做了，因此，他又一次急流勇退，毅然决然选择了离开。也因此而成功保全了自己。

范蠡和西施这对伤痕累累的情人，终于在经历了生离死别的重重磨难以后，又奇迹般地在一起团圆了。

就在他们在临淄逗留的这段时间里，街头巷尾，到处都在传说他们的故事，以至于传进宫中，连齐侯都惊动了。

于是，这天齐侯专门派了使者，来请范蠡入宫，向他请教富国强兵之道。田恒闻讯，亲自送范蠡入宫。

在见到齐侯，行了礼之后，范蠡坐下来。齐侯迫不及待地问道："寡人听说先生通晓天道劫运，使万物兼容并蓄，各尽所长，我想知道怎么进行，以作为基本治理国家的原则，不知道先生可以不可以拿它来教寡人呢？"

"好的。"范蠡回答道："万事万物均有阴阳盛衰的变化趋势，这就是事物的'妖祥'之兆，只要抓住了它，就掌握了事物吉凶变化的规律。

"我们来到世间，每个人一生的时间、力量都是有限的，生老病死，这是自然规律，谁也改变不了。既然自然规律如此，人就不应该妄想去改变规律，而应该顺天听命，积极顺应变化趋势，随时做好准备，积蓄实力以应对困难。

"所以，大王应采取泰然自若的态度，不急不躁，静静观察时机。在时机到来时，匡正应该纠正的事物，确定应该肯定的事物。先减免百姓的赋税，还富于民。积极引导并奖励农耕。问候、扶持、救助遭遇天灾人祸的人民。让百姓集中力量耕织，同时清除百姓的祸害，避免自然造成的损失。让田野得到开垦，粮仓里堆满粮食，百姓殷实富庶。不要让百姓没有事情做，荒费人力物力，而吃不饱穿不暖。最后诱发变乱。只有国家富强了，百姓富裕了，一个君主才算尽到了自己的责任。"

齐侯听了，点头称是，又问："那么具体寡人应该怎么去做呢？有什么要注意的？"

范蠡回答说："当月亮每十二年为周期，进行周期性循环时，大地上的事物也会相应地发生变化。月亮处于金星的三年中，大地就丰收；处于水星的三年中，就会遭遇灾祸；处于木星的三年中，就会收获平平；处于火星的三年中，就会遇到旱灾。所以，能帮我们安然度过灾祸的，是平时充足的准备；有了好的收成和环境，要好好利用。不要荒费机会和时光，要为将来的困境做好准备。当然，所有的这些，取决于万事万物的自然变化，所有的机遇和困境都只是暂时的。它们周而复始，既不会停止，也不会不作停留。从事情决策的方面讲，第一，要有坚韧不拔的决心，第二，要懂得掌握自然事物的变化规律。世间物品的价值，是由其数量和需求量决定的，所以人们总是追求稀少的物品，越是稀少的，就越贵，并且随着其数量的增长而价值不断下跌，最后直至不值钱。因此，我们就可以利用这样的自然规律：天下大旱的时候，积极买入舟船；而天下遭水灾的时候，积极买入木车。在事物需求还没有来到且价值不高的时候，买入；在需求来到时，就可以卖出，获取高额利润。自然的周期是每隔六年一次丰收，每隔六年一次持平，十二年一次饥荒。如果处理不好，人民就会对你的统治没有信心，离你而去。所以古代的圣人由于能早早预知自然界的变化，预先做好准备。因此，商汤的时候，天下接连大旱七年，但是老百姓没有因此被饿死的；夏禹的时候，天下接连九年遭遇洪水，而老百姓没有流离失所的。之所以这样，在于他们的君主能够了解学习事物本来面目和发展趋势，然后任用有才能的人。如果不学习这些，哪怕是方圆一百公里发生灾祸，你也无力救助百姓于灾祸之中。古代的圣人，他们的决策、选择没有哪个不是高瞻远瞩，利国利民的。因为他们的出发点并非是为了他们自己，正因为这样，所以他们能取得天下。根据百姓的缺乏和盈余，帮助和诱导他们进行生产，积累财富。这样一来，诸侯争相学习。遵守国家的法律，任用有才能的人。帮助他们各自成就一番事业，从而靠这些人的功业成就诸侯的功业。而大王又靠诸侯的功业成就统一天下的大业。这样不就可以富国强兵而不衰了吗？"

齐侯又问："那么，请问判断这些的办法是什么？可有秘诀吗？"

范蠡回答说："有的，天下的万事万物均有利与害两方面，并且在不断的运动变化着。各种事物广泛的矛盾和联系着，就像在一辆制造精巧的车子内部互相咬合的齿轮一样，互相促进，又互相制约着。为了效仿天地的演变生成，我们的先贤很早就发明了阴阳和五行的学说。少昊治理西方时，有蚩尤辅助，提倡运用金的力量；玄冥治理北方时，有白辨辅助，提倡运用水的力量；太皞治理东方时，有袁何辅助，提倡运用木的力量；祝融治理南方时，有仆程辅助，提倡运用火的力量；后土治理中央时，有后稷辅助，提倡运用土的力量。看似不相关的任何单一事物都与其他很多事物有机的联系着。打破这个平衡，将使某一环节没有了制约，就会使自然界失调。这就好像大量消灭蛇和青蛙，老鼠和蚊子就无法控制一样。因此说，顺应自然规律就会有好的结果。反过来就要遭殃。所以，圣明的天子，能知道其不利的地方，而居于有利的位置。不管什么事，必须遵从自然事物的客观规律，分析其矛盾。如果违反客观规律办事,逆天而行,结果什么事都不会有成功的。有的人认识不到人的力量渺小和有限,想凭一己之力改变自然规律,结果不但连累自己失败,而且连累无数人跟他一道失败,甚至白白搭上了性命,亡国丧家。这不是太可悲了吗?"

齐侯听了,沉思半晌,又问:"好,你说的这些道理,寡人都记住了。那么,具体要如何去做呢?"

范蠡滔滔不绝地讲起来:

"向百姓收取粮食二十石作为赋税,就会伤害农民的积极性;向商人收取粮食九十石作为赋税,就没有了经商的动力。农民没有了积极性,稻田里的农作物就没有人管理,商人没有了动力,就不买卖货物。所以,赋税最高不宜高过八十,最低不低于三十。这样对农民和商人都有利。所以从古到今,做买卖经商的人,都是先用本钱购买市场需要的物资,到市场进行交易。以赚取利润。

"判断事物的属性,利害的各方面。凭着这样来驾驭事物,不用怕不成功。"

……

不知不觉,一天过去了。齐侯听得连饭都忘了吃。第二天一早,又迫不及待地召请范蠡单独入见。

齐侯问:"寡人自继位以来,不敢不积极治理国家,不敢不孝敬祖宗,同样,尽心竭力使人民富裕,不敢有一刻松懈。然而我也深知,如果要使国家富强,离不开贤德人才。我自问对人才不敢不敬,可为什么我的大臣中没有一个能够托付国家重任的?为什么看起来像忠臣,一遇到困难和危险就退让?"

范蠡回答:"不是这样的!官位、财币、金赏,这些是大王所轻视的;操锋履刃、冲锋陷阵、赴汤蹈火,这些是群臣所重视的。如果大王只知道一味吝财之所轻,而责臣之所重,岂不是很荒谬吗?"

于是,齐侯脸上出现了羞愧的神色,沉默了一会儿,又诚恳地问范蠡:"寡人知错了!可是如何能得大臣们的心?"

范蠡回答:"君主尊崇仁义,这是治理天下的不二方法。大臣和百姓则是君主治理天下的根本所在。君主是否得道,国家是否能够兴旺,关键在于大王是否能明选左右，任贤使能。在古代，太公山野之中一钓徒，磻溪之畔的一个饥饿之人，然而西伯却能慧眼识珠，大胆地任用他而得以王天下。管仲，此人是鲁国逃亡的囚徒，又有贪财的不好名声，可是齐桓公却能听从鲍叔牙的建议而重用他，得到他以后而称霸诸侯。所以，才会有一句话：'失士者亡，得士者昌'。

"至于选才用贤，可以通过各种办法进行考察：例如把人派到遥远的地方办事，就能知道一个是否忠诚；与人暗地里策划某些秘密，就可以发现一个人是否守信；突然向一个人提问，可以观察他的机智；让一个人喝醉了酒，可以看出一个人的定力。一直让人做冗杂的工作，可以看出他有没有临变不乱的才能；用女色试探他，可以观察一个人的节操。用这五种办法考察大臣，是上智还是下愚，是酒囊饭袋还是英雄豪杰，就能鉴别得一清二楚。"

……

不知不觉，又过了一天。齐侯已经把范蠡当作自己的老师对待，恨不得不食不眠地听他讲道。

到了第三天，齐侯再召范蠡。当左右无人的时候，齐侯忽然从座位上起身，来到范蠡的面前跪下来：

"先生救我！"

"啊？大王这是为何？"范蠡吓了一跳，连忙起身，跪在国君的对面。"大王这么做，一定有理由。"

"正是！"

原来，齐侯虽然被田恒拥立，事实上却只是一个傀儡君主。齐国的大小政事，赏罚善恶，大权都在田恒一人之手。

举国上下，人人皆知：田氏图谋已久，如果再不找个贤德之人辅助，将田氏剪除，那么姜氏在齐国的香火，恐怕就延续不了多久了。

正因为形势如此严峻，因此，范蠡的到来才令齐国的姜氏王室又重新燃起了希望：范蠡之才，不啻姜子牙、管仲再世。如果范蠡肯支持王室，那么，姜氏不但可以战胜田氏，而且齐国可以从此扭转颓势，一举复兴！

听了齐侯一番肺腑之言，范蠡不由为难起来。他来到齐国，已经打定主意不再过问政治，不愿意再卷入是是非非中。不料，身不由己，先是被田恒赏识看中，被捅破了身份；如今又被齐侯看上了！一时间，他犹豫起来。

"如果先生愿意，寡人明天就昭告国内，效仿当年桓公筑台，拜管仲之礼，愿以先生为相国，举国托付！"

"使不得，使不得！"范蠡连忙阻止道，"大王难道不知道，今天的局面已经和古时发生了很大的变化吗？"

"哦？"

"上古之世，仁义尚存。当年宋襄公图霸，两军对阵，尚且不击半渡之师。然而当今之世，利害当头。利者，人之所共争；害者，人之所共避。晋国的四卿，鲁国的三桓，都是因为利之所驱，才不顾丧失仁义的名声，而凌驾于国君之上。如果国君不能顺应变化，国家就会灭亡，香火就会断绝。如今，齐国的王室衰弱，田氏羽翼已经丰满，大王不顺应变化，却妄想用古代的仁义理想，来代替今天的利害相争，不是很危险吗？"

"那么，依先生之见呢？"

"莫如以利害之道应对。"范蠡解释道，"春天播种作物，夏天作物成长，秋天收获粮食，冬天将粮食收贮藏起来。到了春天，该播种庄稼的时候，不播种就是第一种祸害。到了夏天，田里没有禾苗长大，这是第二种祸害。到秋天没有收获，这是第三种祸害。到冬天没有粮食贮藏，是第四种祸害。如果这样，虽然有尧、舜的才能仁德，也无可奈何了。到了耕种播种的时节，根据自然规律耕种，是第一种利益。留意田里的庄稼，积极管理，除去杂草，让禾苗长得更好，是第二种利益。在该耕种的时候积极耕种，到了秋天，才有粮食的丰收。国家没有拖欠的赋税，百姓没有错过收割的粮食，这是第三种利益。粮仓和府库没有损坏，并且已经封存，随时清除更新陈旧的粮食。君臣和谐相处。人口迅速繁衍，这是第四种利益。因此，知道阴阳变化的人，在百姓遭到灾祸的时候，减免赋税，就能让百姓都富裕起来。知道人情变化的人，积极引导百姓，人人崇尚道德。"

"只要大王按照以上的方法去做，时刻注意趋利避害。用不了多久，失去的民心就会回到您这里。只要有了民心所向，又害怕田氏什么呢？"

......

从王宫里告辞出来，范蠡立即和西施一道，从田恒府上告辞，离开了临淄城，回到海滨居住之地。

回来后，范蠡顾不上解释西施的事情，立即将两个儿子叫来，吩咐他们，将所有产业变卖出售，准备离开齐国。

"为什么？我们不是刚在这里站稳脚跟？再说，齐国的商业环境很好，我们的生意也刚刚有了起色啊？"

大儿子范屯，作为家中的长子，一直跟随范蠡参加田间劳动和商业经营，深知一分一毫来之不易。他不理解，为什么正在家业壮大、刚有起色的时候，父亲却会做出这样的决定？

"眼前的小利益不丢失，等大的祸患来到，到时候后悔就来不及了！别问那么多，只管按照我说的去做！"

范蠡的话，儿子毕竟不敢违逆。于是，鸱夷子皮的商号在一夜之间，全数关门，挂上标牌出售。

正当人们纷纷议论，不知道鸱夷子皮家里出了什么事情，又发生了一件惊天动地的大事情：齐侯的使者亲自将相国之印，送到鸱夷子皮先生的府上来了！原来是齐侯唯恐范蠡怀疑自己的诚意，故意大肆张扬，让齐国人人都知道，齐侯要聘请这位鸱夷子皮作相国，而且预先就将大印送了来！

可是，范蠡却对那沉甸甸、金灿灿的大印，看都不看上一眼，只吩咐用金色丝线悬挂起来，吊于堂上。

第二天，当齐侯使者大张旗鼓，和看热闹的人们一道来到鸱夷子皮的府门外，人们惊奇地发现：府门大开，院子里空空荡荡，范蠡一家人不知道什么时候，已经悄悄地离开了。曾经喧嚣嘈杂的院子里，寂然无声，一派的冷冷清清。只有那枚被范蠡拒绝接受的相国大印，还孤独地悬在空中……

第十四章

子贡闻道

在那个私商崛起的大时代里，富可敌国的大商人，如雨后春笋般涌现。其中最有名的当数两个人：一个是陶朱公，一个是子贡。两个人既是朋友，又是对手。

从齐国来到宋国的陶邑，范蠡做的第一件事情，无疑又是改名。没有人猜透他名字里的含义：陶朱公。从字面上来说，也就是陶地一个姓朱的有钱人。可是，这个名字经过子贡一解读，才令人恍然大悟：陶者，逃也；朱者，诛也。范蠡给自己起这个名字，是暗示刚刚从齐国逃出来，避免了成为田氏的刀下之鬼。的确，如果他不及时离开，而接受齐国的相印，那么他的下场一定不会太好，田恒的卧榻之旁，是容不下他人酣睡的。

子贡不可谓不强。政治智慧上，他一出马就令列国镇服，不敢轻举妄动；经营本领上，他令自己的老师孔子望尘莫及，不得不叹服他惊人的预测本领，所拥有财富之多，每到一个国家都得到诸侯的接见。应该说，他各方面都不比陶朱公差。其被后人尊为"儒商之祖"，实在是当之无愧。

但子贡构筑在儒学基础上的以"人"为中心的"利害之学"，比起范蠡构筑在道学基础上的以"天、地、人"三位一体的整体系统的"利害之学"，层次上就有了差别。子贡之学，只能使自己富有，声名显赫；而范蠡之学，利己利人，能带动整个社会甚至国家从他的致富事业中受益……

暮春四月里的一天，大商人子贡带着大批琳琅满目的货品，浩浩荡荡又一次从卫国来到了宋国的陶邑。

子贡，复姓端木，字子贡，另字子赣。卫国黎地（今浚县）人。据说，他是鬻熊（史称鬻子）的后裔。

子贡十七岁拜入孔子门下，成为孔子的高足，被誉为"言科第一"，也就是说，辩才无人可及。

子贡口头上的本领，已经在前面得到国充分展示：子贡一出，齐、鲁、吴、越、晋等国家，无不震动。

但很少有人知道，子贡还是一位了不起的商业奇才。事实上，在十七岁以前，他最喜欢做的一件事情，就是经商。

子贡比孔子小三十一岁，也就是说，他入门拜师时，孔子已经四十八岁了，推断这段时间，正是孔子政治上的抱负尚未得到施展、郁郁寡欢的时候，虽然门下弟子众多，可是，却苦于没有用武之地。

据后世的东汉思想家王充所撰《论衡·讲瑞》篇中，记载了这么一段佳话：

子贡刚拜在孔子门下的时候，非常骄傲自大，认为自己很快就可以超过老师。拜孔子为师一年后，他认为自己已经比老师强了；第二年下来，他觉得自己的水平，充其量不过与老师一样高；三年后，他自知不及孔子之万一，钦佩无比地把孔子比作高高在天上的日和月，"不可及""无得而逾"！甚至后来，当有人认为子贡比孔子高明时，子贡立即就加以否定，说："譬之宫墙，赐之墙也，及肩；子之墙，数仞。"意思就是说："我好比是砌着矮墙的院落，人们站在墙边一眼就能看清楚屋内所藏；先生则是那高墙深宫，只有走进去，才知里面的富丽堂皇。"

子贡对老师这么尊敬，而孔子对这位高足也非常喜爱。虽然对于子贡经商的行为，孔子并不赞同，不过，也并不否定。孔子"罕言利"，说"小人喻于利"，那是因为，春秋战国时期，天下的人们只知道追逐利，而不知道"仁""义"，所谓"天下熙熙，皆为利来；天下攘攘，皆为利去。"为了匡救时弊，建立以"仁""义"为核心的新的社会秩序，他自然也就顾不得说"利"了。

不过，孔子却并不反对"利"。例如，在《论语·子罕》这篇文字中，就有这样一段有趣的记载：子贡曰："有美玉于斯，韫椟而藏诸？求善贾而沽诸？"子曰："沽之哉！沽之哉！我待贾者也！"

子贡对孔子说："这里有块美玉，是把它收藏在柜子里呢，还是找个识货的人卖掉呢？"孔子说："卖掉！卖掉！连我都在等待识货的人来买呢！"

可以想象，孔子周游列国，打前站，安排一切用度，与国君和各路诸侯交涉、谈判，替孔子预先铺设好言路的，都是子贡。身兼商人、孔门高足、外交专家的子贡，对孔子学说的传播，起到了难以估量的作用。他的富有，连许多小国的国君都比不上他。正因为子贡这么优秀，孔子才特别疼爱他，称他"告诸往而知来者""赐之敏贤于丘也"，并把他比之为尊贵的"瑚琏"（宗庙之贵器）。

孔子去世，所有的弟子都守丧三年，然后离去。只有子贡在墓旁结庐而住，又为老师守了三年丧。

之后，他辞去一切职务，做起了专门的"商人"。

子贡经过实地考察，反复衡量，最后将自己重新崛起的经营商地点，选择在"天下之中"的地方：陶邑。

陶，本是诸侯国曹国的都城。曹国姓姬，是周文王之子曹叔的后裔。因为地理位置上的关系，"襟带河济，扼控鲁宋"，居于要冲，诸侯四通，成为各国往来的必经之地。在春秋诸侯纷争的大舞台上，曹国会盟和征伐频繁，先是卷入晋楚争霸的漩涡，后又与宋结怨，并最终为宋所灭，归于宋。

陶邑之旁，便是古代著名的"四渎"之一的济水。本来就有舟楫之利，后来随着吴国崛起，夫差争霸，为参加晋、鲁等国的黄池之会，在泗、济之间凿出一条运河，从陶邑东北的菏泽引济水东南流，在湖陵（今鱼台县北）附近合于泗水，使原本独流入海的江、淮、河、济四渎得以互相连通。自陶西溯济、河而上，可达秦、晋；顺济水东北而下，可抵齐都临淄一带；东经菏入泗，由泗入淮，可抵达南方的吴、楚。陶邑正处在这个四通八达的水道交通网的枢纽位置，因而很快繁荣起来。

至于到了后来，陶邑作为"天下之中"的地位进一步得到巩固：战国时期开凿"鸿沟"，"荥阳下引河，东南为鸿沟，以通宋、郑、陈、蔡、曹、卫，与济、汝、淮、泗会"(《史记·河渠书》),鸿沟会合济、汝、淮、泗诸水,使陶邑水道交通的联系范围更加扩大,促使陶邑更加繁荣。

在著名的"合纵""连横"对抗中,齐和秦两大强国,东西对峙,楚、韩、赵、魏、燕五国,南北排列。一纵一横,在地理空间上形成了一个大大的"十字交叉",而陶邑恰好处在这个交叉点上,被称为"午道"。陶邑的战略中心地位不断上升,进一步扩大了其"天下之中"的历史影响。

当然了,这是后话。

但说在当时,尽管陶邑由曹归宋,政权更迭,然而却并不能阻挡各国的商人们千里迢迢来这里交易。

因此,陶邑的市场,成为当时天下最大的市场之一:鲁、卫、齐、宋、晋、楚……各个国家的人们,携带琳琅满目的商品,操着各种各样的语言,穿着五花八门的服饰,都聚集在这里,交易商品,交换信息。

这天,子贡像往常一样,在众人的羡慕与嫉妒的眼光中,带领自己的端木家族的商队,大摇大摆进了陶邑。

正是春暖花开的大好时节。万物萌动,生机盎然,百畜蓬勃,车马喧闹。

子贡端坐在他华丽的玉辂上,将车帘掀起来。他依旧保持着为孔子门生时的打扮,头包一大块青蓝色头巾,后面的峨带长垂至腰际。一身宽松肥大的儒袍,十分朴实,如此装束,和他的玉辂车队,极不相称。

这玉辂与一般车驾不同,颜色华丽,装饰精美自不必言,六匹马拉车,十二个人驾车。当时的各个诸侯国,若非王侯贵族,是不敢用玉辂、象辂等来摆阔的。子贡以玉辂代步,确实富比诸侯。

他一进城,那独一无二的玉辂,作为他身份的象征,就早已被守城的军官给认出来,忙上前招呼:

"端木公,又做大生意来了!"

子贡伸手从袍袖内随便摸出几片金叶子,搁在那军官摊开的掌心里,昂首进了城。

城内的街道上人不少,各个国家的车队马队更多,挤了个水泄不通。大商人们都很少住客栈,那里面都是些刚入道的小角色之流。真正的大商人财力雄厚，总是生意做到哪里，便在哪里买地建宅。子贡也是如此。子贡的府邸就在街道尽头处，占地有五十亩，一片连一片的房舍，蔚为大观。

子贡刚进府里，更衣完毕，外面客厅里已经涌来一堆人，都是陶邑有名的富豪，纷纷来见。

"端木公，大伙儿盼您来，可是等了很久了！"

"哦？"子贡随口应了一声，淡淡一笑，在主人的位子上坐下来，那睿智而锋利的目光往人群里扫了一遍。

"子玉兄，可是你那酒坊又酿出了什么好酒，等我来品尝？"

"不，不是。"

"那么，是王孙贾兄，你最近又得手了什么稀世珍宝，等我来鉴赏？"

"也不是。"

"要么是大器兄，你那里最近又来了什么歌舞双绝的女子，等我去观乐？"

"也不是。"

"怎么？我都猜错了？"子贡本来懒洋洋的，现在总算提起一点精神来。"在这陶邑发生的事情，还有我猜不到的？"

"端木公，这件事情，您还真猜不到。"人群中年纪较大的那位酿酒商子玉，上前来到子贡身边，故作神秘地说道，"您老快一年没有回这里来了吧？您肯定猜不到，咱们这里出了一件大事情。"

"哦？是什么大事情？"子贡的好奇心被勾了起来，问道。

"是这样的。"子玉说道，"一年前，就在您走后不久，咱们这忽然来了一位见首不见尾的神秘大人物。他在陶山以北，一口气买下了一千亩山林，一千亩荒地，一千亩水田，接着在市场上以高出别人十倍的价钱购买良种牛、马、驴、羊、鸡等，又雇用了超过上千户人家，按照他所传授的技术开挖池塘，繁殖养鱼。"

"嗯，这个人气象的确不小！"子贡点了点头，"不过他只是畜牧、养殖而已，有什么好大惊小怪的？"

"端木公请听仔细，接下来，这个人出手可就令人匪夷所思了。"子玉喘了一口气，招手将另一个人叫过来：

"子盾兄，你来接着讲吧！"

"是！"

被他叫到的一个中年人，约五十多岁的样子，一张瘦削的脸上，两只眼睛滴溜溜乱转，透着精明强干。

他上前在子玉的身边挤出来一点位置，接着给子贡讲下去："那是三个多月前吧，我正要向南方地区运输十万匹布，可是却苦于找不到肯低价运输的马队。正在犯难之际，那人忽然找上了我，说他新成立了一支马队，因为是初次营业，愿意提供无偿服务。我起初还不敢相信，天底下哪有这样的好事？就将信将疑地跟着他，来到他的马场，果然见到了五百匹健壮的马匹已经整装待发。于是，我便相信了他，带着他的五百匹马，装上我那十万匹布，一起到了南方地区。一路上，因为我常年行走，已经打通了所有关节。所以平安无事，很顺利地抵达了目的地。我的十万匹布顺利出手，大大赚了一笔。我过意不去，要拿出其中的一部分感谢马队，随行的马队的马夫却告诉我，他们的五百匹马已经全部卖掉了。原来，他们的马早已订给了南方的客户，只是苦于一路上不安全，于是想到了利用我的运货渠道。其实，表面上是帮我运货，实则是为了确保他们的马队安全无忧。我这才知道，我一路行来，一直在以为捡了个大便宜，却没有想到，真正蒙在鼓里的是我，稀里糊涂做了一回贩马人！"

"妙啊！"子贡听他讲到这里，忍不住一拍大腿。"这一招神不知鬼不觉，实在是了不起的高招啊！"

到这时，他才对那个神秘人物产生了强烈的兴趣："对了，说了半天，还没有说那个人叫什么名字呢？"

"他的名字倒很平常，自称陶朱公。"

"陶朱公？"子贡疑惑地念叨着这个名字。"此人有如此手段，一定不会是无名之辈！我周游天下，怎么没听说过呢？"

"端木公，还有呢！"子玉接过子盾的话来，又继续讲了一个故事："去年秋天，是个难得的丰年，到处都是一派丰收景象，粮价一落再落，很快到了五成以下。咱们几个大粮商按照规矩，不等到价格触底，一律不开仓收粮。可是，这时候忽然传出消息，那个陶朱公居然建起了十个万石大粮仓，以稍高于五成的价钱敞开收购。这样一来，百姓都争着将粮食去卖给他。咱们几个大粮仓，反而最后一粒粮食都没有收到。

"咱们都以为这个陶朱公是个疯子，可偏偏今年从冬天到春天，一滴雨都没有下。地里的麦苗都枯死了。眼见今年绝收已成定局，在这种局面下，市场上的粮食价格翻着番地向上跳。咱们几家正在等待时机，将往年的存粮放出去，可是那个陶朱公又将自己收购的粮食全部拿了出来，而且价格低得惊人。他去年是按照市场价的五成多一点收购，今年除去运输、仓储、保管、损耗，折合为二成，再取一成的利润，正好以市场价的五成卖给他们。只是要老百姓自己备好车马，自付运费去他那里取粮食。"

"啊？有这等事？"子贡听了，一下子从座位上站起来，这一次不但是惊讶，而是惊叹了。"见利而不忘义，我能做到；但贱买贵卖，乃人之本性。在如此大旱之年，存粮如存金的情况下，这个陶朱公尚且能不为巨利而诱惑，坚持只取'什一之利'，让大利于百姓，以仁心而济天下，我不如也！"

他几乎是迫不及待地要见一见这个陶朱公，看看他究竟是个什么人了。

"你们有谁去替我安排一下，就说明天一早，我亲自登门拜访，见一见他是何方神圣！"

第二天，经过一夜休整的子贡，早早起身。随身只带了两个随从，轻车简从地出了陶邑，来访陶朱公。

原来，陶朱公的府邸，并不在陶邑城内，而是坐落在城外的陶山脚下。背山面湖，在大片的向阳空地上，坐落着数百间房屋。靠近湖边的低洼地带，一条沟渠将湖水引进来，千折百回，在地上沉积成上百个大大小小的鱼塘。鱼塘之间，种植着桑树、柳树等。被风一吹，万千枝条随风起舞，和水面上的褶皱相映成趣，颇有几分江南韵致。

山坡上，建起了一排排房舍，用来饲养牛、马、羊、鸡等。栏舍高大，干燥，通风。从栏舍可直通山上的牧场。在大片的草地间，牛、马、羊等惬意地吃着草，好一派悠闲而富足的田园风光。

眼见陶朱公只用了一年时间，就在这么一个山清水秀的地方，创立了这么大的一片基业，子贡不由叹服不已。

他来的这天，陶朱公府上正在为二公子范蒙举行"冠礼"。来参加冠礼的各路宾客，络绎不绝。

冠礼，也就是成年礼，一般在祖庙里举行，主持仪式的大都是受冠者的父亲，也有由长兄为弟主持冠礼的。

寇礼举行之前，要先"择日筮宾"，就是通过卜筮来确定举行冠礼的吉日，和请哪一位来宾为青年加冠。到了加冠之日，冠者的父亲先在祖庙阼阶偏北的位置，设好冠者的席位。所谓阼阶就是东阶，为主人接待宾客的位子。嫡子在阼阶受冠，就表示从此以后受冠者有了代替父亲接待宾客的权力。

加冠仪式开始后，受冠者先从东房出来到受冠席上，并且由辅助加冠的宾客为他梳头、挽髻、加簪。发髻挽成以后，由来宾中事先卜筮定的加冠者给受冠青年戴冠。冠是贵族们所戴的普通帽子，有个冠圈套在发髻上，上面有一根不宽的冠梁，从前到后覆在头顶上。加冠一般是三次，首先加缁布冠，就是用黑麻做成的帽子，表示不忘本。其次加皮弁冠，就是用几块白鹿皮缀合制成的帽子，表示从此要服兵役。最后加爵弁冠，一般宽八寸，长一尺二寸，前小后大，颜色是红中带黑，大多用极细的葛布或丝制成。由于它的开头如爵、爵又似雀，又叫雀弁冠。加此冠表示从此有了参加祭祀的权力。

加冠完后，众人都要以酒向受冠的青年祝贺，然后受冠的人要从西台阶下去，拜见母亲，再回到西阶以东，由负责加冠的人给他授表字。授完表字，冠者还要换上黑色的礼帽礼服，分别拜见兄弟姊妹和一些地方上的官员，这些都表明受冠者从此已长大成人，可以出仕做官，也可以成家立业，生儿育女了。

子贡此次前来，并不知道陶朱公府上正在举行"冠礼"。但他毕竟树大招风，只一露面，立即引起了轰动。

"瞧，那不是端木公吗？"

"怎么，连他都被惊动了？这个陶朱公的面子可真不小啊！"

人们纷纷簇拥着子贡，进入陶朱公府邸。子贡来到的消息，早有人进去通报了陶朱公。

"呵呵，贵宾降临，有失远迎，恕罪，恕罪！"

陶朱公闻讯立即从里面赶出来,他一露面,子贡的眼睛顿时亮了起来。

"哎呀,原来是……"

"端木公,好久不见,这里不是说话的地方,请里面叙话!"陶朱公道。

两人哈哈大笑着,携手进入内室。外面众人恍然大悟:"原来他二人早就相识!"

内厅之中,分宾主落座。子贡再一次打量这位陶朱公:穿一身淡蓝的粗布衣衫,身上没有任何的珍珠玉石饰品之类,乍一看,似乎与普通人并无区别。然而他的脸上笑容灿烂,远不像这个年纪的人那样布满沧桑疲惫,一双眼睛里更是晶莹淡泊,只是偶尔露出锋锐的光芒,也是一闪即逝。

"范蠡兄,怎么,原来你就是那位陶朱公!"子贡看左右无人,才揭露他的身份。

"哈哈,端木兄,我就知道,你听了我的名字后,一定按捺不住,会登门来访。所以,昨天得知你回这里来了,我就没有登门拜访,先请恕罪!"

二人早在越国复仇吴国的时候就引为知己,互相欣赏。因此这次重逢,格外开心。

"端木兄,既然来了,今日就请你为犬子授冠如何?"

"好呀,恭敬不如从命!"

子贡和范蠡又携手来到外面,范蠡向大家宣布由子贡担任今天的主宾,众人都喝彩不已。

子贡按照仪式上的规定,给范蠡的二儿子加了冠。他在孔子门下学习多年,对于这一套礼仪,那是驾轻就熟。

"冠礼"结束,宴席摆开来,范蠡招呼了众客人一会儿,又在里面单独摆开一桌精美菜肴,招待子贡。

"端木兄,请!"

"范蠡兄,请!"

子贡与范蠡相执入席,边叙边饮。

"范蠡兄,我听说越国复仇吴国成功后,你就离开了越国,从此不知去向。后来又听说你去了齐国,化名鸱夷子皮,做了田恒的门客,还得到了国君的赏识,连相国的大印都送到你家了,可是你又一夜之间不见了,怎么回事?"

"哈哈,都说端木兄是天下一等一的聪明人,我倒要你猜一猜,我这个陶朱公的名字,是何来历?"范蠡笑道。

"这个,让我想一想啊。"子贡沉吟了片刻,"陶,自然是陶邑了,朱公嘛,是你的姓,但是好像又不会这么简单。"他忽然一拍大腿,"对了,陶者,逃也;朱者,诛也。你是指自己从齐国逃出来,避免了一场杀身之祸呀!"

"哈哈,"范蠡大笑起来,"不愧是端木兄,一猜便中。这么说,田恒想要篡夺齐国的王位,经营谋划已久的事情,你都知道了?听说他还极力招揽过你呢!"

"正是。"子贡点了点头道,"齐国的局面,我再清楚不过。名为有君,其实只有田氏一家一姓而已。田恒为了得到天下人才,极力招揽。我数次到齐国,都是他接待的我,不但接待,而且给予我良田千顷,美女百人,只要我能为他所用,愿意以家产半数而分我,将来得到天下,与我共之。我只是推说不欲得富贵,只愿意传播我老师的声名和仁爱之说,却没有真正告诉他,姜氏香火,自太公以降,已经历有数百年,岂是那么容易断绝的?只怕上天也不会答应他这么做,但我没有明说,借口离开,就不再回去了。我猜范蠡兄到了齐国,田恒一定是故技重施,招揽范蠡兄。再加上齐国的国君有意请范蠡兄作相国,以对抗田恒,这不是水火相攻是什么?如此局面之下,范蠡兄如果不想方设法逃出来,就不是范蠡兄你了!"

"端木兄真料事如神,譬如亲见一般!"范蠡点了点头,"不错,别人都以为我唾手而取相,是天大的好事。可是我却知道大祸将至,因此不得不变卖家产,连夜率领妻子儿女,逃出了齐国,来到此地。陶朱者,的确是逃诛之意。不过,这一层意思,还请端木兄不要告诉外人,以免麻烦。"

"那是自然。"

二人又喝了一会儿酒,话题渐渐转移到生意上。子贡问范蠡道:"我一回到这里来,就听说了范蠡兄你的许多故事,治家理财,颇有道术。不知道可肯教我？"

"哈哈。"范蠡听了，爽朗地大笑起来："端木兄，我的赚钱之道，只不过是雕虫小技。你周游天下，搬有运无，富比诸侯，恐怕应该您先教我吧？"

子贡也笑了："咱们二人，就不要互相吹捧了，也不必谦让，有话不妨直说。正好，我有一点商道上的小见识，今日就全盘托出，请范蠡兄赐教。"

"不敢。"范蠡道，"不知端木兄所谓'小见识'，又是如何？"

子贡却不慌不忙，说道："我在没有拜入夫子门下之前，自以为聪明，对市场的行情判断准确。我预测的行情涨落，没有不中的。因此，当行情跌落的时候，我就吃进大批的货物；当行情高涨的时候，我就抛出大批的货物。这么一吸一抛，很快积累了千金之富。驾着华丽的马车，行走在街道上，人人都向我投来羡慕的目光。那时候，谁不认为我是少年得志，是一个成功的大商人呢？"

"可是，后来偶然发生的一件事情，却改变了我的人生轨迹。令我决定放弃在别人眼中的成就，而去拜在夫子门下。"

"那是一次经商途中，我在路过一处田园的时候，在树荫下歇息。正巧看见一位须发皆白的老人家，正在浇菜园子。只见他先挖了一条隧道，通入井中。再抱着水瓮进去，装满了水后，再抱着从隧道里出来，蹒跚地进入菜地去浇菜。老人家这么'吭哧吭哧'地忙了半天，还浇不了一畦菜。"

"于是，我就走上去，对他说道：'老人家，为什么不造一种机械，每天可以轻松地浇灌上百个菜畦，您不想试试吗？'"

"老人家抬起头来，用混浊的目光扫了我一眼。"

"我说：'用木料加工成机械，后面重而前面轻，提水就像从井中抽水似的，源源不断的水流就会向外溢。这种机械叫作'桔槔'。如果您用这种方法，就不用这么吃力地从事这么繁重的劳动了。'"

"听我说完，老人却讥讽地笑起来，对我说道：'年轻人，如果用了投机取巧之类的机械，就一定会出现投机取巧之类的事情；有了投机取巧的事情，就一定会有投机取巧之类的心思。有了投机取巧的心思，天下人就会陷入互相争夺而不讲仁义道德的混乱竞争中去。你以为我不知道你说的那招儿吗？我是感到羞辱而不愿那样做！'说完,老人家又抱起沉重的水瓮,自去井里向外抱水了。"

"我在树下,呆呆地站了许久。老人家的话仿佛一柄看不见的大锤,一下下地敲击着我的内心。"

"多年以来,我不是一直在做着投机取巧的事情吗?我自以为成功、得利,却不知道在不知不觉间,引导人心走向邪途,譬如修筑堤坝,将水流引向低洼的地方。我只知道赚取钱财,却不知道已经动摇了仁义道德的根基。我越想越是害怕,于是决定停止经商,去寻找一种两全其美的办法。"

"就这样,我打听着,来到夫子面前。将我的困惑讲给他听后,他哈哈大笑了起来,对我说道:'你为自己一直从事投机取巧而获利感到内心不安,可是你哪里知道,利,有君子之利和小人之利的分别。如果是为了获取君子之利,即使投机取巧,亦不为过。所谓事求可,功求成。用力少,见功多者,此乃圣人之道。如果是为了获取小人之利,即使有一点点的投机取巧,也会造成人心世风的堕落。'"

"我听了,恭恭敬敬地问道:'请问,什么叫作君子之利,什么叫作小人之利?'"

"夫子回答道:'君子之利,又分为四类:诚利、信利、义利和智利。此四类利,一字以蔽之,皆为'公'利。至于小人之利,又分为四类:事利、功利、名利和器利。此四类利,皆为'私'利。'如果你为了求取君子之利而来,我就收下你作弟子;如果你为了求取小人之利而来,请你现在离开。"

"于是,我回答:'我愿意跟随先生求取君子之利。'从那以后,我便跟随夫子学道,再没有困惑过了。"

听了子贡的这一番话,陶朱公不住点头。"君子之利,小人之利的分别,我也是今天第一次听到。还请端木公不吝,详细解说一番。"

"其实说穿了很简单。君子之利,小人之利,其差别就在于一个'我'字。有我,则为小人;无我,则为君子。"

子贡又接着讲道:"譬如,人人皆知利之为利,害之为害。趋利避害,乃是人的本性。此所谓'天下熙熙,皆为利来;天下攘攘,皆为利去'。

"然而,当'利'出现的时候,天下的人都争着去抢夺,就会发生混乱,甚至引发战争灾害;当'害'出现的时候,天下人都争着躲避,因为没有制约的力量,就会进一步蔓延扩大。为什么会出现这样的情形?就是因为一个'我'字在作祟。对'我'有利的事情,千方百计一定要去做;对'我'有害的事情,想方设法一定要避开。如果人人都这么做,天下就没有救了,人就没有希望了。"

"然而,人之为人,之所以异于禽兽,在于人具有'自反'的能力。能'自反',就会意识到,天下是天下人的天下,是无数的'我'组合在一起,形成了一个整体。整体的任何一部分受到损失,都是整体的损失。如果整体崩溃,任何一部分都不能幸免。也就是说,'小我'之外,存在着一个'大我'。'小我'是'大我'存在的前提,'大我'是'小我'存在的保障。只有'小我'与'大我'和谐共生,才能做到彼此互相融合,而不是互相伤害。彼此联系在一起,而又互相忘记对方。"

"当达到这种状态以后,'小我'和'大我'都消失了,出现了一种没有差别、没有开始和结束的'无我'状态。'无我',就是君子追求的最高境界,到了这种境界的人,就是夫子那样的圣人了!"

"讲得太好了!"范蠡听了,不由站起身来,冲子贡深施一礼,"这哪里是小见识,的确是商道的最高学问啊!我今天从端木兄这里受教了!多谢!"

"不敢。"子贡问道,"那么,范蠡兄又有什么可以教我的呢?愿听高论!"

"高论不敢当。"范蠡道,"不过,我虽然研究的也是利害之学,但是和端木兄将利分为君子之利和小人之利不同,我将利分为三种:天利、地利、人利。"

"哦?"子贡听了,顿时眼前一亮。这可是从来没有听过的新鲜理论。他迫不及待地道:"愿闻其详。"

"天,生万物而无所求。何谓天?我听说,'天'是由虚空的气组成,'气'没有形状,四处流动,生生不息,赋予万物以生机。'天'仿佛一个飘浮在虚空中的巨大而柔软的皮囊,将万物都包含在其中,令万物并生而不相害，自己本身却没有任何的欲求，永远使自己保持在虚空的状态。因此，'天道盈而不溢，胜而不骄，劳而不矜其功'。不溢、不骄、不矜，这是天道的基本规律。

"因此说：天之道，生而不有，长而不宰，为而不恃，功成不居。唯其如此，才能做到'利而不害'。利而不害，就是'天利'。"

"地，容万物而养其成。括其为一，容畜禽兽，然后受其名而兼其利。美恶皆成，不偏不倚，因此谓'有德'。

"人，居于万物之长，居善地，心善渊，与善仁，言善信，政善治，事善能，动善时。财币其行，譬如流水。"

"因此说，取利之道，不在人而在天。欲长久地保持盈满状态而不走向衰败，就必须学会'持盈'之术。

"当处于不利的局面，需要转危为安、转败为胜时，就必须学会'节事'之术，积蓄实力，等待时机。"

"当形势危殆时，需要有力地挽狂澜于既倒，稳定即将倾覆的局势，就必须学会'定倾'之术。"

听范蠡侃侃而谈，子贡频频点头。"那么请问，何谓'持盈''节事'与'定倾'？"

"所谓'持盈之术'，即'知时备用'之理。何者为'时'？岁在金，穰；水，毁；木，饥；火，旱。六岁穰，六岁旱，十二岁一大饥。何为'用'？旱则资舟，水则资车，物之理也。"

"所谓'节事之术'，即'均平'之理。以枭为例，每斗价格二十钱，农民会受损害；每斗价格九十钱，商人要受损失。商人受损失，钱财就不能流通到社会；农民受损害，田地就要荒芜。粮价每斗价格最高不超过八十钱，最低不少于三十钱，那么农民和商人都能得利。粮食平价出售，并平抑调整其他物价，关卡税收和市场供应都不缺乏，一切就都均平了。"

"所谓'定倾之术'，即'积著之理'。一、务完物，无息币。积贮货物，应当务求完好牢靠，没有滞留的货币资金。二、勿积腐，无囤积。至于买卖货物，凡容易腐败和腐蚀的物品不要久藏，切忌冒险囤居以求高价。三、勿居贵，无停滞。研究商品过剩或短缺的情况，就会懂得物价涨跌的道理。物价贵到极点，就会返归于贱；物价贱到极点，就要返归于贵。当货物贵到极点时，要及时卖出，视同粪土；当货物贱到极点时，要及时购进，视同珠宝。货物钱币的周转要如同流水那样不停滞。"

……

不知不觉，二人从中午一直谈论到黄昏。外面的宾客早已散去，喧嚣了一天的府邸渐渐安静下来。

因为谈得投机，子贡和范蠡都没有注意到，面前的美酒佳肴早已冷却多时。

这时，外面响起一阵轻轻的敲门声，随即，一个女子悄无声息地闪身进来，端上来一壶热酒，几样新菜。

"啊？你……你是……？"

子贡本以为她只是个普通的侍女，可是再仔细一看，这个女子实在不同寻常，容貌之美自不必说，那种超凡脱俗的气质尤其引人注目。子贡几乎不敢相信自己的眼睛，失声叫了起来："你是……吴王妃……？"

他曾经到过吴国，受到过吴王夫差的盛情款待。在酒宴上，夫差还亲自命这位爱妃下场，一展舞姿。

"端木先生说笑了！这里哪有什么吴王妃？小女不过是苎萝江边一个普通的浣纱女而已。"来的正是西施，她收拾了撤下来的酒壶碗碟，微微一笑，转身出去。

望着她的背影，鼻子里嗅着那淡淡的幽香，子贡半晌回不过神来。范蠡咳嗽一声，他才觉出自己的失态。

"对不起，范蠡兄……世人都道这位西施姑娘，被越王妃所杀害，沉江而死，却原来……"

"的确是那样，只是她为大越的子民立了那么大的功劳，上天也不忍心她死，所以被人救了起来。我也是偶然在齐国田恒府上重逢她，带了出来……"

他的话虽然轻描淡写，但是子贡知道，其间一定发生了许多惊心动魄的故事！

"哈哈，范蠡兄，说到商业之道，我一直不服你，在利害计算上，我自问还要在你之上。可是说到有情有义，我就远远比不上你了。而且你不是对一个人、两个人好，而是心里装着所有人。我已经在陶邑经营多年，可是你来了只有一年，就将那么多的恩惠给予了百姓，百姓都将你陶朱公当作神一样对待。我自问没有你这样的胸襟，说到底，我还是功利心太重，还是有一个'我'作祟，而你根本就是'无我''忘我'，是真正的天纵之才啊！以前，晋国对楚国退避三舍，以后，我遇到范蠡兄，不能说是退避三舍，反正分庭抗礼是不可能了。这样吧，陶邑我就让给你了，以后只要你在这里一天，我就不敢在这里做生意，让陶邑人只知道有陶朱公，而不知道有我端木赐，这样你陶朱公的大名就传遍天下了！"

"多谢端木兄相让！"范蠡也笑着道，"其实陶邑太小，实在不足以让端木兄施展大才。我倒知道有一个地方，正适合端木兄去，端木兄可肯听我一言？"

"当然。"

"端木兄之才，不在经商谋利，而在经营天下。齐国的局面，虽然容不下我范蠡，但是端木兄如果去接任相国，反而可以成就一番济世利民的大事业。一来可以阻止田恒的野心膨胀，让他不至于立即发动篡夺政权；二来可以发展齐国的经济，给民众带来实惠，恢复齐国在列国间的声名。三是端木兄从老师那里学来的仁爱之学，正可以教化百姓。齐国的民众重实利而轻道德，这是齐国所以衰落的根本所在。如果能够振道德而厚民风，使得人与人之间仁爱以待、人心向善，而不是互相争利，则端木兄功莫大焉。有此三利，我想端木兄应该不会推辞吧，还请三思！"

"虽然如此，还是要有一个办法，在王室和田氏之间，取得一种平衡……"

二人大有相见恨晚之意，一番长谈，彻夜无眠……

后来，子贡果然离开陶邑，去齐国做了相国。他的子孙也一直在齐国……

第十五章

猗顿求富

每个人的自然生命，都有限度。可是如果你开创一项事业，就面临着一个问题：必须找到一个好的接班人。

有人会说：最好的接班人当然是自己的子女。其实，这是个错误的想法，甚至可以说是危险的。因为这个接班人，一定要是万里挑一，而你的子女，却恰恰可能才资平庸。

找什么样的接班人，还牵扯到一个如何看待自己财富的问题。是视作个人的囊中之物，还是看作社会的公共财产？前者当然应该选择有血缘关系的亲近之人；后者则可以帮助你找到最优秀的人才。

至于范蠡，在进入花甲岁月后，一定也希望找一个理想的接班人。

猗顿就是在这个时候，出现在了范蠡的面前。他虽然是一个鲁国的穷书生，但颇有抱负，从他身上，范蠡依稀看到了自己的青年时代的影子。他毫不犹豫地收下了他作弟子。而猗顿果然也不负所望。他利用范蠡所传授的商业之道，来到河东地区，立功、立言、立德，成为"三不朽"的典范……

又到人间四月天。

风儿轻轻爬过墙头，吹过润湿温滑的土地，小鸟从蓝天里飞过，叽叽喳喳一阵阵鸣叫，蝴蝶在窗前柔姿飘舞，燕子又在灿烂的阳光里飞回北国。绿意悄悄爬上河边的柳梢，花儿芳芬，燕儿旋舞，山野里一派挡不住的勃勃生机。

然而，西施却在这样一个季节病倒了。

西施知道，经历这么多年的风风雨雨，自己这脆弱的生命已到了尽头。

走在范郎的前头，这是自己许多年来唯一的心愿。去了吧！生既无怨，死亦无悔。

因她抱了这番必死之心，便绝少饮食，竟一天比一天消瘦下来。范蠡看在眼里，痛在心里。然而他也明白西施的心意，没有任何办法。

这一日，范蠡进屋来，坐在床榻之边的竹椅上，握住西施纤弱的小手，轻轻唤了声她的名字："霓儿！"

"范郎。"西施从昏昏沉沉的梦里醒转，看到自己的范郎就在身畔，再看范郎双鬓斑白，再也没有当年苎萝初逢时候的那种英俊风流，西施不由叹了口气，喃喃地道："范郎，你老了！我们都老了！"

"是啊，时间过得真快。"范蠡点了点头，温柔地道，"霓儿，还记得当年咱们在苎萝的初次相逢吗？那时，你那么年轻，那么美丽。"

"是吗？"提起旧事，西施仿佛生命的活力，重又点燃，有了力气和范郎开起玩笑来，问道："怎么，我那会儿漂亮又美丽，现在就不漂亮、不美丽了吗？"

"不，当然不是。"范蠡痴痴地凝视着他道，"和那时候比起来，我更爱现在的你，毕竟，遭受了这么多年风风雨雨的摧残，岁月却并不能在你的脸上留下什么。你还是那么漂亮，而且是比年轻的时候更漂亮，也更美丽。"

"真的吗？范郎？"西施开心地笑了。

范蠡注视着她，她也静静地注视着范蠡，这么默默相对，便觉世上一切风雨和磨难，都实在算不了什么。

"霓儿，你在想什么？"半晌，范蠡问道。

"我想……回苎萝村去……"西施这会儿便觉身上再没有一丝一毫的气力，却还是费了半天的气力，喃喃道，"咱们一起回苎萝村……好不好？"

"好！"范蠡没有任何犹豫，立即答应道，"我这就去准备车子，咱们明天一早就动身！"

第二天早晨，在淡淡的晨雾中，一辆华丽、轻盈的车子，载着西施和范蠡，"咿呀咿呀"，缓缓上路了。

范蠡坐在车里，身边的西施因为经不住旅途的劳顿，已经沉沉睡去，范蠡帮她掩好了锦毯，便将目光投向外面的天空。

碧蓝的天底下，只见绵延的山岭，一条宽阔长长的官道，一群又一群的青年男女行色匆匆。官道两侧，是绿意盎然的田地，各种作物迎风摇曳，一派妩媚的春光。

范蠡心头掠过一阵淡淡的哀伤。为什么单单是春天，在这个万物苏醒百鸟凌空的春天，西施却要永远地离开尘世呢？

是了，以西施的娇嫩和妩媚明艳，也只能是在春天，在燕儿呢喃、春风飘舞的陪伴下，诗意地离开。

外面驾车的汉子一声吆喝，把范蠡从沉思里惊动。

"范郎，"西施这时也从梦里惊醒，伸手握住范蠡的手，轻轻问道："咱们到什么地方了？到了吗？"

"还早呢！"范蠡摇了摇头，凝神观看西施，见她一头的汗水，忙掏出绢巾为她擦拭了，道："霓儿，我在想另外的一个世界是什么样子，咱们到了那儿，也不知道还能不能在一起。要知道没有你的日子，我是一天也过不了。"

"胡思乱想！"西施娇嗔地用手打了一下范蠡的手背，道，"我自去郑旦姐姐那儿，和她做伴。你还有许多年好活呢！"

"没有了你，我再活多少年，也是没有意思。"范蠡听她提起郑旦，内心也是一阵隐隐的疼痛。他叹了一口气，道："霓儿，我总觉得对不起郑旦，是我害了她。"

"那和你有什么关系？再说，当时那种情势，你又能有什么办法？"西施安慰他道："我和郑旦姐姐从小一起长大，同吃共住，本就如一个人，如果你真做的有什么对不起郑旦姐姐的地方，我这些年，一直在你身边连累你，要你照顾和牵挂，也替郑旦姐姐讨还得差不多了。"

"什么连累不连累的，你在说什么？"范蠡将她轻轻地揽入怀中，柔情无限。"其实，说到感谢，我更应该谢谢你和郑旦，"他无限情深地说道，"不但是因为你们为越国的百姓，做出了牺牲。更重要的，是你们让我看到了希望。如果没有你们，我真的不知道自己有没有勇气坚持这么多年，为了一个几乎不可能的目标，去呕心沥血，出生入死。真的，霓儿，我之所以没有放弃，最终坚持了下来,到最后,便只是为了你和郑旦……"

"我明白,范郎。"西施就势用胳膊勾住了范蠡的脖子,让他也躺下来,两人轻轻拥在一起。

两个月后。

马车一路奔波,终于抵达了苎萝村。

范蠡搀扶着西施,从车上下来,只觉她的身体轻飘飘的,似乎再也没有一点儿重量。

走到苎萝河边上,只见有十几个貌美年轻的少女,正在河畔浣洗衣服。她们都那么美丽,那么富有苎萝村女子的神韵,嬉笑着,追逐着,清凉的河水里,映出她们无邪纯真的青春。

范蠡和西施伫立在河岸上,眼前的一幕就如昨夜的梦境,缥缈而不真实。

尤其西施,多少次魂牵梦绕,多少次梦回故乡。这就是自己当年和郑旦姐姐,以及众姐妹一起浣纱的那条河流吗?山依旧,水长流,归来的人却是白发苍苍了!

西施的身心都沉浸在一种虚幻和空灵的境界中。她仿佛见到,从苎萝村头,正在走过来自己的双亲,他们那么慈祥,那么热切地迎接她归来……

"爹!娘!女儿回来了!"她只来得及说出来这么一句,眼前一黑,天转地旋,人事不省,身子软绵绵地瘫进范蠡的怀里。

范蠡紧紧拥住她单薄的身子,俯下头,轻轻吻住了她苍白的双唇,真的是好凉,好冷,好让人心痛。

这一夜,西施最后一次悠悠醒转,挣扎着,让范蠡将她扶到外面,在满天繁星下的草地上坐下来。

"范郎,我好冷,抱紧我,好吗?"

"嗯。"

范蠡答应着,将她的身子揽入自己的怀抱。曾经多少次,他们就这么相拥在星空下,一起看星星。

"范郎,在我的心里,一直有一个隐秘的想法,如果在我的生命中,没有遇到你,我会是什么样子呢?我和郑旦姐姐的人生,是不是会有另外的一种结局呢？会和普通人那样，生儿育女，过上平凡但快乐的日子吗？"

"会，一定会的。"范蠡道，"如果有重来的机会，我一定不会让你和郑旦到吴国去，我会毫不犹豫地带你们离开。"

"真的吗？"西施不敢相信地问道，"范郎，你真的会那样做？"

"是的！"范蠡坚定地点了点头。"经过这么多年的风雨沧桑，难道你还没有看清楚，什么是我们人生最可宝贵的东西吗？不是名利富贵，也不是王图霸业。只有这份感情才是最真的，最可宝贵的。"

"范郎，谢谢你。"西施又流下了眼泪。"我一直以为，在你的心里，只有家国天下，只装着芸芸苍生。我真的没有想到，我和郑旦姐姐，在你心里的地位有这么重要。我替郑旦姐姐谢谢你……"

"不，应该是我谢谢你和郑旦！"范蠡纠正道，"如果没有你们，我的人生一定是不完整的！我对这个世界就不会有这么深切的眷恋，对上天赐予我的这个生命，也不会有这么发自内心的尊敬！是你们让我懂得了，作为一个人应该怎样活在这个世界上，我会永远记得你们两个的！"

讲到这里，范蠡抑制不住自己的激动情绪，又一次动情地低下头去，在西施的唇上深深地吻下去！

西施的唇，或许因为笼上了夜晚的寒气缘故，更加冰冷，似乎无论怎样炽热的情感，都不能将其温暖。

终于，最后的弥留时光也逝去了。西施的气息渐渐低沉，以几乎听不到的声音对范蠡说道："范郎，抱紧我……我要走了……我要飞起来了……我的爹娘，施公公，还有郑旦姐姐，他们都来接我了……我走了……"

"霓儿……"范蠡只能声声呼喊，然而一切都不可挽回。西施的身体仿佛突然间被抽走了骨髓和精血，更没有一点儿的分量了。

范蠡抬起头，看到一颗亮晶晶的星星，正拖着尾巴从天际陨落。

天上星落，人间情散。再也没有什么比眼睁睁看着至爱之人从自己生命里消逝而令人悲伤的了！

……

数日后，范蠡寻到陈阳氏之墓，把西施葬在旁边。不远的地方，就是郑旦的坟墓。

苎萝的女儿落叶归根了，苎萝的精灵又开始了步入下一个漫长的轮回。可是谁知道下次相逢在何时？

慨叹着生命的无常，范蠡品味着那份失落、无奈，怅然而去……

从越国出来后，范蠡并没有急于返回陶邑。失去西施这份沉重的哀伤，对他来说实在难以排遣。

这一日，他来到楚国的郢都，忽然想起来在这里有一位和自己的老师计然乃是深交的故人庄生。

已经多年没有老师的消息，也许向庄生打听一下，会有意想不到的收获吧！于是，他便进了城。

郢城，北可达黄河中游，南通长江，地势十分险要。从前，楚文王从丹阳迁都到此。因为郢城的北面是纪山，所以这城又被叫作"纪南城"。城内东西有四公里半，南北有三公里半，城的四面都有护城河，宽约有十余丈。郢是楚国的文化之都，在这儿流行的音乐，既有高贵典雅的"阳春白雪"，也有在普通人民中流传甚广的"下里巴人"、"阳陵采薇"等，都十分出名。在郢这个地方，后来又出现了一个大诗人名叫屈原，如流星般划过中国文化的灿烂星空。

很快，范蠡见到了庄生。然而令他失望的是，庄生这里，亦没有计然一星半点的消息，以年龄推论，也许老师早已不在人世了。

从庄生府上离开，范蠡不知道怎么，忽然起了浓厚的思乡之情。这里距离三户已经不远，何不回去看一看？

这个念头一经滋生，就不可遏制。于是，范蠡一人一车，径直向三户而来。

三户还是那么一副悠闲逍遥的田园风光：穿过橘林，只见一片片的土地上，依旧种植着粟、麦、菽等旱地作物。依旧是当地的乡亲，挥舞镬、耙、耜等器具，稀稀落落分布田间。远处的沟塘里，几个汉子以竹木为栅，正在滩急水浅的地方捕鱼。八九株桑树的下面，盘坐着几个老翁，唱着古老的歌谣。这里的一切都没有改变，一切是那么封闭，自成一个世界，连时间都似乎被隔在外面了。

在山坡前,范蠡停下来,看那斜斜的山坡上,园圃环绕,或瓜果,或蔬菜,一派绿油油挡不住的生机。几个妇女和小孩正弯了腰,在山坡上采集竹笋、蕨苗、地菜和野葱之类的东西。

一切都是旧时的模样,可是,范蠡归来,却已经两鬓斑白。昔日潇洒俊逸的少伯,在当地老人孩童无人不识的"疯子",如今却无人能识其面目。

"请问老丈,是来这里找什么人吗?"孩童们嬉笑着,上来问道。

"哦,不,我只是随便走一走。"范蠡这些年,连乡音都改变了,虽然回到了故乡,却更像是一个外乡人。

走上山坡,进入竹林。依旧是清风徐来,一片的寂静、清雅。昔日的茅庐,呈现眼前。

正是在这里,范蠡耕读学习,每天不分晨昏地跟随老师学习,一起探讨天下大事。想起先生,范蠡不由得又是一阵伤感。

还有文种,当年正是文种三次枉顾,来这里拜访他,最终促成了他下山。也才会有后来那么一段波澜壮阔的历史,那么一段风云激荡的往事。

往事已矣,恩师故交,都已经如烟一样消逝。只剩下范蠡孤零零的一个人。

也许是人老了的缘故,总会不自觉地回想起往事。虽然茅庐就在眼前,范蠡不知道怎么的,竟然没有勇气走进去,生怕一草一木,勾起太多的回忆。

伫立良久,他终于还是没有上前去推开那柴扉。

"罢了,罢了,与其徒然伤感,不如留一份美好回忆,就这么离开吧!"他可以想象,茅庐里到处都蛛网高挂,灰尘遍布,故物依旧,而人已老去。他不愿意直面那样的一幕,因此带着无限的怅惘,就要转身离开。

就在这时候,忽然,从茅庐里面,传出来一阵叮咚的琴声,依稀还有人作歌:

"习习谷风,以阴以雨
之子于归,远送于野

何彼苍天，不得其所

逍遥九州，无所定处

世人暗蔽，不知贤者

年纪逝迈，一身将老

伤不逢时，寄兰作操……"

听着那中正平和的琴声，哀而不怨；听着那充满了慨叹的述说，仿佛让人看到一个满怀济世之志的贤者，却因为得不到施展才华的机会，徒然对着兰花吐露心声……

"咦？奇怪！"范蠡一愣，"该不会是我的错觉吧？"

当年，这里的确是他抚琴、作歌之所，丝竹管弦，声声诵读，可那都已经是过去了。怎么会过去了数十年之久，在这里依然会留有清脆的琴声，依然会有这样令人怦然心动的歌声，会有这样充满智慧和沧桑的歌声？

他不由自主地又上前走了几步，来到门外。从门外向院子里看去，他才肯定，这不是自己的错觉。因为院子里并非如自己所想象，杂草丛生，枯叶满地，而是被打扫得干干净净。远远地看里面的门窗，也都是整洁如新，显然是经过了大的修整，在保留原来风貌的基础上，又做了修补。

"这么说，现在这里是有人住了？"范蠡一愣，"不知道是什么人。"

正在这时候，忽然屋子里的琴声停了，一人朗声道："琴音忽然变作清奇之调，必然有贤人来到！"

说着，"咿呀"一声太，一个人推开柴门，从里面走了出来，向外观望。

范蠡打量了他一下，只见一个青年人，年龄在二十五六岁之间，身材挺拔，满面英气，那又圆又宽的额头，显出他的聪颖。

青年人在院子里向外一望，就看到了范蠡，微微愣了一下，稍作踟蹰，还是上来施了一礼，问道："请问，可是老丈在此听琴？不知道老丈可也懂琴？"

"嗯。"范蠡点了点头，"我也是偶尔路过，被你的琴声吸引，所以在此驻足而听。年轻人，你的琴艺固然精湛，这首曲子更是闻所未闻，我想问一下，里面声声诉说、吟咏不止的那位贤人老者，究竟是什么人呢？应该不是你吧？以你的年龄，阅历，应该不会有那么深沉的感慨，对不对？"

"老丈果然听懂了我的琴曲。"青年人道，"不错，这首琴曲，叫作《幽兰操》，是我的老师孔丘孔夫子所作。歌中吟咏的那个人正是他自己啊！"

"哦？孔夫子？鲁国的那位圣人？这么说，你是孔圣人门下的高足了？"

"高足谈不上。我在老师门下时间并不长，老师就去世了。所以我只学了一点皮毛，其实可以说只学了老师的一点琴艺，其他的还没有来得及向老师请教呢。"

"那实在是太可惜了。"范蠡叹惋道，"那么，有一位你的同门师兄，端木子贡，你可认识？"

"认识，我还跟随大伙儿一道，给老师守墓三年，就是端木师兄召集和组织大伙儿一起做这件事情的。后来，端木师兄又一个人给老师守墓，我和大伙儿就离开了。"

"那你又为什么到这里来呢？"范蠡好奇地问。

"我来这里，是因为要拜访这里一位大大有名的人物，范蠡范公哪！"青年人解释道，"我虽然在鲁国拜在老师门下，却并没有学到一身足以谋生的本领。因为家中贫穷，父母妻儿无以供养，所以我决心改作经商，做一番经营谋生的事业。听说范蠡范公是天下研究经营之术的高人，当世之大贤，我就慕名来访。只是没想到范蠡范公早已不在此处。而我路资耗尽，无力再去他处寻找，只能在这里暂且住下来。我想说不定有一天，范公他老人家起了思乡之情，一定会再回这里的，我就能等到他了。"

"原来是这样，"范蠡点了点头，"你是来拜范蠡为师的？"

"对，我不但要拜师，还要学他那一身经天纬地、济世安民的大本领。"青年人道。

"你叫什么名字？"

"在下猗顿。"青年人道。

"猗顿，你没有听说过吗？那位范蠡，早已在帮助越国复仇成功之后，隐姓埋名，化身鸱夷子皮，去了齐国。后来又一次急流勇退，不知所踪。天底下再没有人知道他去了哪里,你在这里只是傻傻地等,不是徒劳吗?"

"如果我等不到他老人家,那就是我这一生,注定与富贵无缘!"猗顿道。

"年轻人,不要灰心!"范蠡听了,深深地被他这种执着追求的精神所感动。"没有谁生来贫穷,或者富有。每个生命来到这个世界上,都是赤裸裸的;离开这个世界的时候,也是一无所有。老天并不会因为你贫穷或者富有而区别对你,唯一不同的是,在于你选择以怎样的方式活过这一生,是随波逐流,还是紧紧扼住命运的咽喉,像一位真正的勇士那样去战斗。如果你选择后者,你要做什么事情,都会取得成功;至于想学习范蠡的那一套经营求富的本领,我倒以为,你不妨离开这里,去拜另外的一个人为师。"

"哦,什么人?"

"现今在宋国陶邑的陶朱公。"范蠡给他指点道,"此人经营才华本领,不在范蠡之下。如果你能拜在他门下,要富得富,要贵得贵,都是很简单的事情。"

"真的吗?"猗顿眼睛一亮,但随即,他又摇了摇头。"不,我还是在这里等范公老人家的好。其他人纵然有再大的本领,我也觉得不如范公。"

"哈哈,想不到,你还真是一个固执的人哪!"范蠡笑了起来,"如果我告诉你,那位鸱夷子皮,离开齐国后,就到了陶邑,易名陶朱公。那不正是你梦寐以求要见的人吗?与其在这里死等,为何不亲自去打听验证一下?"

"真的吗?多谢老丈指点!"猗顿一听,大喜,感激涕零,不停地给范蠡施礼。"我这就收拾东西,明天一早就动身去拜访那位陶朱公,不,是范公!老天开眼,我终于有了范公的消息,可以拜在他门下学习了!"

……

一个月后。

范蠡终于回到了陶邑。

离开的时候,他是和西施一道离开的;回来的时候,已经只有他一个人了。

不但如此,那个曾经名动天下的范蠡,也已经随着西施的离去,而永久地消失在这个世界上；作为范蠡的一生，已经永远地结束了。作为陶朱公，他的人生和事业则刚刚翻开新的篇章。以后，我们要称呼他陶朱公了。

刚进家门，长子范屯便来给父亲请安，禀报道："有一位叫作猗顿的人，已经在这里等候您许久了！"

"猗顿，他来了么？"陶朱公点了点头，心里暗暗嘉许这个青年人的志向。"好吧，让他来见我！"

"是！"

一会儿，范屯领着猗顿从外面进来。猗顿头也不敢抬，进来立即跪在地上，参拜道："小子有礼了！"

"不必多礼！"陶朱公道，"你且起身，抬起头来，看看我是谁？"

"是！"猗顿答应一声，起身后，这才敢抬起头，一看眼前这位老者，不正是自己在三户所遇的那人么？

"啊？……原来……原来您就是……？"

"不错。"陶朱公笑着点了点头，"你要拜范蠡为师，可是天下早已没有范蠡这个人，所以我才让你到陶邑来，没错吧！"

"是，是……"猗顿兴奋得连连点头。又慌忙跪下去，"朱公在上，请受小子一拜！"

"起来吧！"陶朱公将他扶起来，"你不是要学经营致富之法吗？治生之法，有水、土、木、火、金五术，不知你要学哪一种？"

"愿闻其详。"

"第一法，水畜。"

陶朱公介绍道："所谓水畜，就是挖掘鱼池，以饲鱼也。以六亩地为池，池中分设九洲八谷。谷上立水二尺；谷中立水六尺。求怀子鲤鱼长三尺以上的二十头，牡（公）鲤鱼长三尺以上的四头。以上一年的二月的上一个庚日，将雌雄鲤鱼一起放入池中……至来年二月，可得鲤鱼长一尺以上的十万五千头，三尺以上的四万五千头，二尺以上的一万头。如果按照一头值五十钱计算，可以得钱一百二十五万。再至明年，得长一尺以上的十万头，长二尺以上的五万头，长三尺以上的五万头，长四尺以上的四万头，留长两尺的两千头做种，所余下的全部卖掉，可以得钱五百一十五万。"

"第二法，土畜。"

陶朱公又继续介绍道："所谓土畜，就是'饲五粽'。选择水草丰盛的地方，饲养牛、马、猪、羊、驴，其数年之间，繁衍生息，不可计数……"

"第三法，木畜。"

陶朱公道："所谓木畜，即'开三园'，选择开阔肥沃的土地，分为三片大的区域，分别种植桃、桑、杏……"

"第四法，火畜……"

"第五法，金畜……"

从这天过去以后，猗顿就正式拜陶朱公为师，每天跟随范蠡潜心学习商业之道。

……

不知不觉，一年过去了。

一年后，猗顿在陶朱公门下，成为所有弟子中最杰出的一个。陶朱公对这个弟子，也越来越喜爱了。

后来，猗顿艺成，从陶朱公这里离开。他欲回到鲁国去创业经商，却被陶朱公给劝住了，说道，鲁地洙水、泗水以北地区，人多地少，没有山林水泽资源，又屡遭水旱灾害，饱腹都非常困难，谈何致富？

接着，陶朱公给猗顿指明了一处可以立足和发展的基地——西河。

据说，当时，在西河一带居住的，是一个叫作猗氏（今山西临猗境）的部落。猗顿来到这里后，首先去拜访了部落的酋长，奉上精美的礼物。酋长爱惜人才，便以自己的女儿嫁给他。

在这个部落稍微南一点的地方，猗顿选择了一个叫作"对泽"的地方。这里土壤潮湿，草原广阔，水草丰美，是畜牧的理想场所。

在这里，猗顿迅速地积累起了巨大的财富，历史记载"十年之间，其息不可计，赀拟王公，驰名天下"。

以治生之术起家后，猗顿立刻把目光瞄向了离这里不远的"盐池"，这也是陶朱公当时让他来这里的主要目的之一。

前面说过，"盐池"是中华文明的发源地，《左传·成公六年》中称其为："国之宝"，当时，山林川泽之利的开发，虽然为官府控制，但官府并不直接经营，而是用抽十分之三的税的办法让"民"去经营，但这种"民"，绝非普通的百姓，而是"豪民"，因为这种开发需要大量的投资，需要一定数量的劳动力，正如《盐铁论·禁耕》所说："非豪民不能通其利"。猗顿经过十年的积累，就已经属于这样的"豪民"行列，所以，顺理成章地取得了一张开发河东池盐的"致富通行证"。

据说，猗顿在制盐的过程中，发明了"垦畦晒盐法"。以前，人们从盐池中取盐，用的是原始而简单的"捞取法"：天日暴晒，自然结晶，集工捞采，产盐全部依靠自然的力量。但由于捞取的是自然形成的盐结晶，晶体中含有硫酸镁等杂质，这样的盐尝起来味道发苦，所以又有一个名称："苦盐"。猗顿进入这个行业以后，开始也采取"捞取法"，后来经过仔细走访，又结合老师陶朱公在海边的"煮盐法"，最后摸索总结出了一套独特的"垦畦浇晒法"，即用人工垦地为畦，畦地旁边筑有水沟，将池水通过水沟引入畦中，待水分蒸发，结晶成盐。这一做法的关键就是用淡水搭配卤水晒盐，由于淡水温度低，卤水温度高，卤水原来的温度得到了调整，硫酸镁、硫酸钠等杂质就分解出来形成"硝板"，结晶畦修筑在硝板上，盐不再发苦，而结晶的时间也大大缩短，五六日即可成盐。

猗顿制造的盐很快打开了销路，一条线运输往齐鲁、秦川，另一条线运输至西域以至波斯湾等地。

在向西域运盐的过程中，猗顿又开辟了一个崭新的领域：从西域换回一批批珍珠玛瑙、珠宝玉器，并在沿途各地设立了珠宝店铺，甚至延伸到齐、鲁、燕、楚等各国。经营珠宝，不仅使猗顿富比王侯，也使他对珠宝的鉴赏达到了极高的水平。《尸子·治天下篇》说："智之道，莫如因贤。譬之相马而借伯乐也，相玉而借猗顿也，亦必不过矣。"《淮南子·氾论训》也说："玉工眩玉之似碧卢（一种美玉）者，唯猗顿不失其情。"猗顿对珠宝有着相当高的鉴赏能力，以致可以与伯乐相马相提并论。

随着四面八方来和猗顿进行商贸交易的人络绎不绝，猗顿居住的村落也逐步由一个畜牧区演变为远近闻名的商贸集镇。后来，猗顿就在此地建立了中国历史上第一座商城，后人称之为"猗顿城"。至今古城墙遗址尚在。

而猗顿富甲天下以后，时刻没有忘记以老师陶朱公为榜样。他亲自主持修筑了第一座陶朱公庙，奉陶朱公为"财神"。他不但把自己的粮食和马匹捐给了国家，给人们留下了"急公奉饷奏凯歌"的感人事迹；而且，看到流离失所无家可归的灾民，就开仓放粮济贫民，留下了"济贫店，舍饭站"等遗迹，至今，王寮村的西南巷，人们还习惯性地叫它"饭家巷"，因为这儿就是当年猗顿恤孤怜贫、博施广济的遗址。

据《猗顿祠》古碑文载："猗顿不朽有三：为国立功，为民立德，己身立言。"太史公说："长袖善舞，多财善贾，其猗顿之谓乎。"又称他"其财能聚，又复能散"。因为不管从财富数量上，经商技巧上，和对财富的处理上，对百姓的接济上，猗顿都和陶朱公一脉相承，所以，后人又并称他二人为："陶朱、猗顿"，一起成为卓越的、伟大商人的代名词。

第十六章

兵车止战

兵与商，在本质上来说，都是关于竞争的学问。兵无常道，商亦无常道。运用之妙，全存乎于一心。

然而，兵与商又是有着明确区别的：兵以诡立，商以信立。如果违反了根本规律，就会出现大问题。

兵家的最高境界，是不战而屈人之兵；商家的最高境界，是不争而天下财币如流水般滚滚自来。从这一点上来说，二者的确有异曲同工之妙。

"恭喜，恭喜——"

"同喜，同喜——"

伴随着声声嘈杂的喧嚣，陶府门口一辆辆的马车排起了长龙。络绎不绝的贺客从四面八方赶来。

原来，今天是陶府上的大喜日子：陶朱公的三儿子范比，也已经要举行冠礼成人了。

比，是《易》中的一卦，卦象为水在地上，水得地而流，地得水而柔。意思是相亲相辅，互敬互爱。

当年，周文王观此卦象，得到启示，以建万国，将众多的诸侯团结在自己的身边，以诚信而得到拥护。

给儿子起这么一个名字，陶朱公希望他将来长大后，能够懂得亲比之道，而成为庞大家业的新一代领袖。

小范比和两个哥哥不同，他一出生就生活在一个优裕而舒适的环境中，衣食无忧,予取予求。因为是老来得子,连夫人钟春氏对他也是格外宠爱。

这时候,陶朱公已经他和大儿子范屯、二儿子范蒙,有了一个庞大的计划,那就是如何将他们的生意以陶邑天下之中为根据地,做到全天下去。

第一步,陶朱公首先选择了将产业交给长子范屯掌管。范屯为人淳朴善良,虽然短于谋划,聪慧进取不足,然而守则有余,让他留下来,全力负责照顾陶邑的生意,巩固后方。

至于范蒙,聪明伶俐,人又长得俊美非凡,不愧为人中之龙。陶朱公有意栽培他,亲自带上他一道做生意。

这一次,陶朱公来到与楚国接邻的随国和曾国两个小国家,希望从这里购买一种叫作"编钟"的青铜乐器。

曾、随两国,都自称是周武王克商之后的封国,姬姓,封国在周室的边疆地区,负责监视南方诸夷。

当时,天下纷争,从周武封国以来,能够纯正地保留下周公以礼、乐治国的传统的国家,已经不多。曾、随虽然是小国,但因为早早就加入了楚人的政治集团,以附庸国的身份而存续下来。

关于周代的乐器,当时比较著名的有琴、筝、五弦、瑟、笙、悬鼓、编磬、建鼓、篪、排箫、枹鼓……

然而,最令曾、随两国自豪的,是他们保留有"周之瑰宝",即完全用青铜铸造的乐器组合——编钟。编钟的规模大小不同:一般小的由三枚组合,中的由九枚组合,大的由十三枚组合。超级大的则有几十枚组合。将大小不同的扁圆钟按照音调高低的次序排列起来,悬挂在一个巨大的钟架上,用丁字形的木槌和长形的棒分别敲打铜钟,能发出不同的乐音,因为每个钟的音调不同,按照音谱敲打,可以演奏出美妙的乐曲。引在木架上悬挂一组音调高低不同的铜钟,用小木槌敲打奏乐。

然而,陶朱公没想到,他刚走到楚国,随国和曾国却不知为什么突然翻了脸,各自集结了上万军队,要在边境上一决生死。

"奇怪,出了什么事?"

陶朱公立即派人去打听。

原来，曾国和随国是亲家，两年前，曾文侯把女儿昭姒许给了随哀侯的三公子青。

新婚宴尔，公子青与昭姒的关系十分融洽，恩恩爱爱，相敬如宾。这一年，昭姒便怀上了孩子，曾文侯和随哀侯俱都十分欢喜。

没想到，十月怀胎，一朝分娩，昭姒生下的却是一个奇丑的儿子，面貌与公子青连一点相似的地方都没有。公子青便大骂昭姒，说她是在外面偷吃野食，公子青又撺掇父亲随哀侯，一面把昭姒打入冷宫，囚禁终生，一面出兵八千，讨伐曾国，兴问罪之师。他们父子正计议，昭姒却在随国大夫棘生的帮助下偷偷出了随国。一听女儿受此委屈，曾文侯立即兴兵一万五千，扬言要踏平随国，非揪住公子青那个没心没肺的东西不可。

从八月份开始，两国都在为开战做准备。大批生产长戈、大戟、弓弩，又修饬战车，料理战马，训练兵勇。双方只要一正面接触，那必是石破天惊的一战，不是鱼死，便是网破，谁都没有退路。

几天以后，陶朱公便亲自到了曾国的都城，来见曾文侯。

曾国虽是一个不足百里的小国，但邑城内的安乐繁荣却并不比那些大国诸侯的都城差多少。只不过因为战争在即，人们都没了心思，匆匆来去，满脸惶恐。

这曾文侯为君十一载，放眼天下，最佩服的人便只有一个——范蠡。早在父亲曾悼侯在世的时候，每日里耳提面命，把这范蠡说成了一个能通天彻地的人物。的确，范蠡辅佐一个小小的越国，竟能历二十年的秣马厉兵，一举灭了吴国，并进而称霸诸侯，连晋、齐、楚这些大国诸侯都尽皆折服。十一年来，曾文侯无时无刻不在想见一见范蠡，心想若能请他来曾国辅佐自己，那么自己不也可以有称霸天下的一天吗？

本来，陶朱公已经决意不再用范蠡的名字。如今，为了做成这件特殊的事情，只好恢复范蠡的旧名。

"越国前上将军范蠡求见！"

真是人的名、树的影，通报一到宫中，把个曾文侯欢喜得不知如何是好，忙跑出宫来，扯了范蠡的手，两人相执入内，便有一众内侍和诸多文武，都来以学生之礼叩拜范蠡，热热闹闹，半天的工夫才清静下来。

"请问范公，"曾文侯十分恭敬，向范蠡请教道，"曾国正欲择日与随国开战，范公半生纵横天下，能晓兵法军事，不知将何以教我？"

范蠡淡淡一笑，并不回答，只是问曾文侯，曾、随两国本是姻亲连理，何以骤然失和，以致要生死相拼。

曾文侯叹了口气，便把女儿昭姒如何在随国失宠，又如何受尽磨难逃回国来的经过，详细地讲了一遍。除了细节，与范蠡所听到的并无二致。

范蠡又让曾文侯唤出女儿昭姒，亲自问了她几句话。见范蠡不急不慌的样子，曾文侯也觉心下稍定。待女儿离去，又道："我曾国兵不过两万，车不过三百乘，本不足以与随国相拼，更兼随国的三公子青骁勇无比，又精通兵法，实无人能敌，范公还请教我！"

"大王何须烦恼！不如听我讲一个壶子与列子的故事如何？"

范蠡捋了一下胡须，给曾文侯讲了一个故事。

在郑国，有一个相面很灵验的人，名叫秀咸，能够占出人的生死和祸福寿夭，所预言的年月日，准确如神，郑国人见了他，都惊慌逃开。列子与他接处一段时间后，佩服得五体投地。

列子回来告诉他的老师壶子道："以前，我以为先生的所学最高深了，现在才知道还有更高深的。"

壶子道："我教你的只是名相，真实的学问并没有告诉你，你以为已经学的差不多了吗？雌鸟如果没有雄鸟，怎么会生出卵来呢？你以浅薄的学识去和人周旋，而求人的信任，所以被人窥测到你的心思。你去把季咸请来，让他看一看我的相。"

第二天，列子邀季咸来看壶子的相。相毕出来，季咸对列子说："唉，你的先生快要死了，活不了十天，我看他形色怪异，面如死灰。"

列子进去，哭得衣服都湿了，把情形告诉壶子。壶子道："刚才我显示给他看的是心境寂静，不动又不止，他看到我闭塞生机。再请他来看看。"

过了一天，列子又邀季咸来看壶子。季咸出来对列子道："你的先生幸亏遇上了我，有救了！全然有了生气，我看他闭塞的生机开始活动了。"

列子进去告诉壶子。壶子道:"刚才我显示给他看的是天地间的生气,名实不入于心,一线生机从脚后升起,他看到的正是这线生机,你再请他来看看。"

过一天,列子又邀季咸来看壶子。季咸出来对列子说:"你的先生精神恍惚,我无从给他看相,等他心神安宁的时候,我再来给他看相。"

列子进去,告诉壶子。壶子道:"我刚才显示给他看的是没有朕兆的太虚境界,他看到我气度持平的状态。鲸鱼盘旋之处成为深渊,止水之处成为深渊,流水之处成为深渊。渊有九种,我给他看的只有三种,你再去请他来看看。"

过一天,又邀了季咸来看壶子。季咸还没坐定,便惊慌失色地逃走了。

壶子告诉列子道:"刚才我显示给他看的,是万象俱空的大境界,还不是我的最高道学,我和他随机应变,他捉摸不定,如草遇风披靡,如水随波逐流,所以逃走了。"

列子这才知道,自己没有学到什么。返回家中,三年不出门,替他的妻子烧饭、喂猪,如同一个下人的样子。从此对事物无所偏私,弃浮华而复归质朴,不知不识的样子。

范蠡讲完这些,又捋了捋胡子,微笑着看曾文侯的反应。

只见曾文侯皱眉凝思半晌,方叹道:"范公大学,我领略不及万一。还是请范公教我,如何与随国相抗之道吧!"

范蠡见这曾文侯真是无从点化,也就不再费气力,找来笔墨,在绢布上画出来一种战车的模样,告诉曾文侯,若用此战车与随国相抗,保能把随国打个落花流水,什么人都阻挡不住。范蠡最后又道,自己愿助曾国一臂之力,造出一百辆这种战车,到时保证曾国所向无敌,一战功成。

曾文侯大喜,立即命人取了三千金,送给范蠡,以作造战车之费用。范蠡也不推辞,全收下了。

从随国出来,范蠡又直奔随国的都城虎舒而来。

这随国较之于曾国,可是大多了。尽管边境上已经集结了一万多兵马,开战在即,虎舒城内还是人来人往,十分热闹。

下部 商人鼻祖

到达王宫的时候，正碰上散早朝，随哀侯已经歇下了，可听说是范蠡来访，忙又重新更衣，来见范蠡。

范蠡问哀侯为何要与曾国开战，哀侯便把三子与昭妣间的恩怨以及自己欲马踏曾国的想法，从头到尾讲了一通，与曾文侯所讲并无出入。

"请问范公，"这随哀侯也是早知范蠡兵法通神的，忙趁了这一机会请教道："范公从边界来，想必已见了我随国兵马的列队布阵，还请指教一二。"

"先不忙说这个，"范蠡微微摇了下头："大王先听我讲一个鬼神与圣人的故事如何？"

只听他讲道：

有一个人，名叫巫马子，去问耕柱子道："鬼神与圣人相比，谁更明智？"

耕柱子回答道："鬼神之明智与圣人之明智相比，就像把耳聪目明的人与聋子瞎子相比一样。从前夏王启，命令费廉上山开挖铜矿，在昆吾这个地方冶铸铜鼎，还命令翁雉乙占卜于百灵之龟。卜辞云'铸成九鼎有三只脚，呈方形，不用生火而能自煮，不用在里边放东西，而自然就有东西在里边放着；不用搬迁而自己会移动，用此在昆吾之墟祭祀，请鬼神享用'。翁雉乙又讲出占辞道：'鬼神已经享用了！蓬蓬白云，有的在北，有的在南，有的在东，有的在西。九鼎铸成之后，迁徙到三国。'夏王启将九鼎丢失了，商人得到，商人丢失了，又被周人得到，夏、商、周的人经历了好几百年，互相授传。即便是让圣人把天下良臣和谋士都找来谋划，又哪里能知道几百年后的事情呢？但鬼神却能知道。所以说，鬼神比圣人明智，就如同耳聪目明的人相对于瞎子聋子一样。"

随哀侯弄不明白范蠡这故事在讲什么，还以为他是来劝说自己不要进行这场战争，便当即接口问道："范公，我听说南方楚国、吴国的君主，北方晋国、齐国的君主，他们最初号召天下的时候，土地不过百里，人口不过数万，因为不断向四外攻战，土地扩展有数千里，人口增加到几百万，难道范公以为，我随国对外攻战不是与他们一样吗？"

范蠡知道这随哀侯没听明白自己的意思，便不想与他理论。只是道："只有四五个国家得到实惠,又怎么能算是通行之道?就如医者为病人开药方一样,如果有个医者,拌和他的药剂,并将他的药给天下生病的人服用。一万人服用这帖药,只有四五个人痊愈,又怎能称之为灵丹妙药呢?所以孝子不会将这种药给他的父母服用,忠臣不将这种药给他的国君服用。古代把天下分封为许多国家,年代久远的可以听说,年代近的可以亲眼看见,因为四下攻战而亡国的,多得数不清。大王听说过吗?东方有个莒国,这个国家很小,夹在大国中间,不恭敬地侍奉大国,也不听从于大国,唯利是图,结果便有越国偷偷割他的土地,西边的齐国也趁机吞并了他。莒国被齐、越两国所灭的原因,不正是因为攻战吗?南方的陈国和蔡国,他们被吴越所灭,也是因为攻战;即使是北方的且和不屠何两个小国,他们被北方的燕、代、胡、貊所灭,也是因为这个缘故。大王难道非要攻战而自取其灭吗?"

"哼!"随哀侯问范蠡道:"我大随与曾国开战在即,范公到底有何教我?"

范蠡也就不再劝他,从自己怀里掏出那张画有兵车的帛图,给随哀侯看。随哀侯一见了图上的兵车,立即哑口无语。

毕竟他也带兵作战多年,深知这兵车的厉害,一旦拥有了这兵车,真是如虎添翼,纵横天下指日可待!

"这是先生特地为曾国设计的吗?"

"不错。"

"如果我肯出一倍的价钱,先生可以放弃和曾国的协约,而转而为我们随国生产这种战车么?"

"不可以。"范蠡摇了摇头,斩钉截铁地道,"答应了别人的事情,就一定要做到!我是不会失约的!"

"我有一种方法,可以使先生不必为难。不过这方法我不想说。"随哀侯充满威胁地看着范蠡说道。

"大王的方法不说我也知道,你想杀了我,就没有人会做这种战车了。可是大王不知道,我的儿子范蒙已经拿着这份图纸,去秘密加工生产了。即使大王杀了我,那一百辆兵车还是会准时交付曾国使用的。"

"那……我也订一百辆这样的兵车，可以吗？"

"可以。"范蠡微笑着点头道，"我是做生意的人，做生意的怎么可以拒绝送上门来的协约呢？"

当即，随哀侯也向范蠡预订了一百辆一模一样的兵车，并命人取了三千金，用车马载了，送与范蠡。

送走了范蠡，曾国和随国都胸有成竹，继续练兵布阵，只等范蠡造好了兵车送来，便好好地打上一仗，消灭对方。

忽一日，随国出了一件奇事。一个女子抱了一个小孩，闯入大夫棘生的府里，告诉说这是三公子青的儿子，又讲了三公子青如何想设计引随哀侯与曾国作战，自己趁机夺权的阴谋。棘生出了一头的汗，连夜来王宫见随哀侯。

王宫里一片大乱，刚刚有几个刺客潜入王宫，想杀死随哀侯，却被随哀侯击败，又被众武士剁成了肉泥。

棘生进王宫来，告诉随哀侯三太子阴谋叛乱的事，随哀侯听后也是出了一头的汗，忙唤女子进宫问个明白。

这女子本是昭姒身边的一个侍女，名叫鹂子。三公子青想自立为王，不止一次对昭姒透露过。昭姒劝阻，反而经常被打得身上青一处紫一处。后来昭姒怀孕，鹂儿因为与一个武士私通也怀了身孕，便离开昭姒到了别处。十月怀胎，分娩时，三公子青命人刺死了鹂儿的丈夫，并把鹂儿的儿子抱走，换了昭姒生下的儿子。鹂儿在另外一个武士的帮助下，抱着昭姒的儿子逃出了三公子青的魔掌，多方避难，流亡几个月，才跑来找到了大夫棘生。

随哀侯听了如梦方醒，也明白了今晚的几个刺客是怎么一回事，立即派出五百武士，前去捉拿三公子青。

三公子青却早逃出虎舒城，奔往吕国，借兵去了。

过了三天。

公子青从吕国借了三万兵马，自称随庄侯，杀回随国。

随哀侯大怒，尽起倾国之兵，与公子青对阵。一个月下来，却终因没人能敌公子青，连虎舒城也丢了，损兵折将不计其数。

随哀侯无奈，亲自派人来请曾文侯，详述了公子青的阴谋。曾文侯闻太子青如此狠毒，立即起兵一万，亲自带领，入随与随哀侯合兵一处，共战太子青。

又战了一个月，双方互有胜败，却都不能克敌制胜，形成了对峙之势。

这一日，随哀侯想起自己在范蠡那儿定做的兵车，忙来找曾文侯。

两人一对话，才知大家同在范蠡处预订了同一种兵车，俱感羞愧。只是也顾不了那么多，一方派了一人，前往宋国去取兵车。

不到半月，两人风尘仆仆回来了，没有取着兵车，却取回了一个人——范蠡。

随哀侯和曾文侯请范蠡入席坐了，闲叙半晌，却谁都不言兵车之事。范蠡故作不解，惊奇地问道："咦，这可奇了，二位如何都不问所造兵车之事？莫不是仗打得紧，都忘到脑后面去了不成？"

随哀侯和曾文侯尽皆拜道："有先生一人，胜兵车万乘。如何破敌，请先生指教！"

范蠡叹口气道："我当日以鬼神智于圣人说随公，又以列子与壶子说曾公，偏你二人都不明白，才致有今日的兵刃之灾啊！"

随哀侯和曾文侯都一脸的羞愧。范蠡又道："只是公子青也太猖狂，我记得当年孙武子有一个'颠倒八门阵'，攻之则为'长蛇阵'，变化极为玄妙，不如就用此阵破敌吧，也免得再让无知小儿嚣张狂浪。"

曾文侯和随哀侯大喜。

第三日，曾文侯和随哀侯即按范蠡所授，摆了阵势，邀那公子青来相斗。

公子青自以为有万夫不当之勇，天下无敌，哪把什么阵法放在眼中，立即带了三千精兵前来冲阵。

这"颠倒八门阵"本是按了乾、兑、离、震、巽、坎、艮、坤，八方排列，又加上中央戊己，共是九队人马，其形正方。公子青一冲入阵内，布阵的首尾两军已抽去，成了外翼。七队人马围成一个圆阵，把公子青围在当中。这时再想找生路，却又哪里能够？

公子青杀了三四个时辰，人困马乏，再抵不住，"扑通"摔在了马下。

擒了公子青，曾、随两国的怨恨随之化解，剑拔弩张的紧张局面，顿时又变成了一片歌舞升平。

在曾、随二侯联合举行的盛大宴席上，当着众人的面，范蠡将六千金奉上，原来所谓的兵车，根本是子虚乌有！

曾、随二侯大为惭愧，但更为钦佩范蠡。二人恨不得以举国之富来酬谢范蠡。

最后，两国各送范蠡十组编钟，两位国君率领百姓，锣鼓喧天，送范蠡离开……

第十七章

千金救市

古往今来,能以"术""法"聚财的人可谓多矣。为了满足自己的欲望,人们唯利是图,各种手段层出不穷,无所不用其极。然而,却很少有人能意识到:当财富聚集到一定程度,就仿佛一个蓄满了水的大水库,如果不懂得放闸泄洪,那么,迟早都会有溃坝的一天。这种反作用力,就叫作"反噬"。

为了避免财富的"反噬",就必须及早采取行动,用这笔得自天下人的钱去"反哺"天下人。而支持这种"反哺"行为的商业哲学思想,就是陶朱公关于天、地、人三位一体的系统思想:生而不有,成而不恃,为而不争。

孔子曾经观察过"欹器",并有感于其"虚则欹,中则正,满则覆",发出感慨说:"天下没有满而不覆的道理啊!"

这一年的夏天,不知从什么时候起,陶邑开始流行起一种奇怪的瘟疫。

这种病说来也怪,起初人们只是觉双眼发痛发痒,过几日见了风便不停地流泪,一双眼睛红通通的,如同兔子一样。

再过数日,那眼睛看什么东西便渐渐模糊,最后什么都看不到,只能看到一片红色。与此同时,身上的皮肤也从手脚开始,渐渐发痒溃烂,令人痛苦难耐。最终,身上的皮肤,一片片脱落,如同风化的土块、树木一样,一碰就碎。

第一个全身溃烂、只剩下一副骨架的人,躺在街道上时,还不怎么引起人们的惊恐。但过了一夜,却突见陶邑城内外躺了一具又一具的尸体,足有百具之多,而且都是全身露出骨头,没有一处不溃烂的地方,惨不忍睹。人们开始害怕了，但害怕并不能挡住死亡。陶邑城内哭声震天动地。不过三五日，已有许多人家死绝了户。经常是傍晚有一个人死掉，到了第二天已是一家人都没了命。城内城外，死人成堆。

谁都无从躲避。

街道上，到处都是一堆堆的腐烂尸体，空气里有着一种令人窒息的臭味。许多人家都敞开着大门，空无一人，是死绝了户的。

从东城门一路走到西城门，沿途但见死人无数，枯骨成堆。

以天下之中而成为商人聚集之地的陶邑，如今却成为一座"死城"。

陶朱公坐不住了。

他一面命人将石灰水在城内外泼洒，一面亲自去山中采药，炼制成药材，一包包分发给百姓喝下去。

夜里，众人无不腹痛如绞，又呕又泻，昏死过去几十次之多，受尽了药力的折磨。然而，这是近日来唯一没有死人的夜晚。

又过了半个月。

众人终于摆脱了这场瘟疫的折磨和纠缠，纷纷奔上街头，欢呼庆祝自己的不曾死去。

然而，陶邑想要再恢复往日里的繁华与喧嚣，谈何容易。人们纷纷来找陶朱公，希望他能想出来一个办法。

陶朱公和众人约定：以一月为期。一个月后，请大家来陶府上聚集议事。

打发众人走了以后，陶朱公立即收拾了简单的行李，只带了两个随从，连夜驾车出门，向齐国进发。

来到齐国，这时候端木子贡已经卸任了齐国的相国，不过端木家族大名鼎鼎，陶朱公很快顺着路人的指引来到子贡府上。

端木家的排场豪华，果然与众不同：高墙大屋，歌台舞榭，花园兽圈，鱼池草沼，美声嘉乐……

进出府上的宾客，穿各国的服饰，操各地口音的都有。每个人看上去都气度不凡，不是等闲之辈。

陶朱公的意外来访，令子贡颇觉诧异。不过，他还是以隆重的礼节，安排了一桌美酒佳肴。

喝了三杯酒后，子贡开门见山就问道："朱公此来，必有指教。但言无妨！"

"不敢。"陶朱公道，"我此次来，非为你我交流商道上的哲理而来，而是为了陶邑的众乡亲和同行而来。"

"哦？"

"想必陶邑发生瘟疫的事情，端木公已经听说了吧？"

"不错，我对此事确有耳闻，只是不知道现在详细情形如何了。"

"已经控制住了疫情。虽然死了一些人，但总算是过去了。如今跑出去的百姓都回来了，商人们也开业了。"

"那就好啊！"

"可是，毕竟经过这一次疫情，人们心有余悸，敢到陶邑来做生意的外地人大大减少，市场一日萎缩一日。我也是看在眼里，急在心里。因此，大家都推举我出来，希望我可以有一个好的主意。"

"那么，朱公可是已经有了主意？"

"不错。我当年在齐国大旱时候，曾经帮助齐国筹建过'义仓'，效果非常好。这一次，为了帮助重振陶邑商市，我准备带领大伙一道，筹建一笔'义金'。用这笔钱扶危济困，养老恤孤，并且无偿借贷给在陶邑经商的商户，以此刺激吸引天下的客商到陶邑来。"

"筹建'义金'？这倒的确是个好主意。只是不知道朱公准备将这笔'义金'做到什么样的规模？"

"数目不限，捐纳自愿。不过，我个人准备捐纳的数目是这个数——"说到这里，陶朱公伸出了一个手指。

"一千斤黄金？"连子贡都不由得骇然了。

"不错，一千斤黄金。"陶朱公斩钉截铁地道，"欲行非常之事，必须有非常之举。这样的事情，要做就要惊天动地。这是我多年来的积蓄，除去给三个儿子每人留下一点，其余我都拿出来了！"

"佩服，佩服！"子贡这么多年来，也一直在从事赈灾救危，接济穷苦的

善举。比较著名的,就是子贡赎人的故事:

那是在鲁国跟随孔子的时候,鲁国出台了一条政策:凡是鲁国的子民在其他诸侯国当了奴隶的,鲁国如果有人愿意出赎金代替赎回来,那么,就可以到国库去领取赎金。可是,子贡赎回了很多奴隶,却没有去国库领取一丁点赎金。

他自以为这么做是一种"善举""义行",不料,却遭到了老师的批评。孔子对他说道:"赐啊,这就是你的不对了。你自以为此举是在为国家分担忧难,但你想到过没有,国君这么做的目的,是希望国人多做善事,见到自己的同胞在他国受难,而生出恻隐之心,将其带回来后,国君再对行善的人给予补偿,这样一来,人心慢慢地就向善了。可是你这么做,以后鲁国再没有人行善了。因为你无形中树立了一个道德的标杆,那些想做善事的人,害怕达不到你的标准,所以只能放弃了。"

果然,因为子贡的举动,致使很多的鲁国子民在外面流落,而没有能够被拯救回到自己的故土去。

经过此次风波,子贡此后对做"善事"、行"义举"就非常小心,没有十分把握,他宁肯不去做。

但这一次,一来是出于对陶朱公的尊敬和信任,二来他的确被陶朱公捐献出全部家产的志向和决心所感动。

因此,子贡略一思忖,也在瞬间做出了一个惊人的决定:"好,既然朱公倡'义',那我不能不响应。我也捐五百斤黄金吧!"

不愧是大名鼎鼎的端木子贡,一出手就是五百斤黄金,在当时,这笔捐款的数目也足以惊动列国了。

"端木公果然深明大义,我代表陶邑的众乡亲,在这里给你行礼了!"

"不敢当,不敢当!"子贡连忙还礼,"我不过捐出一半家产,尚有私心;朱公则是全力以赴,全然忘我。我自愧不如啊!"

就这样,陶朱公结束了卫国之行,载着五百斤黄金回到了陶邑。

一个月约定的期限到了,陶邑的商户们如约来到陶府上,只见这里早已摆好了丰盛的宴席,迎接众人。

更令人惊奇的，是今天的主人有两位：一位是陶府的主人陶朱公，一位则是从齐国赶来的端木子贡。

"啊？端木公也来了？"

"有了朱公，再加上端木公，这二人联手，天下再没有解决不了的问题！"

……

众人议论纷纷。一会儿，等众人都来到，宴席开始，陶朱公起身对众人道："诸位父老，诸位同行，陶邑遭受的疫灾，经过大伙的齐心协力，已经过去了；如今，恢复商市的重建，也已经到了关键时刻。"

"蒙大家抬爱，看得起我，要我拿一个好的主意来。但我思来想去，只有一个办法：就是将众人的力量聚集在一起，筹建一笔'义金'。这笔'义金'的用途，一来用来扶危济困，养老恤孤；二来，用来为大家在陶邑经商，提供资金上的无偿支持。我想，只有这个办法，才能重新将天下商人吸引而来，才能使陶邑恢复到先前的繁华。为此，我希望诸位能够不吝钱财，慷慨解囊，共襄'义举'！"

众人听了他的话，纷纷点头。的确，经过这一场大灾，人人都意识到，个人的力量实在太微不足道了！

"诸位，朱公说得对！"端木子贡接着站起来，道，"在朱公未来这里之前，我虽然被诸位推选为会长，然而惭愧得紧，我实在没有为陶邑的商市发展做出过什么。这次，陶邑蒙受大灾，我又未能和诸位一起共克时艰，共渡难关，心里实在愧疚万分。既然有这个机会，朱公首倡'义金'，大家也都表示同意，那么，我愿意为这笔'义金'捐出第一笔小小的数目，算是我的一点心意吧！"

"来人！"

随着端木子贡一声令下，顿时，有几个年轻伙计，将一根根金灿灿的金条堆砌在了众人的面前。

"哇！这么多？"

"端木公好大的手笔！"

众人纷纷喷叹，正在惊诧不已，陶朱公又起身道："端木公高义，令人钦佩。我作为'义金'的首倡之人，自然更不能落后。来人——"

他话音刚落，立即，两个儿子范屯和范蒙，亲自指挥伙计，将一方方的金砖搬出来，堆积在堂上。

"诸位请看，这是我多年来的积蓄，全部家产都在这里了。"陶朱公对众人道，"不过，有一件事情，我要当众说明！"

众人都安静下来。只见陶朱公将三个儿子叫到跟前，对他们说道："孩子们，我这些年来有所成就，固然是因为我经商有道，但也少不了你们的努力和帮助。今天，众乡亲有难，咱们不能袖手旁观，对不对？我本可以带领你们，如同离开齐国一样悄然去别的国家，再图发展。但现在的情形又有所不同：在齐国是因为有人嫉妒我，要对我加以陷害，我不得不离开；可是在这里，大家不但不嫉妒我，反而推举我作为领袖，来带领大家一起渡过难关。既然众乡亲这么信任我，那么，我也只能竭尽全力，不辜负大家的期望。如果我在这里做出决定，对这些属于咱们全家人的财产做出处理，不管出现什么样的情况，你们兄弟不会埋怨我吧？"

"阿爹，您尽管作决定吧！"范屯是长子，立即表态道，"无论您做出怎样的决定，我都会支持您！"

"阿爹，您不是告诉过我们，钱这东西，就像流水一样，天下是天下人的天下，钱财也是天下人所共有的。我们不过是替天下人暂作保管而已，总是要归散给天下人的。如今不正是时候了吗？"范蒙也道。

"就是，阿爹，您说吧，要怎么做，我们都听您的。"三儿子范比说道。

"好孩子，你们都是好孩子，没有让我失望！"陶朱公赞许地点了点头，"那好，我可要作决定了！"

他首先将范屯叫到跟前，将一百斤黄金交给他，说道："屯儿，你跟随我时间最长，吃苦最多，又有妻子儿女需要照顾。这笔钱，你用作赡养家小和发展事业之用。你不会觉得得到的太少了吧？"

"不，有五十斤金，已经足够一家人生活用度；另外的五十斤金，算是我的捐助吧！"

范屯将一百斤金中，又取出来一半，放在那一堆金光闪闪的金砖阵中。他的举动，赢得了一片掌声。

接着，范蠡又将二儿子范蒙叫到跟前，将两百斤黄金交给他，说道："蒙儿，你也跟着出了不少力，何况你又尚未成家立业。因此，我将一百金给你安家，再给你一百金用于创立事业。你可同意？"

"同意。"范蒙也爽快地道，"我早想自己创立一番事业了，这一百金正好用得着。至于个人的家室问题，我暂时还没有考虑。这样吧，我给自己再留五十斤金，其他的都捐出来，算是尽我一点心意吧！"

他从二百斤金中，取出来五十斤金，放在那里。他的这一举动，同样赢得了众人一阵热烈的欢呼之声。

最后，范蠡对小儿子道："比儿，你年龄尚小。我给你准备了三百斤金，够了吗？"

"够了。"范比对于钱财根本没有概念，将一百斤金拿出来，"这是我捐的。"

众人又是一片掌声。

"好了，"陶朱公最后用手一指那一堆金砖，"剩下之数，大约总在一千斤金，只多不少。我如今把这些钱都捐出来，再加上诸位父老解囊，相信这笔'义金'，一定可以帮助乡亲们渡过难关，可以帮助陶邑重振商市。"

见他这么处置自己的家产，众人先是一愣，继而纷纷钦佩得无以复加，感动流泪，一些人甚至上来给他跪下了。

"朱公大义，感天动地啊！"

"陶邑有救了！"

……

受了端木子贡和陶朱公的带头作用影响，人们纷纷踊跃捐款。

顷刻之间，这笔"义金"，数目达到了五千斤黄金之巨，令人咋舌。

第二天，众人继续聚集在陶府上，除了缴纳前一天认捐的数目，又在纷纷热议，推选掌管"义金"的人选。

第三天，从陶邑传出的消息，就开始向列国传播：凡是到陶邑作生意者，一律可以得到无偿借贷。短则一年，长则三年。其间，如果发生不可抗拒的意外灾祸，则连本金都不用偿还了，经过申请还可以再获援助……

对那些生意人来说，还有什么比这更好的事情呢？不但原来从陶邑逃离的人们都回来了，而且更多的商人，开始源源不断地涌向陶邑……

不到半年的时间，陶邑的商市不但重新振兴，而且规模比从前扩张了一倍……

第十八章

聚宝天下

在中国所有的财富传说中,最令人着迷、也最令人向往的,大概就是关于"聚宝盆"的传说了。

人人都希望得到一个聚宝盆,然而却没有人去认真地想一想:聚宝盆究竟是什么?如果得到了这宝贝,随便将什么东西往里面一扔,就可以取之不尽用之不竭,那么对靠劳动和智慧赚取财富的人,岂非不公?

事实上,一切财富,无不是通过劳动和智慧创造的。那种渴望不劳而获的心理,是永远不会真正致富的。

陶朱公对于致富之道是有总结的,他将这些文字汇集在一起,命名为《商人之宝》,传授给自己的弟子。

而据说由他所创造的"聚宝盆",其实本身只不过是青铜铸造的一件器物。然而,蕴藏在这里面的商业之道,千百年来,却一直吸引着人们……

多年后的一天早上,陶邑的人们一大早就纷纷聚集到陶府门前,来为陶朱公庆祝八十岁的生日。

人们对这位当年帮助越王勾践复仇成功,在齐国化名鸱夷子皮,来到陶邑改名陶朱公的奇人,发自内心地充满了尊敬。

而更加令人意想不到的是,今天,陶朱公又要做出一个惊人的决定:他将散尽家财,正式隐退。

人们还清楚地记得,多年前,为了拯救陶邑的危机,他首倡"义金",将自己的家产全部捐献出来。

正是这笔数目巨大的"义金",保证了陶邑的商市的兴旺繁荣,其"天下之中"的地位不断得到巩固。

而陶朱公也又一次向人们证明了自己的稀世才能:从那时候到现在,他又一次积累起了千金之富。

正当人们慨叹他经商之术是如何神奇了得时,传说他的财富已经多到不可计数的程度,他却又一次做出惊人之举:

散尽家财!

加上当年在齐国将财产分与贫困百姓,再加上多年前那次倡立"义金",这已经是他第三次"散财"了。

只不过,三次散财,各有不同:第一次在齐国,是因为要躲避田氏的迫害,不得不离开,拿不走的财产,只能分给穷苦的百姓了。第二次在陶邑散财,是因为陶邑遭受了天灾,同样处在一种非这么做不可的环境里,不得已而为之。

然而,唯独这第三次"散财",似乎没有什么理由。陶朱公自己有妻子儿女,子孙满堂,他完全可以留给自己的家人。他的门下,这些年来聚集了上百个弟子。这么多弟子,有资格、有能力继承他事业的人,不在少数。陶朱公完全可以将财产交给他们经营管理,可他却又一次做出了惊人之举!

一个月以前,陶朱公的大弟子猗顿,为了给老师庆祝八十大寿,早早来到了陶府。

"猗顿啊,你怎么来得这么晚?"没想到,陶朱公一见学生,第一件事竟然是责备他来得太晚了。

当年,孔子在预见到自己死亡的时候,也曾经这么责备过子贡,说道:"赐啊,你怎么来得这么晚?"

"泰山其颓乎!

梁木其坏乎!

哲人其萎乎!"

子贡便在这时候踏进门来，看到老师孔子拄着拐杖，在门口悲哀地唱着歌，等候自己，子贡感动不已。

"泰山其颓，则吾将安仰？
梁木其坏，则吾将安倚？
哲人其萎，则吾将安放？"

孔子和子贡显然都预感到了分别在即。就在师徒二人说完这番话后，孔子就病倒了。七天之后，孔子就去世了。

如今，陶朱公对着猗顿，又说出来这样的话，那是分明已经预感到自己将不久于人世，有托传衣钵之意。

猗顿在拜入陶朱公门下之前，是鲁国的儒生，自然不会不知道孔子和子贡的这番对话。因此一听，不胜感伤。"老师可是有什么心愿，要弟子帮忙完成？"

"不错。"

陶朱公点了点头。他近年来虽然深居简出，却还是感到精力日益不济。想到必须早点为自己的离去做准备了，因此一直在潜心筹划一件事情。

"跟我来。"

他带着猗顿，从陶府的后面上山，来到快到山顶的地方，在一块巨大的岩石下，露出来一个天然岩洞。

岩洞之上，写着四个龙飞凤舞的大字，是陶朱公的亲笔手书。猗顿好奇之下，大声读了出来：

"聚宝天下。老师，这四个字是什么意思？"

"你看看就知道了！"

陶朱公将他引进去，猗顿进去一看，才知道里面别有洞天。岩洞很大，加上经过人工开凿，足可容纳上百人。

更加巧妙的是，岩洞上方，还利用天然的孔隙，开了两处天窗。灿烂的阳光从天窗里倾泻下来，洞里一片光明。

就在四面墙壁上，猗顿看到，画满了各种各样的图案，写满了各种文字。

他略看了一下，一时不解其意。

"老师……这些都你您刻上去的？"

"当然了。"陶朱公道，"我这几年里，名义上是在这里修养心性，其实一直都在潜心创作这么一部《商人之宝》。"

"《商人之宝》？"猗顿一听这个名字，顿时眼睛一亮。

"不错，我毕生的经商智慧、心得，都凝聚在这里了。"陶朱公道，"我虽然世寿有限，但我知道，这部《商人之宝》，一定可以流传百代千世，成为商人的永恒典藏。我叫你来，就是希望你帮助我完成一件事情。"

"老师但请吩咐！"

"我这里设计了一份式样，我要你帮我收购青铜之器，将其融化，然后铸造成我画的式样。再将我的《商人之宝》，一字不差地镌刻在上面。"

他将一份画在羊皮上的图样交给猗顿。猗顿一看，那上面画的仿佛是一只鼎，下面有三足，上面却无耳，只有一个半圆的下陷的腹部。

"这是什么？"

"这叫'聚宝盆'。"陶朱公给他解释道，"盆有三足，象征天、地、人；凹于下，象征汇集天下万金；半其腹，意为取其中，不满溢。你可在腹壁上镌刻上我的《商人之宝》，一共造十二个'聚宝盆'吧！"

"周有九鼎，安定天下；而老师有十二个'聚宝盆'，若谁能得之，一定可以赚得盆满钵满，成为巨富！"

"这十二个'聚宝盆'，也不是人人可得。"陶朱公道，"十二个聚宝盆中，我自己留一个，传于子孙；给你一个，算是为你我师徒一场的情分，留作纪念。其余的十个聚宝盆，我想传给十个最杰出的弟子，流芳天下。"

"那好，这件事情就交给我来做吧！"

从老师那里接下任务后，猗顿不敢怠慢，亲自收购了大批青铜器，融化以后，又亲自监工，造了十二个聚宝盆。

不但如此，在为老师所铸的那一个聚宝盆上面，他还将自己费尽心机得来的"天下三宝"：结绿、玄黎、砥厄，镶嵌在上面。这三样宝石，每一样都是价值连城。足见猗顿对老师一片至孝之心。

这天，当众人齐聚陶府之上，在一片嘈杂和喧哗声中，已经有一年多没有公开露面的陶朱公出来了。

他看上去消瘦了许多。一头略显得灰白的头发,使他看上去更加苍老。不过,他的一双眸子里,依然光芒闪烁。在他脸上,也依旧挂着众人习惯的灿烂笑容。他今天特地穿了一身红色的寿袍,更显得精神抖擞。

"祝朱公福如东海,寿比南山!"

陶邑的众乡亲,一见到他们心目中的这位大英雄、大善人,立即欢呼起来。很多人上前便跪拜下去。

"朱公,这是我种的蔬菜,快请尝个鲜!"

"朱公,这是我养的鸡下的蛋……"

毕竟是乡亲们,没有什么可以来给范蠡贺寿的,拿来的不过都是田间地头的出产,不过情谊深厚,却令人感动。

"诸位父老乡亲,多谢大家的关爱!"陶朱公最看重的,就是乡亲们对他的这份尊重。"我已经老了,已经不能再为陶邑的发展作什么贡献了。今天,我将大家召集到这里来,是我最后一次为大伙做点儿事情。过了今天,我就要正式隐退,家里的事情,一律交给儿孙们去经营了。"

听了他的话,人们纷纷小声议论,不知道继上次成立"义金"后,这次他又有什么惊天动地的举动。

"来呀!"

只听陶朱公一声吩咐,早有下面众人将各种颜色的大木箱抬上来,分为红、黑、蓝、黄、绿五个颜色。

"诸位请看。"只见范蠡亲自将红色木箱打开来,里面是光华灿灿的黄金。"这是我为六十岁以上的乡亲们准备的。只要是陶邑之人,不分男女,年龄在六十岁以上者,每人一律可以从这里面取走五十两黄金。"

"啊?五十两黄金?"

"真的么?"

每位六十岁以上的老人五十两黄金,这可不是一笔小数字啊!

"诸位再请看这个。"陶朱公不慌不忙,又打开了黑色的箱子。"这里面是我为鳏寡孤独者所准备的,每人可以获得三十两黄金。"

他又打开了蓝色的箱子。"这是我为身体上、智力上有缺陷的人准备的,每人可以获得二十两黄金。"

他打开黄色的箱子。"这是我为失去父亲或者母亲的孩子准备的，每人可以获得十两黄金的生活补助。"

最后是绿色的箱子。"这是我为所有的陶邑乡亲准备的，每人可以获得一两黄金，算是我的一点心意！"

等他将五个箱子全部打开，宣布完毕，人人都叹服不已，一齐拜倒在地上："多谢朱公大恩大德！"

"朱公对咱们这么关照，咱们就是肝脑涂地，也不能报朱公大恩于万一啊！"

"那就祝朱公身体健康，长命百岁吧！"

这一天就在热热闹闹中过去了。

等送走了众乡亲，已经是深夜时分。陶朱公的身体挨不住，也自去歇了。

第二天，是陶朱公的众多弟子给他祝寿了。因为这些人都是生意上的成功人士，因此准备的礼物琳琅满目，贵重无比。

"祝恩师万寿无疆！"

众人送上来的各种各样礼物，珍珠、玛瑙、玉器，以及丝绸、青铜器……摆了整整一屋子。

对于这些礼物，陶朱公却并不放在心上。他最关心的，是众弟子中谁能继承自己的衣钵，将商道传承下去。

等众弟子都到齐后，他对众人说道："我已经年老体衰，不能再教给你们更多的东西了。你们能有今天的成就，我很满意。我也相信你们以后会取得更大的成就。你们大概也知道，这几年来，我闭门不出，修身养性。其实我是在思索和总结毕生的经商智慧，最后，终于写成了一部《商人之宝》，今天，我把它传授给你们，希望对你们以后事业能有所帮助。"

"《商人之宝》？"

众弟子一听，纷纷来了兴趣，迫不及待地想要知道陶朱公一生数积千金的秘诀究竟是什么。

"我把这《商人之宝》，已经分别镌刻在十二个聚宝盆上。"陶朱公吩咐道，"猗顿，我托付你的事情，做好了吗？"

"是!"

猗顿答应一声,亲自抱着一个用红黄绸缎覆盖的物件,小心翼翼地上前,在陶朱公面前轻轻放下来。

"老师请看!"

"好!"

陶朱公自己其实对这聚宝盆从图样转化成为实物是什么样子,心里也没数。他轻轻地揭开上面的红色绸缎,又揭起下面的黄色绸缎。顿时,众人的眼前一亮,一件镶嵌着色彩绚丽的珠宝的青铜器物出现在眼前。

这东西似鼎非鼎,下有三足,上面无耳。肚腹凹陷,按照天、地、人的方位镶嵌着三颗宝石。

"啊?这就是聚宝盆?"

除了猗顿,所有的学生都是第一次见到这聚宝盆,纷纷被其吸引,赞叹着恩师的构思之妙、设计之巧。

"猗顿,你就替我把《商人之宝》的内容,读给他们听吧!"陶朱公有些累了,在旁边坐下来,休息一会儿。

"是!"

猗顿答应一声,先上前给陶朱公施了一礼,禀报道:"弟子代替恩师,宣读《商人之宝》!"又来到那聚宝盆前,恭恭敬敬地默立片刻。他这么端正严肃,众人更是大气都不敢出。只听猗顿洪亮的声音在大厅中回荡:

"商人之宝:上、《理财致富十二法》:一、能识人:知人善恶,账目不负。二、能接纳:礼文相待,交往者众。三能安业:厌故喜新,商贾大病。四、能整顿:货物整齐,夺人心目。五、能敏捷:犹豫不决,终归无成。六、能讨账:勤谨不怠,取讨自多。七、能用人:因人器使,任事有赖。八、能辩论:生财有道,阐发愚蒙。九、能办货:置货不苛,蚀本便轻。十、能知机:售贮随时,可称名哲。十一、能倡率:躬行以律,亲感自生。十二、能远数:多寡宽紧,酌中而行……"

"商人之宝:下、《理财致富十二戒》:一、勿鄙陋,应纳无文,交往不至。二、勿优柔。胸无果敢,经营不振。三、勿虚华。用度无节,破财之端。四、勿强辩。暴以待人,祸患难免。五、勿懒惰。取讨不力,账目无有。六、勿轻出。货物轻出，血本必亏。七、勿急趋。货重争趋，须防跌价。八、勿昧时。依时贮发，各有常道。九、勿固执。拘执不通，便成枯木。十、勿贪赊。贪赊多估，承卖莫结。十一、勿薄蓄。货贱贮积，恢复必速。十二、勿痴货。优劣不分，贻害匪浅……"

这篇《商人之宝》，从猗顿口中一口气读出来，字字如珠似玉，直听得众人一个个如痴如醉，连声啧叹。

等猗顿念完以后，陶朱公对众人说道："我这篇《商人之宝》，已经镌刻在十二个聚宝盆上。我自己留一个，传于子孙。给猗顿一个，嘉奖他监造之功。剩余的十个，我要从你们里面选出来十个人，来接受我的聚宝盆。"

"真的吗？"

众弟子一听，老师要当众挑选衣钵传人，一个个都激动不已，真希望自己就是老师选中的十个人中的一个。

"你们听着，我挑选的方法很简单。"陶朱公说道，"我要你们每个人将自己这些年来的从商经验、心得，总结为一句话。每个人将这一句话告诉我，我来根据你们的话，判断要不要将聚宝盆传给你。"

"老师，我先来！"众弟子中，有一个早按捺不住，上来大声说道："我这一句话，叫作'人取我予，人予我取'……"

"很好，很好！"范蠡点头道，"你已经深得商道的精髓，完全可以得到一个聚宝盆了！"他亲自将一个聚宝盆授给了他。

"老师，我也有一句话。"另外一个弟子也争着道，"这是我多年来的行商心得，叫作'物以稀为贵'……"

"也不错。"范蠡点头道，"你应该得到一个聚宝盆！"于是又亲自将一个聚宝盆交给了他。

……

最终，十个聚宝盆各有主人。事实上这十个人，也正是范蠡最引以为自豪的十大弟子。

"好了，如今十个聚宝盆各有主人，我的商业之道也有了传人。我从此可以逍遥无忧了！"

陶朱公似乎有和众人诀别之意。或许，他离开这个世界的时日不远了……

第十九章

天命难违

老子说:"道者,反之动"。即使是道,也不是十全十美的。正因为有缺陷,所以才有追求完美的动力。如果一件事物,达到十全十美,那么这件事物的生命,也就宣告了终结。

范蠡的一生,堪称完美:居官则为卿相,居家则致千金。做官、经商、做人,无不有如神助。然而,命运对他和普通人一样,一视同仁,也会赐予他无法排遣的伤痛。这就是晚年丧子。以范蠡的谋略和财富,应该说,将儿子救出来不是什么难事。但他却放弃了那样做,而选择了顺势而为。

不是范蠡冷酷无情,而是他深深知道,以他当时的身份和地位,已经不容许他那么做。为了个人之私,而去破坏天下人的"公平"和"正义",是不可以的。一个人,当你的财富积累到一定程度,就已经不代表你自己,必须承担对于社会的责任。即使有所损失,也必须忍痛对待,理性处理。

当陶朱公的八十大寿热热闹闹地进行的时候,却唯独缺少了一个人:
二公子范蒙。

事实上,如果仔细地算一算的话,范蒙已经许久没有回到陶邑来了。自从他和大哥范屯作了分工:大哥负责家里的事务,而他负责外面的经营。他带领的商队往来于南北之间,经营的项目包括药材、丝绸、黄铜、象牙和玉器……,不断地壮大着队伍。他的名声也在列国间渐渐传播开去。

曾经在少年时代所幻想的一切,似乎范蒙都已经得到。他的商队所到之处,人们无不投去羡慕的一瞥。

然而范蒙也自有不为人知的烦恼，那就是他和妻子抱玉已经成亲这么多年了，抱玉却始终未能替他生育。

这对范蒙来说，羞于启齿，但却一直是心头的一大疾病。幸而在他上面，长兄范屯已经有了二子，长子长孙，这个家族已经有了繁衍的种子。所以，对于范蒙不能生育之事，家族里给他的压力小了许多。

可是，范蒙却不这么看。他认为不是自己不行，而是妻子抱玉不能生育。为此，他也在外面找了不少女人。

虽然那些女人千篇一律，最终都没有给他生育，才使他最终死了这条心。但范蒙却因此而落下一个毛病：喜欢女色！

连他自己都不知道，为什么他对各种不同风味的女人的胃口越来越大：恨不得只要是女子，他都要将其征服！他喜欢那种感觉，虽然很多时候，那些女子并不是屈服于他这个人，而是他的钱财。但范蒙就是喜欢，在外面流连的时间也越来越长。

陶朱公对儿子们的教育，一向并不怎么严厉。他自己就是一个自由自在的人，习惯了按照自己的意志和秉性行事。因此，他不希望将自己的意志强加于人。

对于自己的三个儿子，他只教育他们，有什么事情是不能做的：第一件事情就是坚决不准沾染"赌"。

对生意人来说，没有什么是比"赌"更可怕的。一旦沾染上这个字，纵然有多少座金山，也得输个精光。

第二件事情，就是坚决不准许"骗"。不光是做生意，诚以待人是做人的第一法则。虽然说生意场上的事情，真真假假，但陶朱公的准则是：要么不说，既然答应了人家的事情，必须不折不扣地执行。

第三件事情，就是不准许做"官"。陶朱公自己就是从政治旋涡里逃出性命来的，"飞鸟尽，良弓藏；狡兔死，走狗烹"。伍子胥也好，文种也罢，他已经看到了太多令人心寒的活生生的例子，绝不允许子孙再入炼狱。

有了以上"约法三章"，陶朱公自信，他的孩子们即使在其他方面有什么问题，至少自保有余。

但他唯独没有想到，二儿子范蒙会因为生理上的一大缺陷，陷入对女色的痴迷中去。

而连范蒙自己也没想到的是，正是因为他的这一弱点，为他在生意上的失败和人生的悲剧埋下了隐患。

那是去年冬天的时候，范蒙又带领商队来到楚国的郢都。郢都的商人们照例为他举行了盛大的欢迎宴会。

宴会上，他结识了一个新朋友：王孙甲。这位王孙甲非常热情，一再邀请范蒙到他的府上去作客。

范蒙也是盛情难却，只好硬着头皮来到他府上。王孙甲的府上气象非凡，招待范蒙的美酒佳肴，亦非寻常。

不知不觉，伴随着丝竹歌舞，范蒙大醉一场。

不知道什么时候，他醒来了，却发现自己是躺在一个空荡荡的陈设华丽的大房间里。原来是王孙甲的客室。

范蒙酒力上涌，挣扎着披衣下地，推开门，到了院子里。忽然，不知道从哪里传来一阵低低的抽泣声。细细辨别，似是女子压抑的哭泣。范蒙抬头望向夜空，见月已偏西，似乎已过了丑时，这么晚，是谁在哭泣呢？

一时好奇，他便循了哭泣声传来的方向，前行几步，只见前面靠向花园的一处房间里，正掌着灯，黯淡的光芒透出窗户，融进外面潮湿的月色里，哭泣的声音正是从此传出来的。

"奇怪，这么晚了，会是什么人呢？"

范蒙那怜香惜玉的毛病又犯了。他悄悄走过去，从窗户的缝隙向里面一望，只见在灯下一位美人，斜倚绣枕，正在伤心落泪。一头秀美而长长的黑丝垂下来，圆圆嫩嫩的脸蛋儿，细长润滑的脖颈，胸前高高耸立的双峰，浅薄的丝衣掩盖着玲珑的玉体，一双不足盈握的秀美小脚，好个睡美人。

范蒙只觉自己的一颗心"咚咚"乱跳，他四下里看了一眼，没见有什么人，便又挪动脚步，来到门口。

门是虚掩的。范蒙只用手轻轻一推，门无声无息地开了。他借着酒力，大着胆子进去，到了跟前。

"什么人?"那女子一惊,欲待起身,却被范蒙按住了。

"我非别人,乃是你家主人的贵宾。"他将自己的身份一讲,那女子便要起身给他见礼,被他拦住了。

"你是何人?为何深夜哭泣?"

"我乃主人买来的一名小妾。只因不合主人心思,常遭毒打。每每自伤身世,因此伤心落泪。"她说到这里,将自己的上身衣服一揭,露出背上、胸前的累累伤痕,的确令人不忍目睹。

"真可怜啊。"他一边同情地叹息着,一边去摸那伤痕。

那女子只顾哭泣,似乎并没有注意到范蒙的举动多么不合礼数。不知不觉,范蒙对她的怜爱,已是无法遏止。

"让我代替你家主人来疼你吧!"他在她耳边信誓旦旦地保证道,"相信我,一定会对你好的……"

"嗯……"

那女子半推半就,于是二人便成其好事。

外面,夜色正浓。

第二天一早,范蒙便将这件事情告诉了王孙甲,提出愿意重金聘娶这名女子,不料王孙甲却很大方:

"范兄要她,我送你就是!"

就这样,范蒙在郢都城里给这位叫浣羊的女子买了一处院落,作为栖身之所。

范蒙在郢都一住就是三个月。没有想到,正要离开的时候,浣羊却羞答答地告诉他:自己有了身孕!

这对范蒙来说,真是万万没有想到,浣羊竟然有了自己的骨血!这怎么可能?然而自己这段时间,日夜和浣羊在一起,又是千真万确的!

一想到自己即将为人父,多年来遭受的猜疑和嘲讽,可以一扫而空,范蒙简直激动得不知道如何才好。他真恨不得将陶邑的全部家产都搬到郢都来!

为了照顾浣羊,范蒙在郢都逗留的时间更长了。为了不使浣羊闲着无聊,还请了一些她从前的朋友来这里陪她。

这么多人在一起，闲着无事，自然便有人提议，小赌怡情，不妨想点办法，消遣消遣大把的时间。

范蒙对此毫无兴趣，可见浣羊玩得开心，便不加以阻拦，由她玩个痛快。至于是输是赢，并不去管。

转眼，已是由冬至春。

浣羊的肚子一日一日腆起来，而她输掉的钱财也渐渐积累成了一笔大数目。甚至连大把花钱惯了的范蒙，都有些心疼。可一想到浣羊肚子里的孩子，范蒙也只好咬牙忍着，替浣羊还清赌桌上的债。

又过了一个月，浣羊在这段时间似乎愈益痴迷赌博，所欠下的钱已经令范蒙都觉得有些难以承受了。

不得已，范蒙只好将自己的商队用来运货的船，一下子出手了一半。卖船得来的钱，全部给浣羊还债。

可是，随着浣羊临产的日子越来越近，她在赌桌上输钱的速度也越来越快，且数目越来越大了。

范蒙将商队的最后一艘船也卖掉了，可是还不够浣羊输的。范蒙也劝诫过浣羊几次，可只要他一说，浣羊便哭泣个不停。一个女人家，又挺着那么大的一个肚子，想到她肚子里的孩子，范蒙只能咬牙忍了。

最后，范蒙不得不将自己的整支商队都转手给别人，商船、马车都卖了，也没有什么值钱的了。

将这最后的一笔钱交给浣羊，这次更痛快，浣羊挺着个大肚子，行动不便，输起钱来却干脆利落。

一个时辰不到，那么一大笔钱财，便全都进了别人的腰包。范蒙只觉得眼前白茫茫的一片，浣羊那凸起的大肚子，似乎离他越来越远。

浣羊终于输掉了最后仅剩的钱。众人都把目光投到了范蒙的身上。范蒙脸上一片的灼热，心想：这时最好能有一座金山，让浣羊继续赌下去，自己也不致在众人面前丢丑。见他半晌没有作声，众人一片唏嘘。

浣羊又大喊着押上了房子，但片刻间又输掉了。范蒙睁大双眼，紧盯浣羊，真怕她再不收手，会做出骇人的事情来。

谁知浣羊立刻高喊把自己押上——这正是范蒙所担心的。

范蒙绝望了，要上前去拉开浣羊，却已经来不及。忽听一片狂呼，不用问，浣羊又输了！

眼见那一帮人收捡了赢到手的金子，又拥起浣羊向外走，范蒙双眼都红了，扑上前去，扯住浣羊的衣角嘶哑吼道："孩子！她肚子里面的孩子是我的！"

最意料不到的事情发生了。只听浣羊"哈哈"一笑，鄙夷地望着范蒙，嗤笑道："中看不中用的货，断子绝孙的假男人，你也会有孩子？就让你看个明白！"

她恶毒地骂着，伸手解开外面的衣衫，又剥下内衣。在她光滑白嫩的肚皮上，缠了一圈又一圈厚厚的绢布，扯掉这些布，大团大团的棉絮飘落地面。

"哈哈，"便在这时候，外面传来一阵狞笑，只见王孙甲得意扬扬地踱了进来，轻蔑地对范蒙道："范兄，对不住了，现在你的一切都是我的了！"

众人都大笑起来，范蒙却觉天昏地暗。所有的疑问都有了答案！一团团轻飘飘的棉絮落到地面上，范蒙却觉有沉重的大石头砸在自己的胸前，喉头一阵阵地发甜。他用颤抖的手指向王孙甲和浣羊，嘴唇哆嗦半晌，"哇"地吐出一口鲜血。紧接着，眼前一黑，扑倒在棉絮上，昏死过去……

几天以后。

深夜，王孙甲和浣羊正在灯下，对着堆积一堂的金玉珠宝，忽然，范蒙一身酒气，双眼血红，执剑从外面闯进来。

"你们两个做的好事！"他恨恨地道，"我虽然不小心被你们设计陷害，却不能留着你们再去害别人！"说完，一剑一个，将目瞪口呆的王孙甲和浣羊刺死……

第二天，赫赫有名的范二公子在郢都杀人的消息，如一阵风吹遍了郢都。

陶邑。

当消息传来，听说二儿子在郢都杀了人，被押在大牢里，钟春氏顿时晕了过去。

府上乱作一团。只有陶朱公不慌不忙地说道："杀人者抵命，这还有什么可说的吗？"

虽然如此，他还是将自己的小儿子范比叫过来，吩咐说："虽然你哥哥犯了罪，但是不能让他死在外面。我命令你，带上一千两黄金，去郢都探听情况。到了之后，找一个叫庄生的人。如此如此……"

正当他仔细地吩咐小儿子的时候，不料，大儿子范屯从外面哭着跑了进来，跪在陶朱公脚下：

"父亲，去营救二弟这么大的事情，为什么不让我去做，反而要委派小弟去？"

"屯儿，我这么做自有道理，你不必多问。"陶朱公顾不得对他解释，只是道，"等过后我再告诉你原因。"

"不，父亲不讲明原因，我就跪在这里不起来！"范屯性情执拗，从小就是如此，认定了的事情，如果不弄清楚原委，任凭什么人也不能让他改变主意。"我是家中的长子，可是父亲却派三弟去，不派我去，那么父亲一定是认为我这个长子不中用了？要么就是觉得我有什么地方做得不对，是不肖之子，因此不肯用我。既然我百无一用，又是不肖之子，为人子如此，活着还有什么意思？不如去死了算了？"

他一边哭，一边觉得无限委屈，于是给父亲和母亲各磕了几个头，"儿子这就拜别父母，感谢你们这么多年来的养育和教导之恩。儿子这就去死！"

"这怎么使得？"夫人钟春氏眼睛都哭红了，心乱如麻，哪里经得起大儿子的苦苦哀求？她就劝丈夫道，"我这一生中从来没有求过夫君一件事情。但这一次我希望你能听我的，屯儿说得有理，就让他去吧！"

"唉！"陶朱公叹息一声，将目光看了范屯良久，问道，"屯儿，你真的要去？"

"要去！"

"一定要去？"

"一定！"

"那好吧！"见大儿子这么坚决，陶朱公只好与他约定，"既然要去，那么就要听从我的安排：见了庄生之后，什么都不要说，只将我的这封书信交给他，将这一千两黄金放在他的府上。然后，立即离开郢都回来！记住了吗？"

"是！"范屯答应道。

就这样，当天，范屯就用一辆车子载了一千两黄金离开了陶邑，星夜向郢都出发，来营救二弟。

经过一路颠簸，来到郢都。他打听着，在一个偏僻的城门下的一处破旧茅草屋里见到了庄生。

庄生已经是位须发皆白的老者。他接待了范屯，又当面拆开了书信。看过之后，对范屯说道：

"你来此目的，我已尽晓。你现在可以离开了，马上回到陶邑去。即使你的弟弟活着回去了，你也不要问为什么。"

"是！"

范屯将一千两黄金放在堂上，就离开了。可是他心里对这个庄生一点底都没有。在这么一个穷困之地，这么一位老态龙钟的老人，真的有能力营救自己的弟弟吗？将一千两黄金交给这么一个人，父亲是不是糊涂了？

由于心中忐忑，所以范屯并没有立即如庄生所言离开郢都，而是悄悄找了一家客栈，住了下来。

不但住下来，他还利用自己从家里出来偷偷带的钱，找到了郢都中的一位官员，请求他帮忙疏通。

然而，范屯无论如何都没有想到的是，以他的见识和阅历怎么会知道，这位庄生竟然是楚王跟前第一红人？

以庄生之能，如果要求取钱财，简直易如反掌。然而人各有志，他一心钻研的是治理天下的大学问，视钱财如粪土。

即使范屯带来的这一千两黄金，庄生也并不当作一回事。他对夫人说道："我并不是真的要收朱公的这一千两黄金。只不过，我要做个姿态，表示愿意帮助他处理这件事情，以令其安心。事成之后，我自当奉还。"

嘱咐妻子好好保管这一千两黄金，不可轻动。第二天，庄生便进宫来，面见楚王，口称："老臣夜观天象，发现星相示警，可能将不利于楚国，只能用做善事禳灾的方法，才能消除这次祸难。请大王批准，封三钱之府，大赦天下！"

"诺！"

楚王一向对这庄生以师礼尊之，立即颁下诏书，封了三钱之府，表示节俭爱民的意思，并准备大赦天下囚犯。

再说范屯，住在客栈里，苦等消息。忽然，他所委托的那位官员派人来传话："喜事！喜事！楚王要大赦天下了！"

"真的么？"范屯简直不敢相信自己的耳朵。

"千真万确。大王每次要大赦天下，都要先封三钱之府。昨天大王亲自下令封了三钱之府，赦令很快就要下了。"

"这么说，二弟有救了！"范屯大喜，继而又一想，"可是，这么一来，不是白白将千金财物，丢在了庄生府上？那个老家伙，可是什么忙都没帮上，白白送了这千金之礼给他，不是太可惜了吗？"

这范屯，自幼过惯了苦日子，又从小受了母亲的教诲，十分惜财节俭，知道这千金财货来之不易，所以想起来很是揪心疼痛。

"不行，我要去拿回来。"他打定了主意，"无功不受禄，庄生总不会厚着脸皮，不退还自己吧？"

他越想越觉得自己非这么做不可。于是，第二天一早，又去见庄生。

"大公子不是离开了吗？"庄生见了范屯很是吃惊，问他道，"怎么还在这里？莫非又出了什么事情？"

"其实也没有什么，"范屯找了个借口，告诉道，"因为要帮助父亲带一批东西回去，耽误了几日。正准备动身上路，忽然听弟弟将要遇到大赦，今日特地到府上来告辞，不再麻烦您老人家费心了。"

"原来如此！"庄生自然明白他是什么意思，立即道，"大公子带来的一千两黄金，就在内室，自己取去吧！"

范屯顾不得去看庄生的脸色，只顾将那一千两黄金又装上车子，给庄生行了礼，告辞而去，心中暗喜。

"哼！"他却没想到，他刚一动身走后，庄生因受到他的轻蔑和猜忌，心中十分恼火，便又去见楚王，说道：

"大王大赦，本是为了修德避凶，可老臣在来这里的路上，听许多人传说，陶地的大富翁朱公，儿子杀了人，他们家里拿了许多的钱贿赂大王左右的人，并说大王大赦并非为了楚国的百姓，而只是为了一个杀人犯。这些话可对大王十分不利啊！"

下部 商人鼻祖

"有这等事情？"楚王一听大为恼火，立即下令，让大司徒陈音子连夜杀了范蒙，提人头来见。

亲自见斩了范蒙以后，楚王这才又传下令去，晓谕百姓，大赦天下犯人。

"啊？！"

等到范屯满怀希望，来到大牢外面，接到的却是二弟范蒙的一颗鲜血淋漓的人头，不由双腿一软，瘫在地上。

"怎么……怎么会是这样？二弟，我对不起你，我……"范屯一下急火攻心，昏了过去。

后来，范屯醒来，见事情已无可挽回，只能含着泪，带着那一千两黄金和弟弟的尸首，匆忙赶回了陶邑。

一回到陶邑，母亲钟春氏一见带回来的是二子范蒙的尸首，惨叫一声，顿时昏死了过去。

众人无不哀伤落泪。独有陶朱公，听了这个消息，长叹一声："哎，我早就知道，会是这样一个结局啊！"

"父亲，请您告诉我，为什么……为什么会这样？"范屯却一直无法明白，"究竟问题出在哪儿？是我做错了么？"

"我问你，你去郢都之后，可是照我所说，见了庄生？"

"见了。"

"他接受了那一千两黄金没有？"

"接受了。"

"他要你马上离开，你做了没有？"

"我……没有……我见他那种穷困年老的样子，担心他不能成事，就在客栈里住下来，私下又找了一个朝廷里的贵人……"

"然后呢？"

"然后，就传出消息，楚王要大赦天下。我想，这自然是包括二弟在内了。那一千两黄金白白给了庄生，未免可惜，因此我又去向庄生告辞，他似乎知道我的来意，将那一千两黄金又还给了我……结果，结果……"

"结果就是现在这个样子了，对吧？"陶朱公强抑悲痛，对他说道，"让我来告诉你原因，当初为什么我执意要派你三弟去，而不让你去，就是因为我知道，你和我一起创业，颇多艰辛，知道一千两黄金得来不易，因此，很自然地，你就会将这笔钱看得很重，绝不会轻易就送掉了。至于你三弟呢，他从小生在富裕的家里，从来没有干过一天的活儿，出门只知道乘车骑马，花钱只知道大手大脚，又怎么知道这钱是从什么地方来的？所以一点都不会心疼。我要他去郢城，正是因为看上了他的这一点：能弃财，而不惜财！后来你非要争着去，我就知道事情不妙了，可是你一再坚持，也只能让你去。唉，可能你到现在都不知道，楚王为什么要突然大赦天下？还不是因为庄生进言的缘故！为什么又忽然改变了主意？还不是因为你去将一千两黄金取回来，惹恼了庄生，他又去向大王进言，因此你二弟才丢了性命！庄生这么做，是因为他有自己的生活信条和做人准则，我们不能怪他，要怪只能怪我不该让你去做这件事情！"

"父亲，都是我不好！"范屯听了，如梦方醒。"都是我吝惜钱财，才害了弟弟的性命啊……"

"屯儿，知道我为什么一开始就预见到这个结局，却没有将这个道理告诉你吗？"

"为什么？"

"就是因为我想知道'天命'！"

"'天命'？"

"不错！"陶朱公说道，"我自青年时代以来，做什么事情没有不成功的；谋划什么事情，没有不顺遂心愿的。我这么一路亨通，不是因为我有什么过人的才能，而是因为老天的眷顾。这就叫作'天命'。然而，近年来，我做什么事情，都觉得力不从心；我尽力想挽回一些事情，可是事情的变化却往往出乎意料。于是，我知道，当我生命中出现一些非我所愿而又无法控制的事情时，那就是'天命'来到了。就拿这件事情来说，看起来，是因为我决策失当，如果我执意派你三弟去，是不是就一定能成事呢？也不一定。因为这个结局，与你、我、庄生无关，而是蒙儿他自己所播下的'恶'的种子而结出的'果'。这个结局其实早在他选择那么做的时候，就已经在上天那里注定，只不过我们不知道罢了。"

他这一番话，范屯闻所未闻。原来，天，高高在上，不可触摸，不可穷知，看得见，摸不着，无形无状，却主宰着人世间的一切，真是难以预料啊！

第二十章

浮海升仙

范蠡在他短短的一生里,创造了巨大的物质财富,而他更多地留给人们的,却是精神层面的:他改变了商,提升了商,不但亲身实践了"搬有运无"的商业经营行为,而且将商业哲学中的"散财"演绎得淋漓尽致。

从范蠡到鸱夷子皮再到陶朱公,他用三次迁徙,向我们展示了生命的多种可能的精彩,也向我们展示了一个大写的"人"字是如何被书写出来的。不管从当时还是现在的眼光来看,他都是当之无愧的"中华商祖"!

发现的过程,也是个认知不断深入的过程。像范蠡这样堪称完美的历史巨人,是值得我们一次次反复阅读和咀嚼的。我们对他了解得越多,就越觉得我们今天的渺小,进而促使我们越多地发现自己的缺点并加以改进。

在这个生命里最后的冬天,陶朱公都是神态懒散,身心倦怠。他每日里或静坐,或喃喃自语,白昼常眠,到了夜里却一次次跑到院子里看天象。

所有的人都知道,陶朱公的生命怕是到了尽头,现在这种反常的状态,不过是他将离开人世的一种征兆罢了!

这日,又是大雪飘舞。范屯来到父亲的房里,往炉子里添了些木柴,炉火烧得很旺,然后静静地守候在父亲的身旁。

父亲真是老了!一头银灰的头发,一脸深深的皱纹,嶙峋的骨骼,佝偻的腰背。这真的是自己的父亲,是当年那个纵横天下、驰骋无敌的英雄父亲吗?

"屯儿……"

忽然,不知道什么时候,陶朱公睁开眼来,喊了一声。范屯忙强打精神,答应道:"父亲有何吩咐?"

陶朱公在范屯的搀扶下,挣扎着坐起来,道:"屯儿,今后这个家就依靠你了,记住,遇到事情,要多与大伙儿商量,不可太过张狂,但也不可缩头缩脑,要懂得择机而动,相时而行,记住了吗?"

"是!"

"屯儿,我知道,你一直在心里埋怨我,没有将经商的全部秘诀传授给你,对吧?"父亲的话,让范屯吃了一惊。原来自己的心思早已被看穿了,只是他生性厚直,不知道如何应对,只能红着脸,嗫嚅着道:

"我……我……"

"你不用隐瞒什么,也瞒不过我。"陶朱公不去理会他,只是自顾道,"其实,不是我藏私不肯传给你;也不是因为我疼爱你的两个弟弟,胜过对你的感情。在我的心里,始终将你看作最亲近的,也是唯一能够继承我家业的。我不传给你,是因为我知道,财富,只会激发人的贪婪欲望,始终和人性深处最隐秘、脆弱的一面相连,唯其幽暗、沉静,才会如一潭深水一样,表面的平静下隐藏着那么多的旋涡、暗流,时时将人的本性吞噬,激荡起人心深处无穷无尽的欲望,而迷失本来的自我……"

一口气说了这么多,陶朱公虚弱的身子似乎支撑不住,又闭目坐了片刻,喘息渐渐平静下来,这才继续说道:

"屯儿,你现在明白了吧?很多人不懂得经商,都以为经商的目的,就是尽可能多地积攒财富,却不知道财富如水,积攒得多了,就会产生一种巨大的力量。当这力量如海水般汇集在一起,就会失去控制,结果连人自身都不能避免被吞噬的命运。如果要避免这种悲剧发生,就必须将自己的财富分散出去,化作滋润万物的雨水,重新回到大地上的每一个角落去。可是,这又有几人能做到呢?所以,屯儿,你一定要记住,永远都不要为财富所累!以你的平庸之材,根本不需要那么多的财富,只要安安稳稳地度过这一生,就是你人生最大的幸福,也是最大的成功。否则,钱财越积越多,灾祸也就越大。我希望你仔细领悟,体会为父一片苦心!"

"我会的,父亲!"范屯恭恭敬敬地答应道,"孩儿都记下了!"

"生命终将逝去，而精神永恒！我死了，你们也不必为我过于哀伤！"陶朱公已经陷入了一种恍惚的境地。"从我离开三户的那一刻起，我的这一生其实就已经陷入欲望的无底深渊，我做的所有事情，不过是挣扎着要跳出这深渊罢了。对我来说，这一生最大的敌人，从来都不是别人，而始终是我自己。战胜心中的那个敌人，比战胜任何的敌人都来得困难，但是只要能够战胜一次，你就能成为真正的自己，就会领悟生命的真谛。在这个天道主宰一切的世界上，我们每个人都是很渺小的！可是，一旦你能战胜自己，就会发现，自己变得强大起来；天道不再是高高在上，不可触摸，它其实就在我们的心中，在我们的生命深处。你越能够驾驭自己，就能越接近它；越接近，就越能窥见它的真谛，就更懂得天地宇宙的奥秘……"

似乎时空倒错，他又回到了曾经风云变幻的岁月：在三户，无数个夜晚，在星空下和老师观察天象，听老师讲述自然之道，从天道运转到人心利害，后来，文种来访，二人又一起纵论天下霸业……为了帮助越国向吴国复仇，他和文种精心制定了计划并且殚精竭虑……和西施在一起的那些甜蜜而痛苦的岁月，分分合合……还有在齐国海边的辛勤劳作，在陶邑，帮助乡亲们一次次渡过难关，振兴商市，和众弟子奔走于列国间……

一个人，拥有如此跌宕起伏的人生，获得过如此丰富的生命体验，应该也算是无憾了吧！

……

从这天以后，陶朱公更加忙碌，日夜都在画着什么。终于，他拿出了一份"天船"的图样。

为了造出来陶朱公设计的"天船"，范屯和众弟子花费重金，聘请了最好的造船匠师，昼夜忙碌个不停。

据说，最早造出舟的是黄帝，后来又有颛顼造出了桨和篙，帝喾造出了舵和橹，尧造出了纤绳。黄帝最先造出的是一种独木舟。这种舟很巧妙，尖头、敞尾，建造起来很容易；船靠岸的时候，上下也是十分方便；航行过河或过海时，人靠前坐，头重尾轻，敞尾翘在水面之上，也没有进水的危险。

独木舟毕竟是太过小，不能载乘太多的人、货，便在独木舟的四周加上木板，原来的独木舟成为船底，这种船就叫木板船。

木板船抗风能力差，又出现了帆。据说帆是夏禹创造的。夏禹见过一种叫鲎的鱼，这种鱼的形状很奇怪，身体扁而宽，眼睛长在背上，嘴长在肚腹的下面，背上有高七八尺的鳍。每当有风吹来的时候，鲎鱼的鳍就高高挺起，借助风力前进，没有风的时候，它的鳍就收拢起来。夏禹就从这儿受到启发，制出了帆。

陶朱公设计的"天船"，已经远远超出当时的造船工艺：看那船的样子，差不多有三四丈高，分了五层，一排排的划桨，一层层的横架梁，刀戟林立，彩旗飘扬。最上面一层的房屋，又仔细分了东西朝堂，大殿正殿，几十个大小相等的房间，单从色彩上看已是极华丽。船身上画有漾彩、朱鸟、苍螭、白虎、玄武、凤凰、飞羽、青凫……各种珍奇异兽，数都数不清。整艘船的形状，则是一条大龙，张牙舞爪，神韵非凡。

这艘在当时堪称天下第一的"天船"终于造成了。而陶朱公也进入了生命的最后一段航程，人生即将走到尽头。

到了陶朱公自己卜定的日子，他在儿子和弟子们的搀扶下，上了大船。

一大早，江岸上人头攒动，陶邑的父老乡亲都赶来了，为陶朱公送行。

"朱公，您不要离开我们啊！"

"朱公，您什么时候再回来，别抛下我们呀！"

……

虽然听陶朱公亲口说自己是去海上"寻仙"，但人人都知道，他是为自己选择了一种最壮丽的死法：葬身大海！

一想到这位救活了陶邑无数人的性命，为陶邑做出了巨大贡献的陶朱公，就要从此永远地别离而去，人人无不落泪！

而陶朱公呢，在高高的"天船"上，俯视众人，只觉得众人是这么渺小，一个个弱小的生命，孤苦无依……

天下还有多少人等着他去救济，还有多少事情等着他去做！可是他却不得不遗憾地告别这个世界了！

他的一生，以济世利民为己任，做了那么多轰轰烈烈的事情，不可谓不丰富,不可谓不壮丽!

然而,当他就要离开的最后时刻,他的心中,可能做到平静如水,他的心绪,就没有一丝一毫的波澜?

……

只不过,已经没有人能再猜到,此刻陶朱公的心里在想什么了。因为伴随着"呜——"一声号角,顿时,数十条大汉,站在船头,一齐吹响号角。

整齐的号角响过三遍之后,缆绳解开,众汉子放下号角,操起木桨。响亮的划水声里,"天船"缓缓驶离了岸边……

"父亲——"

岸上,范屯和范比一齐跪在地上,叩头送别。他们的妻子儿女,则哭声一片……

"老师——"

以猗顿为首的众弟子,也跪在岸上,哭得撕心裂肺。毕竟这等生离死别,实在是人间最悲痛之事……

"朱公,您老人家走好啊!"

众乡亲也跪倒一片,声泪俱下,为他们失去了这么一位大善人,为他们受了陶朱公那么多的恩德,却不能为这位传奇一样的人物做点什么……

然而这一切的一切,陶朱公都听不到了,也看不到了。他只是抬起头,凝视着头顶上一碧如洗的蓝天。

亿万年来,一切都在变化,只有这天空亘古如斯,永远是那么澄净,那么辽阔,那么高,那么远。永远是神秘莫测,没有尽头的虚空,以博大的胸怀,无涯的谦逊,包容着一切。可是,这虚空的背后,又是什么呢?……